《旅游管理专业系列教材》编委会

主　编：王挺之

副主编：孙锦泉　石应平

编　委：（以姓氏笔画为序）

王俊鸿　李　原　李志勇　李柏槐　肖　葱

周　毅　杨振之　胡海霞　徐　波

旅游管理专业系列教材

旅行社经营管理

徐　波
胡海霞　编著

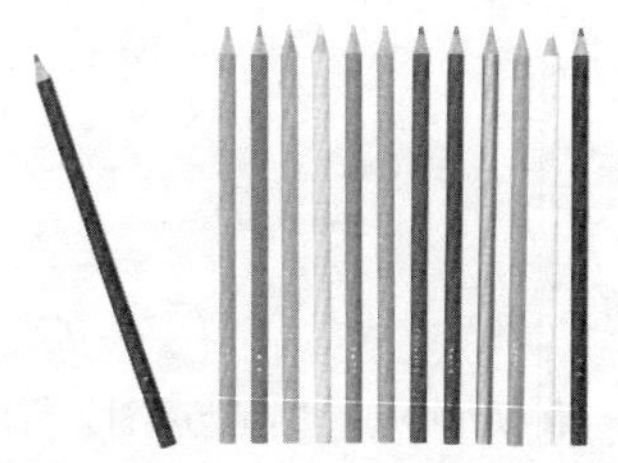

四川大学出版社

责任编辑:李慧宇　张力军
责任校对:严伟君　成　杰
封面设计:邹小工
责任印制:曹　琳

图书在版编目(CIP)数据

旅行社经营管理 / 徐波，胡海霞编著. —成都：四川大学出版社，2001.9（2009.1 重印）
旅游管理专业系列教材
ISBN 978-7-5614-2205-2

Ⅰ.旅…　Ⅱ.①徐…②胡…　Ⅲ.旅行社-企业管理-高等学校-教材　Ⅳ.F590.63

中国版本图书馆 CIP 数据核字（2001）第 063926 号

书名　旅行社经营管理

编　　著　徐　波　胡海霞
出　　版　四川大学出版社
地　　址　成都市一环路南一段 24 号 (610065)
发　　行　四川大学出版社
书　　号　ISBN 978-7-5614-2205-2
印　　刷　郫县犀浦印刷厂
成品尺寸　140 mm×202 mm
印　　张　10.75
字　　数　265 千字
版　　次　2001 年 10 月第 1 版
印　　次　2016 年 12 月第 7 次印刷
印　　数　15 501～16 500
定　　价　18.00 元

◆读者邮购本书,请与本社发行科联系。电话:(028)85408408/(028)85401670/(028)85408023　邮政编码:610065
◆本社图书如有印装质量问题,请寄回出版社调换。
◆网址:http://www.scupress.net

前言

在我国，旅行社业经过20多年的发展，已成为旅游业的基础行业，在食、宿、行、游、购、娱六大旅游环节要素中起着桥梁和纽带作用，与旅游交通、旅游饭店一道构成了旅游业的三大支柱。

为了适应我国旅行社业的发展和旅游教育的需要，各高校旅游管理专业和国家高等教育旅游管理专业自学考试都将旅行社经营管理课程列入专业必修课。本书正是为四川省高等教育旅游管理专业自学考试专门编写的。在编写过程中，我们坚持了科学性、实用性和先进性的原则，注重教材内容的完整性和系统性，使它既能吸收国内外相关研究的最新成果，有一定理论深度，又能反映我国旅行社经营管理的水平和国际旅行社业的发展趋势。我们编写本教材的目的是为参加高等教育旅游管理专业自学考试的莘莘学子提供一本深入浅出，易学习、易掌握的好教材。

本书参考了许多专家学者的大量研究成果，如魏小安、杜江、戴斌、钟海生、郭英之等人的著述。他们的研究为我们提供了思路和编写材料，极大地丰富了本书的内容，在此一并表示感谢和敬意。

由于时间匆忙及自身学识和水平的限制，本书会存在许多疏漏和不足，恳请同行专家和广大读者指正。

徐波、胡海霞

2001年8月26日

目 录

第一章 绪 论

旅行社是为人们旅行提供服务的专门机构,是旅游业的三大支柱企业之一,在旅游业中占有极为重要的地位。本章主要介绍旅行社的性质、职能、经营管理理念以及旅行社的作用。

第一节 旅行社的性质与职能

一、旅行社的性质

旅行社是为旅游者提供各种服务的专门机构,它在不同的国家和地区有不同的含义。

欧美地区的旅行社可划分为旅游经营商和旅行代理商两类。据此,世界旅游组织给旅行社下的定义是:“零售代理机构向公众提供关于可能的旅行、居住和服务,包括服务酬金和条件的信息。旅行组织者或批发商在旅游需求提出前,以组织交通运输,预订不同方式的住宿和提出所有其他服务为旅行和旅居做准备。”

欧洲是现代意义的旅行社的发源地。在欧洲人看来,旅游经营商是委托方或供应方,而不是传统意义上的“中间人”。他们将一系列分散的旅游产品综合到一起,形成一件新的产品——包价旅游,这实际上改变了那些单件旅游产品的属性。从某种意义上说,旅游经营商是一个“灵巧的装配者”。他们意识到,顾客虽然可以亲自把那些分散的产品组合到一起,但组合后的价格并不一样。旅游经营商提供的服务是批量买进的,这样能保证从供应商那里获得可观的折扣,而顾客在直接购买时通常是无法做到这一点的。所以,旅游经营商能够组装并向客户提供具有竞争性价格和使用方便的整体产品——包价旅游。而旅行代理商并不购买产品以转售给他们的顾客。只有在一个顾客决定购买旅游的时候,旅行社才代表顾客向他们的委托人采购。因此,旅行社并不携带"库存"的旅游产品进行推销,旅行社的主要作用是为旅游购买提供一个方便的地点。它们在这些地点充当了度假和旅游的预定代理的角色,并成为一种提供有关旅游服务的信息和建议的来源。

从上述可以看到,西方国家对于旅行社的认识往往是与旅行社的分类密切相关的,不同类别的旅行社有不同的界定。

在日本,旅行社一般被称为"旅行业"。根据《日本旅行业法》第二条规定:"旅行业系指收取报酬经营下列事业之一者(专门提供运输服务者除外):

1. 为旅客提供运输或住宿服务,代理签约、媒介或介绍之行为;

2. 代理提供运输或住宿之服务业与旅客签约提供服务或从事媒介之行为;

3. 利用他人经营之运输机构或住宿设备,为旅客提供运输或住宿服务;

4. 附属于前三款行为,为旅客提供运输及住宿以外之旅行有关服务,代理签约、媒介或介绍之行为;

5. 附属于第一款至第三款之行为,代理提供运输及住宿以外有关服务,为旅客提供服务而代理签约或媒介之行为;

6. 附属于第一款至第三款之行为,引导旅客,代办申领护照及其他手续,以及其他为旅客提供服务之行为;

7. 有关旅行一切之咨询行为;

8. 对于第一款至第六款所列之行为代理签约之行为。

在我国,国务院1996年10月颁布的《旅行社管理条例》规定,旅行社是指有营利目的、从事旅游业务的企业;旅游业务是指为旅游者代办出境、入境和签证手续,招徕、接待旅游者,为旅游者安排食宿等有偿服务的经营活动。

我国台湾地区在旅游方面制定了《发展观光条例》,该条例第二条第八项规定:"旅行业是指为旅客代办出国及签证手续,或安排观光旅客旅游、食宿及提供有关服务而收取报酬的事业。"

综上所述,不同国家和地区对旅行社的认识和规定,都是以其对旅行社基本职能和业务的把握为前提的。尽管不同国家和地区对旅行社的性质有不尽相同的认识和规定,但其中有一点是明确的,那就是,旅行社是提供与旅行服务有关的、以盈利为目的的企业。这就是旅行社的根本性质。由此,可以给旅行社下一个较为全面的定义:旅行社是依托各类旅游吸引物和旅游供给设施,组织旅游产品,进行市场销售,并为旅游者提供各种旅游服务的企业组织。

二、旅行社的职能

作为为旅游者提供旅游服务的专门机构,旅行社一般都具有以下五种基本职能。

(一) 生产职能

组织产品、创新产品,是旅行社的核心职能,也是其竞争力的一个方面。无论欧美的旅游经营商,还是中国的旅行社,它们都以低于市场的价格向饭店、旅游交通和其他相关部门批量购买旅游者所需的各项服务,然后将这些分散的产品组合到一起,并融入旅行社自身的服务内容,形成一件具有特色的新产品。就包价旅游而言,旅行社最终出售的是具有竞争性价格和使用方便的整体产品。旅游供应商所提供的各项分散的服务只是旅行社产品生产的"原料",而不是产品本身。

（二）销售职能

旅行社的产品与其他产品一样，必须要在市场上销售，要完成从产品到商品的“惊人一跃”，完成从资源到效益的转化。旅游业中的住宿、交通运输等部门，以及各有关接待服务部门，虽也直接向游客出售自己的产品，但其相当数量的产品是通过旅行社这一渠道销售给旅游者的。在现代旅游活动中，旅游产品各个组成部分的生产者经常不直接与旅游者发生购销关系，而是通过旅行社采取设计组合旅游产品的方式完成销售工作。

（三）组织协调职能

旅行社本身没有更多的生产资料，主要是依托各类旅游吸引物和各类旅游供给设施，为旅游者提供食、宿、行、游、购、娱等方面的服务，涉及到旅游需求的各个内容。旅行社要保证旅游活动的顺利进行，离不开旅游业各个部门和其他相关行业的合作与支持，而旅游业各部门之间以及旅游业与其他行业之间也存在一种相互依存、互利互惠的合作关系。旅行社行业的高度依托性和综合性决定了旅行社要确保游客旅游活动的顺利进行，必须进行大量的组织协调工作。

（四）分配职能

旅行社的分配职能主要表现在两个方面：一方面是根据旅游者的要求，在不同的旅游服务项目之间合理分配旅游者的支出，以最大限度满足旅游者的需要；另一方面，在旅游活动结束后，根据接待过程中各相关部门提供服务的数量和质量，合理分配旅游收入。

（五）提供信息的职能

作为整体旅游产品的生产者和销售者，旅行社一方面通过各种方式进行宣传，向旅游者提供旅游产品的各种信息，包括旅游目的地选择、观赏内容以及各种活动项目和价格。另一方面，作为单项旅游产品的采购方，旅行社向其他旅游供给企业提供包括旅游者的爱好、要求及意见等信息,这对于其他旅游企业了解旅游市场、指导市场开发、指导生产和服务均产生积极作用,对于旅游产品的各个组成部分起到监督和指导作用。

第二节 旅行社的基本业务

一、旅行社的业务范围

旅行社是为旅游者提供各类服务的企业组织,它提供的服务涉及到旅游需求的各个方面,因此,旅游者的购买决策和消费过程决定了旅行社的业务范围。一般而言,旅游者的购买决策和消费过程可划分为六个阶段:旅游动机、信息搜寻、意向性咨询、购买、旅游经历和游后行为。与这六个阶段相对应,旅行社的业务范围可概括为:市场调研与产品设计、促销与售后服务。

在旅游者旅游动机的形成阶段,旅行社应通过广泛的市场调研,及时了解旅游者的旅游动机,并根据旅游者的旅游动机有针对性地设计组合旅游产品。一旦旅游者认识了自己的旅游需要,产生了旅游动机,一般会有意或无意地搜寻相关旅游产品的信息。在这一阶段,旅行社应该开展各种形式的促销活动,使旅游者及时方便地获得旅行社的产品信息。潜在的旅游者对可选择的旅游产品或旅游企业的评估,可能在信息搜寻阶段就已开始。旅游者在对大量信息进行评价和判断后,一般会有选择地向相关旅行社进行咨询,而此时旅行社则应向旅游者提供优质的咨询服务。通过咨询和对可选方案的评估,旅游者有可能已初步产生了某种方案,形成某种购买意图。如果没有其他因素的干扰,一般就会形成最后决策,完成购买行为,这对旅行社来说便意味着旅游产品的销售。旅行社在产品销售成功后,就要根据旅游者的要求向各单项旅游服务供应者采购各种旅游服务,落实各个旅游环节,准备迎接旅游者的到来。旅游经历阶段为旅游产品购买决策之后的消费阶段，也就是旅行社实施接待服务的阶段。旅游者在完成旅游活动后，旅行社还应提供售后服务，包括人员回访、电话问候等，使旅游者的感受、旅游活动中存在的问题能得到及时反馈，为旅游产品质量的进一步改进提供必要的信息，为争取回头客，发展游客的产品忠实性行为创造条件。

二、旅行社的基本业务

不同类型的旅行社，不同规模的旅行社经营的业务各有差异，但从总体上说，旅行社的基本业务可划分为设计组合、开发旅游产品、采购旅游服务、销售旅游产品、团队和散客旅游接待五类。

（一）设计组合与开发旅游产品

设计组合与开发旅游产品是旅行社经营的基础，体现旅行社企业的生产性。根据市场需要设计组合适销对路的旅游产品，直接影响着旅行社其他业务的顺利开展，尤其是关系到旅行社经济利益的获取。这类业务包括产品设计、产品试产试销、产品投放市场和产品效果评估四项内容。

（二）采购旅游服务

采购旅游服务是指旅行社为了生产旅游产品而向有关旅游服务供应者购买各种旅游服务要素的业务活动。旅行社的采购业务涵盖旅游活动食、宿、行、游、购、娱六个方面，涉及餐饮、住宿、交通、景点、娱乐和保险等部门。另外，组团社还需向旅游线路沿途的各地接待社采购接待服务。旅行社的采购业务充分体现了旅行社企业的依托性和综合性。

（三）销售旅游产品

销售旅游产品是旅行社企业的主导业务，体现企业的经营性，也体现其需求导向的特点。它包括制定产品销售战略、选择产品销售渠道、制定产品销售价格和开展旅游促销四项内容。

(四)团队和散客接待

旅行社的产品不是靠厂房和机器能够生产的,也不是单单通过提供某种硬件设施就可以完成的,而是通过服务人员媒介性劳动逐渐完成的。接待服务过程既是旅游产品的生产过程,也是旅游者对旅游产品的消费过程。因此,接待业务是旅行社企业的重要业务,一线服务人员从来就是旅行社企业的主体,这体现了旅行社企业的服务性。接待业务包括团队接待和散客接待两项内容。

第三节 旅行社的经营管理理念

一、旅行社经营管理的概念

经营是企业活动的方方面面,是关系到企业生存发展的最基本的活动。法国的管理学家、管理过程学派的创始人亨利·法约尔(1841—1925年)认为,经营包括技术、商业、财务、会计、安全和管理六项基本职能。管理是企业经营活动的一个方面,但它关系和贯穿企业其他各个方面的活动,它包括计划、组织、指挥、协调、控制五项要素。

就旅行社企业而言,技术活动在这里指的是旅行社生产作业活动;商业活动则是指采购、销售、交换活动;财务活动是指资金的筹集与运用;会计活动是资产负债表的制作、成本核算、统计等活动;安全活动指的是对设施、人员的保护;管理则是对旅行社企业上述五个方面的活动的计划、组织、指挥、协调、控制,以便使旅行社企业的投入(组织的资源)通过一个增值过程被转化为产出(向游客提供的服务)。因此,我们可以给旅行社经营管理下这样一个定义:旅行社经营管理是指调动旅行社企业组织资源,向旅游者提供满意的服务,并取得满意的投资回报的过程。

二、旅行社经营管理的目标

旅行社的经营管理贯穿旅行社生产的全过程，包括许多可变因素，这些因素中有些是可以影响或控制的，有些是不能控制的。经营管理就是尽可能地控制与影响变量，而对不可控制的变量要做出快速有效的反应。旅行社经营管理的目标可概括为以下几点：①旅行社生产能力与消费机会的最大化；②经营成本的最小化；③在资源允许的范围内保证尽可能高的产品质量；④游客与员工的安全。

从企业组织与游客的不同角度来看旅行社的经营管理，其目标是不同的，如游客总是要求最佳的服务，要求旅行社不计成本地优化产品质量，把每一个游客都看做是独特的，特别地予以关心，这显然与旅行社经营管理成本最小化的目标相悖。企业组织与游客的目标相悖，说明了经营管理所处的困境，管理者必须在组织资源和游客需求与愿望之间进行协调。

三、旅行社经营管理的思想

有效的经营管理需要有明确的目标、清晰的指导思想，这样才能对可预见的问题做好周密准备，对不可预测的突发事件做到灵活应变。

旅行社的经营管理思想，就是决定旅行社企业经营管理方针、任务和重大生产经营措施的指导思想。经营管理思想的正确与否，对旅行社的生存与发展起着决定性的作用。旅行社企业的经营管理思想反映企业发展生产力和完善生产关系两个方面的要求。就旅行社而言，其经营者在从事经营管理工作时，必须树立以下几种观念。

(一)市场观念

所谓市场观念是指旅行社对市场及顾客的认识和应有的态

度。回顾近 20 多年来中国旅游业的发展,旅行社行业经历了由卖方市场向买方市场转变的过程。在目前买方市场的条件下,旅行社要树立正确的市场观念,要看到市场是旅行社生存与发展的关键,要以消费者为中心,以市场需求为出发点来组织生产,消费者需要什么,企业就生产什么。换言之,就是要根据顾客多样化和个性化的需求,来设计组合各种适销对路的旅游产品,并以行之有效的促销方法来为顾客提供购买方面的便利。同时,还要研究不断变化的市场,积极创新,加强管理,争取客源,提高效益。

(二)竞争观念

所谓竞争观念,即旅行社在特定的市场环境下,对竞争的性质、手段、方法、结果的思想认识及态度。旅行社之间的竞争具有四个特性:首先,竞争具有客观性。竞争是市场条件下客观存在的矛盾运动方式。其次,竞争具有排他性。竞争双方都力图排斥对方,使自己取得竞争优势。第三,竞争具有风险性。竞争是经济实力的较量,竞争越激烈,经营风险就愈大。最后,竞争具有公平性。在正常的竞争环境下,竞争的机会是相对均等的,竞争是相对自由的。就旅行社在市场上运作的角度来说,第一层次的竞争是价格竞争,这是最低层次的,也是最普遍的竞争方式;进一步上升到质量的竞争,即通过提高旅游产品质量、改进产品性能、开发新产品及加强信息传递等手段,全面提高本企业产品市场竞争能力;最高层次的竞争是文化竞争。文化竞争要求旅行社在产品开发、销售、接待服务过程和细节等各方面注重文化底蕴和文化含义。未来成熟的中国旅游业是经济—文化产业,那时候,如果旅行社在经营过程中没有文化就谈不上竞争力。

(三)质量素质观念

就服务行业而言,产品质量与服务人员素质是紧密相关的。对于旅行社企业,树立质量观念就是要把旅游产品质量放在经营管理活动的首位,充分认识到质量是企业生存与发展的生命线。

同时,应该认识到有高素质的从业人员,才会有高质量的服务产品。旅游产品的质量取决于旅游者的满意程度,而旅游者的满意程度通常涉及两个方面:其一是旅游吸引物的品位高低,其二是旅游接待质量。对于旅行社企业来说,旅游吸引物的品位高低是不可控制的变量,但旅游接待质量的好坏却是可以控制的。首先,可以通过经营管理教育,提高管理人员的素质,以形成服务质量的基础;其次,靠建章立制、奖勤罚懒,以形成提高服务质量的经营管理机制;第三,努力学习先进,包括引进和运用一些国际惯例,以保持发展的后劲。

21 世纪旅行社行业的竞争,说到底是素质的竞争,一是高、中层管理者的素质,一是一线员工的素质。素质越高,服务技巧越高,经营技能越高,质量才能越高。质量越高,文化越高,越有个性,才能真正应对市场。

(四)创新观念

树立创新观念就是要求旅行社企业通过不断地创新来发展自己,充分认识发展是创新的目的和基础,创新是发展的手段和动力。特别是在面临新世纪世界总体经济特点发生变化的情况下,以创新求发展更显得重要。旅行社的创新主要包括四个方面的内容:其一是技术的创新。采用新的科技手段,特别是信息传输手段已经成为旅行社行业新发展的强大推动力,如电子技术的普及、电子商务网络的成熟,必将给旅行社经营和旅行社组织带来一个制度化的革命。其二是观念的创新。旅行社坚持传统的服务观念是必要的,但还必须在观念上不断创造出新思路、新理念。只有不断地推陈出新,旅行社行业才有永久的生命力。其三是制度的创新。旅行社面对新的市场条件,必须探索制度方面的新发展。好制度是发展的必要保证,必须不断探索新的经验,以寻找促进发展的最佳机制。最后是管理的创新,即要在管理上不断探索新的管理方法,改进管理手段,提高管理效果。

第四节 旅行社的地位与作用

一、旅行社在人类旅游活动中的作用

数千年来,人类一直在旅行,但旅游这一概念直到 18 世纪末才在英国被提出来。当时的英国正处于工业革命所引起的社会大变动中。而真正意义上的旅游活动的出现则是以旅行社的产生为标志的,时间是 19 世纪中期。就世界范围看,从旅行社出现之日起它就不断地促进着人类的旅游活动。

(一)旅行社的诞生标志着真正意义上的旅游的开始

在古代,旅行活动大多是分散的,而有组织的团队旅游是近代旅游很重要的一个特征。组织团队旅游,为团队旅游提供各种服务的机构就是旅行社。有了旅行社的组织和服务,使旅游变得更方便、更轻松,成为一种真正的生活享受,因而吸引了大量的游客。同时,旅行社组织的团队旅游使旅游的价格因规模的扩大而便宜了,更多的人有能力参加旅游活动。这样,以观光娱乐、消遣休闲为主要目的的旅游终于取代了古代以商业为主要目的的旅行,具有真正意义的旅游从此开始。

(二)旅行社的介入标志着人类旅游活动进入了产品化时代

在古代,虽然有许多沙漠旅行队客店、寺庙或小客栈接待宗教朝圣者、商人或探险家等,但旅游活动本身并非是营利机构经营的对象,它主要还是一种社会文化活动。而旅行社产生之后情况完全变了,旅行社通过组织旅游活动,为旅游者提供各种服务来营利,市场经济全面介入旅游活动,由此,人类旅游活动就具有了经济色彩,进入了产品化的新时代。

(三)旅行社的产生加快了旅游活动大众化、社会化的发展进程

作为向旅游者提供旅游服务产品的专业性企业,它将过去分

散的、个别进行的旅游活动进一步大众化,使旅游活动由少数人的个别活动变为具有广泛社会意义的大众活动。尤其是团队包价旅游的推行,更是从客观上极大地促进了旅游活动向大众化、社会化的方向迅速发展。

二、旅行社在旅游业中的作用

旅游业是一个新兴的行业,自第二次世界大战以来,世界旅游业的发展引起世界各国的关注。1988年,欧洲旅游委员会曾经预测,到20世纪末,旅游业将超过汽车、钢铁、石油等传统产业,成为世界第一大产业。但早在1992年,世界旅游组织的一份研究报告就表明,旅游业已经一跃成为世界第一大产业。1992年世界商品与劳务总消费额的12.3%、就业总数的1/15、增值额的5.9%、税收的5.6%和总投资的6.7%皆产生于旅游业。

旅游业的繁荣,有赖于内外多种因素的共同发展,但旅行社作为旅游业的重要组成部分,其在旅游发展中的龙头地位和积极作用是毋庸置疑的。

首先,旅行社在自发的旅游供给和旅游需求之间建立起了制度化的交易媒介,形成了旅游供求的中介环节。旅行社从众多的零散旅游供应商处购买旅游及旅游相关产品和服务,经过组装、生产,形成新的产品和服务,再出售给旅游需求者,并积极传导和沟通旅游市场信息。这种制度化的交易媒介扩大了旅游的时空范围,促使近代旅游向现代旅游转化。

其次,旅行社促进了旅游活动的产业化、市场化发展。旅行社把分散的、个体的旅游活动变成了有组织、有计划的社会化活动;把分散的、个体的旅游产品供给要素组合成综合性的系列产品,并推向市场,纳入了市场经济的运行轨道,形成了旅游经济特有的流通过程。

第三,旅行社改变了人们传统的、封闭式的旅行方式,向人们提供了开放式的一条龙服务。它事先为游客安排好旅行计划及交通、食宿、转运、导游等各项事宜,把过去由旅游者自行办理的各项繁琐手续包揽下来,减少了旅游活动中的交易环节和交易费用,推动了旅游市场的扩大。

最后,旅行社是旅游供应商之间和旅游供应商与旅游者之间的纽带。如果各饭店、景区景点、交通运输企业分别向同时需求这些单项旅游产品的旅游者供给,则会带来相当大的由企业之间契约谈判和维持契约而产生的交易费用。旅行社则可以主动地与单个旅游企业联系,在众多的旅游供应商之间建立桥梁和纽带。

三、旅行社在国民经济中的地位

国民经济活动的最终目标是通过微观运行主体的投入产出活动和政府的宏观管理政策工具的使用,推动经济产出的稳定增长和劳动就业机会的增加。人们一般认为,促进经济增长的主要途径有四个,即消费、投资、出口和政府购买。旅行社正是在这几个环节与要素方面,通过推动旅游业的发展对国民经济运行目标的实现发生着作用和影响。

(一)促进国内消费

国际上一般将旅游消费划分为三种:国内旅游消费、入境旅游消费和出境旅游消费。对一个国家来说,前两者构成旅游收入,后者是旅游支出。从国际旅游的常规来看,国内旅游消费优先于入境旅游消费和出境旅游消费。特别是在经济发展水平达到一定高度以后,居民的生活必需品消费和消费频率会递减,而享受与发展型的产品和服务的消费总量开始上升。旅游消费基本上属于享受型消费,所以发展国民旅游可以促进国内消费总量的增长。旅游消费总量的增长离不开旅行社的推动。在旅游发达国家,正是以旅行社,特别是以旅游代理商为主体的旅游产品销售大军的推动下,国内旅游消费才得以飞速发展,并由此对国民经济的增长产生了重要作用与影响。

1998年,中国国内旅游收入达到2 391亿元人民币,当年的旅游外汇收入是126亿美元,国际旅游收入与国内旅游收入之间的比例大体为1:2。从世界一般情况来看,国际旅游收入与国内旅游收入的比例为1:8～1:10之间。如果按此比例计算,则我国国内旅游总收入应为1万亿元以上。考虑到国际入境旅游的继续发展,国内旅游收入总量还将更大。目前,我们对国内旅游这一庞大的市场只开发了约1/4,还有极大的潜在需要有待我们深入发掘。

随着中国国内旅游市场规模的扩大,旅行社有组织接待人次数总量及其占出游总人次数的比例也在不断提高。1995年旅行社招徕接待人次数占出游总人次数的3%,1996年增加到3.9%,到1998年我国旅行社接待的城镇游客占国内城镇游客总人数的比例达到8.5%。

(二)增加外汇收入

国家换取外汇一般有两个途径:其一是通过对外贸易,即物质商品出口来换汇;其二是非贸易外汇收入,即国际间有关保险、劳务输出、运输、旅游、侨汇、外交人员费用等方面带来的外汇收入。因此,在赚取外汇的意义上,国际旅游收入同向海外出口商品是一致的。入境旅游者在本国境内的消费相当于服务贸易出口,可以带来相应的外汇收入。在创汇过程中,旅行社,特别是那些能够直接从事海外招徕和接待的大型跨国旅行社往往扮演着极其重要的角色。世界各国都非常重视旅游业在创汇中的作用,发展中国家更是把旅行社行业作为引进国际客源、为经济发展积累外汇的重要部门。如1996年,中国国际旅游收入为100.2亿美元,相当于同年中国外贸出口收汇的6.8%,其中旅行社的直接和间接贡献是不能低估的。

(三)增加就业

由于旅游活动的所有环节都离不开人员服务,所以包括旅行社在内的旅游业一直被认为是劳动密集型的行业。据统计,目前我国旅游业直接就业人数是180多万,间接就业人数近千万。我们可以把旅行社的工作岗位分为四个层级,即高级管理人员、高级技术专家、中级技术人员和基层人员,而其中需要量最大的是中级技术岗位和基层服务岗位,包括促销人员、领队、导游、会计、出纳和接待人员,以及各部门秘书和打字员等等。另外,旅行社和由旅行社带动的相关服务供应部门职员收入的支出会增加其他的补充职位,人们常把这种补充就业称之为"引发就业"。

四、旅行社在社会文化发展中的地位与作用

同其他部门和行业一样,旅行社也是在一定的社会经济文化环境中运行的。无论是从旅游客源地的角度,还是旅游目的地的角度来看,旅游活动都会对当地的社会文化发展产生影响和作用。旅行社的经营活动对社会文化发展所起的作用主要体现在以下几个方面。

(一)提高国民素质

从我国的政府部门序列中的旅游活动归口管理部门,可以看出包括旅行社在内的旅游活动的非经济性地位的一面。如国家发展与计划委员会主管第三产业的社会发展司内设有生活质量处,将旅游、教育、体育、文化等与公众生活质量有关的活动都纳入该部门的管理范围之中。旅行社介入中小学春游、秋游和暑期夏令营活动,通过有组织的安排与接待,让学生接触自然,了解社会,开阔心胸,并借种种户外教育的形式来提高其民族自豪感和素质。至于旅行社针对市场需求开发出来的修学旅游、教育旅游、高科技企业旅游、工业旅游等专项旅游更是可以直接增加人们对科技、教育、现代工业的感性认识,激发青年人追求知识的热情。

(二)宣传旅游目的地,促进当地社会文化发展

旅游线路是旅行社经营旅游的产品。在设计旅游线路的过程

中和促销广告活动中，旅行社往往会有意识地把最能够代表本民族或本地区的自然景观、民俗风情、历史文化遗迹组合到旅游线路中去，把本地区的文化精华作为宣传重点，展现给境外或区域外的旅游者，并以此扩大本地文化与境外或区域外文化的交流，促进本地社会文化的发展。

（三）环境保护

环境保护是实现社会经济文化可持续发展必不可少的观念与行为。但是这种观念的培养和形成又是以人们与自然的接触为前提的，至少与自然接近可以强化人们的环境保护意识。近年来旅行社纷纷推出的生态旅游产品正是对环境保护的贡献。

（四）目的地历史文化的宣传与保护

旅行社还可以在旅游产品的生产、销售过程中有意识地向旅游者宣传所在国或地区的历史文化，以增加境外和区域外的游客对本国或本地区的历史文化的认知程度。同时，目的地历史文化的宣传与保护在相当大程度上通过导游的接待、解说，及其主持的相关活动体现出来。也正是在这一意义上，旅行社的经营管理活动具有一层特有的意识形态色彩，导游人员也被称为“民间外交大使”。

思考题：

1. 试分析旅行社的性质。
2. 简述旅行社的职能。
3. 简要说明旅行社的基本业务。
4. 何谓旅行社经营管理？旅行社经营管理的目标是什么？
5. 旅行社经营管理者必须树立那些观念？
6. 简述旅行社在人类旅游活动中的作用。
7. 简要说明旅行社在旅游业中的地位与作用。
8. 简述旅行社在社会文化发展中的作用。

第二章 旅行社业的发展历程

旅行社是人类经济活动和旅游活动发展到一定阶段的产物。本章介绍中外旅行社的产生和发展，并分析旅行社行业现状及其未来发展趋势。

第一节 旅行社的产生与发展

一、旅行社的产生

旅行社是社会经济发展到一定阶段的产物，是人类旅行活动长期发展的必然结果。就世界范围而言，人类历史上第一家旅行社产生于19世纪40年代，这与当时特定的社会背景是密不可分的。

（一）工业革命为旅行社的产生奠定了坚实的物质基础

18世纪中叶，在英国首先开始了工业革命，到19世纪工业革命逐渐传播到欧洲大陆和世界其他地区。工业革命以世界性的规模有效地利用人力资源和自然资源，使生产力史无前例地提高，而且对人类旅游活动产生了直接的影响。首先，工业革命直接导致了交通运输业革命，其中最重要的是铁路的问世。1825年，英国享有“铁路之父”之称的乔治·史蒂文森的斯托克顿至达林顿的铁路正式投入运营。此后各地的铁路开始建设起来，并向更远的地区延伸。铁路的兴建从根本上改善了陆路交通运输状况，它不仅极大地提高了单位运载能力，而且为人们外出旅行节省了费用，缩短了出行者的旅途时间。其次，在铁路发展的同时，为满足乘坐火车的新型旅行者的需要，铁路公司开始在铁路沿线修建食宿设施，后来又在铁路终点站建造大饭店。交通运输业的革命，旅行服务设施的兴建极大地促进了旅行活动的发展，为旅行社的产生奠定了坚实的物质基础。

（二）旅游需求普遍化为旅行社的产生提供了现实的可能性

工业革命使生产力迅速发展，社会财富急剧增长，并且社会财富不再只流向贵族和大土地所有者，也流向新兴的工业资产阶级和金融食利阶层，因此，有产阶级规模日益扩大，他们具备了旅行的经济条件。以后通过不懈的斗争，工人阶级逐渐争取到一些带薪假日，使他们也有了外出旅游的可能。然而，旅游的真正动机必须是发自内心的，是一种出于自身考虑而走出自己熟悉的环境，去领略其他地方的风光，体验其他地方的文化，接触其他地方的人民的愿望。因此，仅具备了外出旅游的经济条件还不足以形成普遍的旅游需求。工业革命导致的前所未有的都市化最终为旅游需求的普遍化提供了动力。工业的发展，使大量人口从乡村流入有大量工作机会、薪水较高的工业城市。城市生活在给人们带来好处的同时，也带来生理和心理的压力，于是，产生了对往昔乡村生活的怀念，以及回归自然的愿望，以便能从中获得短暂的休息和调节。离开工作去作短暂旅游成为普遍的需求，这样旅行社的产生便成为了现实。

（三）市场经济的发展为旅行社的产生创造了必要的社会条件

随着工业革命的发展，市场经济得到进一步繁荣，交换方式也产生了深刻的变革。伴随各类有形贸易的往来，出现了以服务为主体的无形产品的交易活动，尤其是人们对以消遣娱乐为主要目的的旅游产品的需求急剧上升，旅游市场逐渐形成，这就为旅行社的产生提供了必要的条件。

正是在这种背景下，托马斯·库克作为世界上第一个专职的旅行代理商登上了历史舞台。当然,在他之前,已经存在为别人安排旅行的组织和个人,如中古时期商人和教会组织的朝圣旅行,英国人托马斯·贝纳特组织的个人包价旅行。但是,这些组织和个人都没有把组织旅行活动作为一项职业,只有库克才是世界上第一位专职的旅行代理商。

托马斯·库克 1808 年生于英格兰,家境贫寒,自幼辍学。他先后当过帮工、颂经人和木匠等。库克笃信宗教,热衷于禁欲。1841 年,他包租了一列火车,载运 540 人从莱斯特到拉夫伯勒参加禁酒大会,全程 17.7 公里(11 英里),每人收费 1 先令。此后,他又多次组织类似的铁路旅行,并逐步意识到其中蕴藏的无限商机。1845 年,他在莱斯特正式成立了托马斯·库克旅行社,开始专门从事旅行代理业务。也就在这一年,他组织了到利物浦的观光旅游,并为这次活动出版了《利物浦之行指南》,设立了专门的旅游向导。次年,库克以包价的形式组织了赴法国的旅行。1865 年,库克与其子在原有公司的基础上,创办了库克父子公司,并于 1872 年成功组织了 9 人环球旅行,从而使公司名声大振。

库克对旅游业的贡献,不仅在于他开创了近代旅游业,而且还表现在他面向大众,薄利多销,推动了旅游的社会化,促进了旅游业的迅速发展。另外,他的旅游企业经营管理理念对后世也有深远影响,如他认为旅行事业的经营者应尽可能使客人方便舒适,尽可能地替客人省钱;组织游客去旅游不仅是带游客去游山玩水,更是去探求新知识、新事物。他肯定旅游具有教育作用,并提出了"Saving Money for Travel"的口号,对提高人们的旅游意识做出了贡献。

二、世界旅行社的发展

库克公司的成功,很快引起了各地的纷纷效仿,欧洲大陆和世界其他国家出现了许多类似的旅游企业。1857 年,英国成立了登山俱乐部,迪安—道森公司出现于1871年,次年波利旅游协会成立,1878年自行车旅游俱乐部成立,弗雷姆旅游公司则成立于1881年,1885年成立了帐篷俱乐部;法国、德国都于1890年成立了观光俱乐部;在美国,H·威尔斯和W·法戈于1850创办运通公司,兼营旅行代理业务,并于1891年率先使用与现代使用方法相同的旅行支票;日本于1893年成立了"喜宾会",该组织于1926年更名为东亚交通公社。到20世纪初,旅行社得到了更大的发展,美国的运通公司、英国的托马斯·库克公司和以比利时为主的铁路卧车公司成为当时世界旅行社业的三巨头。

后来,由于两次世界大战和20世纪20年代末30年代初的世界性经济危机的影响,全球旅行社业的发展经历了几起几落的变化。第二次世界大战后,世界局势相对稳定,经济快速增长,给旅游业的大发展创造了条件,世界旅行社业也因此出现繁荣景象。据不完全统计,目前全世界旅行社总数约在70 000家左右,它们为世界各地外出旅行的人们提供各种服务,组成了一个庞大的旅游服务销售网络。从总体上看,全世界80%以上的旅行社分布在旅游业最为发达的欧美地区,世界其余地区的旅行社数量不到世界总量的20%。旅行社数量多少,反映了地区旅游业的发达程度,旅游业越发达的地区,旅行社的数量也就越多。

随着世界旅行社行业规模的进一步扩大,为加强交流和合作,促进行业的协调发展,全世界形成了许多国际性或地区性的旅行社组织,其中以世界旅行社协会和世界旅行社协会联合会的影响最为广泛。

三、中国旅行社的发展历程

中国近代旅游业发源于上海。上海作为与国际联系比较密切的都市,交通运输较发达,民族资本集中,加之鸦片战争后,上海成为通商口岸,这一切使上海具备了产生中国近代旅游业的条件。

20世纪初,外国旅游企业纷纷进入中国市场,其中最著名的有英国的通济隆公司,即托马斯·库克公司,美国的运通公司,日本的国际观光局。而中国人自己设立的最早的旅行社,可追溯到1923年上海商业储蓄银行下属的旅行部。经过几年努力,该部于1927年6月宣告独立,正式命名为中国旅行社(现为香港中国旅行社股份有限公司),标志着中国近代旅游业的开端。

中国旅行社的创始人是陈光甫,江苏镇江丹徒人,生于1881年。他幼年曾在上海报关行作过学徒,后考入海关邮局,1907年获特准津贴赴美留学,在美期间半工半读,取得宾州大学商学学士学位,回国后于1915年创办上海商业储蓄银行。他所创办的中国旅行社一直秉承"导客以应办之事,助人以必需之便"的经营宗旨,业务涉及八个方面,即代售国内及日本的铁路车票与环球轮船票;发行旅行支票;设立夏令办事处;办理出国留学手续;负责国内外观光事务;发行各种旅行刊物杂志;设立国内各地招待所;办理各种海、陆货运报关业务等。

中国旅行社成立后,全国各地出现了不少类似的旅游企业,如公路旅游服务社、中国汽车旅行社、萍踪旅行团、现代旅行社等。这些旅行社和中国旅行社一样是中国近代旅行社的先驱,对中国近代旅游业的发展起了积极作用。但是,由于种种原因,1949年以前中国旅游业的发展是非常有限的,从1949年到1978年,旅行社也没有形成具有一定规模的经济行业。1978年以前祖国大陆仅有两家以政治接待为主的旅行社,即中国国际旅行社和中国旅行社,它们既不成其为企业,也不具备一定规模,可以说当时中国只有旅行社,没有旅行社行业。改革开放以来,这个行业才真正发展起来。近20多年的发展历程,大体可分成三个阶段。

第一个阶段,是从1978年到1987年,这个阶段基本上是垄断经营阶段。直到1987年,全国一类社才17家,可以说是典型的垄断阶段。在这个阶段,旅行社的利润非常高,又是先收款后接待,最高时收入利润率达到60%以上，资金利润率就可能达到1 000%，因而产生了旅行社行业投资小、见效快、利润高的说法，但这是在特定的历史环境、特定的垄断经营条件下出现的情况。

第二阶段，是从1988年到1996年，这个阶段是一个逐步放开、市场竞争渐趋激烈的阶段。在这9年中，一类社从17家增加到352家，经营国内旅游的旅行社也迅速增加。

第三阶段，从1997年开始，逐步进入规范阶段。1996年10月国务院发布《旅行社管理条例》，随着新法规的落实，对旅行社类别进行了调整，一、二类社的规定取消，明确地把旅行社分为国际、国内旅行社两大类，同时一系列旅行社的行业管理措施法规化。

20多年从垄断到放开再到规范的发展历程展现了一个趋势，就是中国旅行社业逐步从局部向大范围、从单纯为外事服务向为社会服务和全方位服务发展。

表2-1　　旅行社数量增长变化情况

(单位:家)

年　份	一类社	二类社	三类社	总　数
1987	17	677	551	1 245
1988	44	811	718	1 573
1989	61	834	722	1 617
1990	68	834	701	1 603
1991	73	738	750	1 561
1992	136	701	1 755	2 592
1993	164	703	2 371	3 238
1994	267	716	3 399	4 382
1995	360	655	2 801	3 816

续表一

年　份	一类社	二类社	三类社	总　数
1996	352	607	3 995	4 954
1997	991		3 995	4 986
1998	1 312		4 910	6 222
1999	1 256		6 070	7 326
2000	1 268		7 725	8 993

资料来源:《中国旅游统计年鉴》

第二节　旅行社业发展趋势

一、世界旅行社业发展趋势

世界经济最发达的国家和地区,其旅游业也最发达。因此,欧美、日本等国的旅行社业的现状值得特别关注,它们代表着世界旅行社业未来发展的趋势。

从20世纪90年代以来经济发达国家和地区的旅行社业的发展,主要表现为两个趋势:一是集中的趋势越来越明显。一些重要的公司成为左右市场的力量。另一个趋势是纵向一体化。越来越多的公司拥有自己的航空公司和零售旅行社。这些趋势是20世纪60年代以来欧洲和北美旅行社行业迅速发展的结果。当时人们对潜在市场的规模估计过高,促使许多新的公司进入这一领域,同时老牌公司也迅速拓展业务以求保持优势地位,结果使许多公司陷入倒闭的怪圈。倒闭的原因有如下几个:①发展过快,为发展业务借贷过多;②有的公司缺乏管理能力;③竞争激烈,争相降价,致使利润太低而无法生存;④外部因素的冲击。如油价上涨,某些目的地发生动乱,经济衰退。

从20世纪60年代中期出现的倒闭之风，一直延续了近30年，其中最著名的事件是1964年英国艾菲斯塔旅游公司的倒闭。这一事件促使英国对旅行社协会各成员的监督进一步加强。1974年，考特兰公司，及所属的英国主要的度假公司克拉克森假日公司的倒闭，使在夏季度假高峰期间出国度假的5万名英国旅游者滞留国外无法返回。1991年英国第二大旅游经营商英塔森公司的拥有者国际休闲集团倒闭，这主要是与汤姆森假日公司激烈竞争的结果。

面对发展过快，竞争激烈，利润降低的现状，欧美一些旅游公司纷纷通过相互合并或实行兼并，逐渐走向集中。以英国为例，这时期的重大的公司合并或兼并事件有:1987年海外业主公司以分期付款方式，收购了丹麦在英国的旅游经营商切勒堡假日公司；1988年，汤姆森假日公司兼并了英国第三大旅游经营商地平线假日公司；1990年海外业主公司从英国航空假日公司分段收购红翼假日公司；航空旅游公司于1992年收购连锁旅行社皮克福德兄弟旅行社；1993年，托马斯·库克旅行社被德国空运公司兼并，并且德国空运公司通过托马斯·库克旅行社而拥有海外业主公司的部分股份；同年，航空旅游公司兼并了以威尔士为基地的英国第七大旅游经营商阿斯普罗假日公司及零售商H·鲁宾逊旅行社的休闲旅游部。

通过一系列的合并或兼并，到1993年英国旅行代理商协会下辖的旅游经营商和旅行社共有7 500多家，其中五家最大的旅游经营商拥有3/4左右的旅游市场份额。这五家最大的旅游经营商是汤姆森假日公司、海外业主公司、航空旅游公司、宇宙旅游公司和最佳之旅公司。这种集中的趋势在欧洲其他国家和美国也表现得非常明显。在德国，1995年德国约有900家旅游批发商，9 500家旅行社。在整个欧洲200家大旅游批发商的前10名中，德国就占了6家。到1996年，德国各类旅行社有10 000多家，营业额414

亿马克,其中10家最大的旅行社连锁集团拥有52%的总营业额。美国的旅行社到20世纪80年代末就已突破30 000家,其中年销售额低于200万美元的小型旅行社占旅行社总数的66%,中型旅行社占销售额的比重从1983年的43%下降到1986年的19%,其市场份额越来越被通过兼并和收购,变得越来越大的大型旅行社所占有,以至于中小旅行社为了生存,纷纷组成各种合作社组织,以保护自身的利益。亚洲的旅游发达国家日本在1996年4月,有各类旅行社10 825家,而市场份额和收入的大多数为几家最有实力的旅游商占有。这些大旅游商的规模都极大,如日本交通公社、日本旅行社等职工人数在10 000人以上,营业部在100个以上,其中规模最大的交通公社职工人数达到11 000人,在日本除了国内有266个分社外,在国外的香港、关岛、悉尼、洛杉矶、旧金山、纽约、夏威夷、巴黎、伦敦、日内瓦和罗马等地还设有十几个分社。

世界旅行社业发展的另一个趋势是旅游经营商、旅游供应商和旅游零售商三者的一体化经营。在欧美各国,旅游经营商通过直接拥有航空公司来谋取对交通的控制,保证它们的包价旅游的机座,同时,它们还与旅游零售商建立联系,以保证自己产品的销售。在一体化经营发展势头最强劲的英国,主要的旅游经营商不仅拥有主要的包租航空公司,而且与英国四大代理连锁集团有联系。汤姆森假日公司控制了不列颠航空公司,并拥有代理商连锁集团伦恩—波利旅行社;海外业主公司拥有2000航空公司,与托马斯·库克旅行社有销售协议;英国航空假日公司拥有英国航空公司和喀里多尼亚航空公司,并与代理商连锁集团英国航空公司商店有联系。有的旅游经营商还通过兼并代理商连锁集团来拓展国际旅游市场,如1993年德国旅游经营界巨头德国空运公司通过兼并托马斯·库克公司,顺利进入英国市场。

旅行社业发展的第三个趋势是旅游零售商的连锁经营。在英国的6个主要连锁旅行社中,由汤姆森假日公司拥有的伦恩—波利旅行社到1993年初已控制着600多家旅行社，占整个英国旅行社协会成员总数的10%左右，同年托马斯·库克旅行社拥有340多家旅行社。英国第三家最大的连锁旅行社皮克福德兄弟旅行社下辖323家旅行社，另外，H·鲁宾逊旅行社所属的200家旅行社已于1993年同这家旅行社联合。英国六大旅行社之一的A·T·梅斯旅行社拥有将近300家分社。到1993年年中，英国最大的五家连锁旅行社所占旅游零售市场份额达52%。连锁经营大大增强了这些旅游零售商的竞争实力，它们有能力打折扣和降低度假产品的价格来扩大市场。它们还可以为应用计算机系统投入大量资金，以提高其经营能力；同时在全国性广告活动中投入大量资金，以吸引顾客注意。

近十多年来，新技术的飞速发展对旅行社业产生了深刻的影响。随着电子技术、网络技术的发展，旅游电子商务已经开始，正如英国学者霍洛韦指出的，过去熟悉的那种传统的“街角商店”旅行社的时代即将结束。将来的旅行社必须灵活机动，富有个性精神，愿意跟着时代的步伐前进，并充分利用新技术所能提供的新的推销工具，再不能指望以所掌握的各种旅游产品知识来满足越来越成熟的旅游公众的要求。必须找到能调用这些信息，并以最低的成本和更为有效的方式向顾客提供这些信息的手段。

二、中国旅行社业现状与发展趋势

(一)中国旅行社行业现存问题

从中国旅行社行业的现状来说，发展势头很猛，发展速度很快，但仍然存在多方面的问题，概括地说，主要是六个方面的问题。

1.总量不足，结构不合理。就目前来看，中国有近9 000多家旅行社，总量上并不算多，因为旅行社的数量是与旅游需求发达程度直接相关的。中国旅游方面的社会有效需求非常大，旅游消费一直是国内消费的热点，大规模的社会性广泛旅游需求是中国旅行社行业进一步发展的有利条件。当前存在的问题是规范的、合乎发展需要的旅行社不足,而那种不像旅行社的旅行社太多了。行业内部结构不合理的情况更为突出,普遍来说是小、散、弱、差,大家在重复的市场上推销重复的产品,拉重复的客户,形成低层次竞争。

2.产品价格下降,质量不稳定。旅游产品价格下降,质量不稳定是旅行社行业普遍存在的问题。一方面价格下降是国家放开市场,旅行社业飞快发展的结果;另一方面,价格的急剧下降,使质量也下降。造成价格不稳则是低层次价格竞争的恶果,这既不利于消费者,也不利于旅行社。

3.产品开发不细,市场开拓不足。从总体上看,中国旅游产品是相当单一的,多数旅行社主要是经营一种产品,即标准的团队包价观光旅游。面对多样化的旅游需求,没有多样化的产品来适应市场。同时,市场促销乏力,面对巨大的市场容量,而市场开拓不足。造成这种状况既有历史的原因,也与旅行社的发展规模和经营水平有直接关系。中国旅游业在世界上的最大卖点是人文旅游资源和自然旅游资源,这是我国发展旅游的优势所在。但是,一旦丰富的资源和简单的经营同时存在,历史的高起点就可能成为现实的低起点,天然的优势就可能成为一种天然的规定性。因此,中国的旅游产品一起步就沿着世界旅游业的传统产品的路程前进,并很快形成了以团队、全包价、文化观光旅游为主导的产品结构。同样,在这一产品结构基础上的经营结构和经营意识,也存在忽视市场需求变化,忽视产品的现代化和促销的现代化,忽视企业间的分工协作与开展国际合作的弊病,于是内部不健康竞争风起,市场开拓能力薄弱。这是中国旅行社行业近20多年的发展模式。业内人士都认识到了改变这种模式的必要性,因为这是关系到中国旅游业发展的大问题。

4.企业实力不足,缺乏国际竞争能力。从旅游外汇收入和旅游接待人数来看，中国无疑是一个旅游大国。1998 年，中国的旅游外汇收入居世界第七位，旅游接待人数是世界第六位。但是，中国还没有一家可以和旅游大国地位相匹配的旅行社企业。1998 年，中国总共有6 222家旅行社，一年的总营业额为 250 亿人民币，而美国运通公司同年的营业额为 150 亿美元，相当于1 200多亿人民币。中国所有旅行社的营业额加在一起，才相当于运通公司的五分之一。日本交通公社一年营业额也是上百亿美元。只有这样的大旅行社、大集团才足以和旅游大国相匹配。而且，旅行社的“大”并不体现在单体上，主要是指像伦恩—波利旅行社和托马斯·库克旅行社那样的网络的“大”。中国现有的一些单体规模大的旅行社，严格来说，是计划经济时代、垄断经营条件下形成的，绝不是市场经济条件下的旅行社规模。缺乏实力就难以参与国际竞争，世界上占主导地位的大旅游商多数未与中国旅行社建立业务联系，极少数有联系的大公司只是维持一个相当小的业务，数量无发展。

5. 法治不健全，行业秩序较乱。经过多年努力，一套有关旅行社行业的法规已初步建立起来，但法治不仅仅意味着建章立制、制定规则，更重要的是法规的执行。而目前旅游执法在实践过程中是较为薄弱的，缺陷依然存在，所以，旅行社行业虽经多次整顿，行业的秩序还比较混乱。

6. 改革滞后，不适应发展的需要。当前，旅行社行业从整体来说是改革滞后，主要表现是旅行社的企业制度普遍没有采用现代企业制度的方式。这种制度改革的滞后，造成现在旅行社制度方面的杂乱无章，普遍出现的现象是部门承包，甚至是个人承包。承包造成经营者的短期行为，带来严重的财务问题，助长行业不正之风。因此，虽然承包制在中国改革过程中起到了历史性的作用，但同时也被历史证明不是一种企业管理的好制度，它不适合旅行社。现在中国旅行社企业的素质普遍不高，完全不适应未来发展的需要。

总之,把握今后的发展趋势,首先要从现存的基础、现存的条件和现存的问题出发,而解决现存的问题又要适应今后发展的趋势。旅游业永远是一个朝阳产业,但在这个朝阳产业中,旅行社业有没有可能变成一个夕阳产业呢?随着电子商务的发展,客人可上网预订所有自己旅游需要的服务,可以自己设计一条线路,充分体现个性化的要求,旅行社的旅游活动还有什么作用呢?研究表明旅行社还是有充分的发展前景的,前提是必须要跟踪形势的变化,调整经营策略。如果还是现在这样的大团队、半军事化旅游,肯定是没有前途的。如果旅行社注意发挥自身的优势,可以说是有广阔的生存空间的。旅行社的优势大体有以下几个方面:

第一,要有规模效益。因为有大的批量,可以让客人省心、省力、省钱。这是由于社会分工和专业化而形成的规模效益问题,这就要求旅行社经营一定要有规模,没有规模很难有效益。

第二,要提供人对人的服务。技术越发达人对人的服务越升值,任何电脑也替代不了人。人对人服务的真情、细腻和个性化应该是旅行社服务的优势。

第三,要发挥在特种旅游中的作用。就目前的情况来看,许多特种旅游产品必须靠旅行社来做,如探险旅游、沙漠旅游等等,类似这样的特殊性产品,还得靠旅行社来组织。

第四,要不断创新产品。旅游产品的公共性,一方面制约了旅行社的产品创新,另一方面又迫使旅行社只有通过不断创新来取得竞争优势,就是靠创新产品的时间差来获得创新利润。

第五,要开展各种代办业务。把客人不能自助的事务包揽下来,实行委托代办。

(二)旅行社行业发展的趋势

新世纪,中国旅行社正经历着急剧的变革,既有良好的机遇,又面临严峻的挑战。这就要求旅行社的经营管理者具有敏锐的洞察力，准确把握我国旅行社业的发展趋势，解决好现存的问题，发挥优势，使企业在变革中求发展。中国旅行社今后发展趋势主要表现在以下十个方面。

1.旅游方式小型化，旅游时间常年化。随着个性化、消费化时代的来临，散客旅游、家庭式旅游、自助式旅游、委托代办式旅游会越来越多，传统团队式旅游会随之减少。国际旅游中散客旅游占70%，团队占30%，多年来已成潮流。近几年来，散客在入境旅游者中的比重正在逐年增长，尤以中国东部沿海的各大城市为甚。像北京、上海这样的大城市，散客的比重已达一半，这一趋势和国际旅游业的发展趋势是一致的，也是中国对外开放的必然结果。

从国际旅游来看，淡季、旺季的区分已不那么明显，很多地方已感觉到淡季不淡，旺季较旺，从以前分明的淡、平、旺季状况调整过来。而中国还是旅游时间相对集中，淡旺分明，大起大落，高峰低谷的状况，这和国家节假日制度安排有关。全年有春节、“五一”、暑期、“国庆”四个高峰，造成旺季应接不暇，淡季门可罗雀。这种现状不会长久维持下去，今后随着带薪休假制度的落实，奖励旅游制度和福利旅游的推行，中国的旅游时间常年化是必然趋势。

2.产品结构合理化。现在旅行社经营的基本上是观光旅游，有少量特种旅游，度假旅游基本上没有进入旅行社的经营范围。从发展趋势上看，这三者之间的一个完善的产品结构必然会形成。结构性变化的趋势是：大型团队式观光旅游的比重会逐渐下降，度假旅游、特种旅游的比重会上升。

首先，就观光旅游来说，观光旅游者正逐渐从追求在尽可能短的时间内看尽可能多的东西，转向追求旅游观光活动的文化性、自然性。其次，度假旅游在中国刚刚开始，大体上还是综合性度假旅游，度假只是目的之一，是在度假过程中观光娱乐。进一步的发展趋势是从综合型的度假旅游转向休憩型的度假旅游。所谓休憩型的度假旅游，就是旅游者到一度假地去作闲而无事的短暂逗留，达到休息身心的目的。最后，特种旅游今后会向生态型、探险型发展，这应该说是比较突出的趋势。

在今后的发展中，旅行社要把握趋势，针对不同市场，开发适销对路的产品，形成多样化的产品体系。入境旅游的产品必须是多样化的，适应国际消费潮流的；国内旅游和出境旅游的产品在大众化的同时，要不断深化。

3.产品品种细分化。对应细分的市场和比较成熟的消费者，旅行社经营的产品品种越来越细，市场分工也越来越细。产品品种越来越细主要体现在几个方面：一是专业化产品增多，一般普通产品逐步减少；二是小批量产品增加，形成小批量多品种；三是个性化的产品增加；四是一对一的服务增加。产品品种细分化同时会导致旅行社经营业务分工的细分化，各种专业性的旅行社越来越多。一个旅行社就经营一个特种产品，所对应的市场看起来虽不大，但是因为只针对一个专门市场，仍有一定优势，具有较强的竞争力。

4.市场竞争日趋激烈。随着中国旅游市场的开放度逐步增加，旅行社行业的竞争会日益激烈，具体表现在四个方面：首先，质量和价格竞争会逐渐从低质低价走向优质优价。比较成熟的市场应该是质价相符，质价相符从根本上说是市场进一步分工的问题，在分工的基础上达到的竞争秩序，会是一个较好的秩序。其次，集团化竞争的态势越来越明显。各个省都在努力组建自己的集团，这种区域性旅游集团的成立，就目前来说是一件好事，它可能使市场竞争朝有序的方向发展，但从旅行社行业集团国际化的趋势来看，区域性旅游集团的发展又不适合旅行社经营的方向。第三，国际竞争国内化。这几年，海外旅行社在国内分段委托，已经把经营触角延伸到国内。中外合资旅行社的开办，更把原来在海外的竞争直接引入国内。国际竞争国内化的趋势将对中国旅行社行业带来全面的冲击。最后，国内市场国际化。随着合资旅行社的进入，以及国内部分旅行社的发展,有相当实力的旅行社会创造条件去海外建立接待体系。尤其是出国旅游的发展,使其成为可能。

5.旅行社经营品牌化。旅行社经营的产品不是物质产品,而在很大程度上是信息性产品,这种信息性产品的特点使旅行社经营对企业无形资产的要求特别高,在市场上树立形象的主要途径就是企业的品牌。在今后的发展中,旅行社要在激烈的市场竞争中取胜,并立于不败之地,依靠的就是企业自身的无形资产,依靠的是企业经过自身努力树立起来的良好声誉和信用。在树立企业形象,创造企业品牌的过程中,有一些具体做法会成为趋势:一是大品牌多产品,即旅行社有一个大的品牌或推行若干品牌,每个品牌下都包含许多产品。这种做法在国外已是看得到的经营方式,如日本交通公社的品牌"看世界",其中就包含上百条甚至几百条线路。英国的皮克福德兄弟旅行社和托马斯·库克旅行社曾向旅游经营商大批购买旅游产品,然后再以自己的品牌进行推销。二是加深旅行社经营中的文化内涵。旅行社可以通过导入CI设计,形成旅行社统一的标志、统一的装修、统一的品牌、统一的服装、统一的企业精神和理念;可以通过个性化服务,来强化门市服务、接待服务的文化性;可以通过提高线路设计、导游讲解水平,来深化旅游产品的文化内涵。总之,旅行社必须树立企业品牌,推行大品牌多产品的策略,创造自己独特的企业文化,促使文化性竞争意识的形成,这样才能把握住旅行社经营品牌化的趋势。

6.导游自由职业化。旅游更多的是凭借自己的智力、语言和技巧提供服务,以此来谋求自己的生存和发展,所以导游自由职业化大体在十年之内就会在中国普遍存在。当然,导游的自由职业化并不意味着自由散漫,没有管理,而是意味着市场发展的过程中对导游的要求越来越高,越来越规范。在今后的发展过程中,导游协会的建立势在必行,它将成为导游的自律性组织、服务性组织。同时,专业化的导游公司也会发展。

7. 市场营销网络化。电子技术的进步对于创新发展的旅行社来说既有消极影响的一面，如计算机网络的发展、电子商务的应用可能会减少旅游者对旅行社的依赖，但它又对旅行社营销网络的构建、销售流程的优化、市场信息的共享等有积极的一面。国际上著名的旅行社集团在产品宣传与推广、客户信息管理等方面已应用了电子管理信息系统、电子商务、旅行社网站等营销手段。可以说，旅游发达国家的旅行社已经超越了探讨信息技术对行业影响的阶段，进入了如何应用信息技术为自己营销服务的阶段。以计算机网络为技术基础的旅行社营销网络化在国际上已成看得见的发展趋势。中国旅行社必须紧跟这一国际旅行社行业发展新趋势，才能适应新世纪日益激烈的市场竞争。

8. 旅游服务社会化。旅游服务社会化是中国旅行社行业下一步要努力的方向。首先，旅游销售门市要社区化。旅游门市深入社区就是要为客人购买旅游产品提供更多的方便，使他们在超市、社区商店都能得到旅游咨询服务，购买到旅游产品，这样才能真正达到使旅游成为人民群众的一个生活要素。其次，积极开展商务旅行业务。包办企业的商务旅行是旅行社旅游服务社会化的一个重要方面，靠旅行社的规模化和专业化服务来降低企业的商务旅行成本，使它们认识到这种专业化服务的好处。现在国内已经有一些旅行社开始做企业的商务旅行和会议服务，这类业务是先从为外资企业服务开始的，正在逐步扩展，一些国内的大企业也开始找旅行社服务。商务旅行服务将是未来利润最高的领域，难度相对较大，不是一般的旅行社能做的。第三，政府采购服务产品将来会发展成为一个趋势，具体包括政府人员的出差、出国，政府的会议和活动安排，都由旅行社来提供相关服务。这在发达国家是司空见惯的事，但在中国还是一个新概念。最后，国内休学旅游市场有极好的前景。中国旅行社应在做好海外休学旅游的同时，积极拓展国内休学旅游市场。

9.企业组织综合化。旅行社、饭店、景点、航空的综合化经营会成为一种趋势。如有实力的旅行社、饭店集团或航空公司都可以自己形成旅行社网络,然后和景点等方面形成一个共同的营销网络。从企业组织的综合化来说,采用什么模式,是建立资产一体的旅游企业集团网络,还是实行品牌一体化的多元化经营网络,或是通过其他联合经营方式形成网络,起重要作用的不完全是资金问题,而是市场因素,即不仅取决于资金规模,更取决于市场占有率和发展适应性。

10.行业结构合理化。基于对中国旅行社现状的分析,同时考虑到加入世界贸易组织后中国旅行社行业将面临的国际竞争态势,中国旅行社行业分工体系调整的方向是通过对现有旅行社的改造、分化、组合等方式实现大型旅行社集团化,中型旅行社专业化和小型旅行社通过代理制网络化的目标模式。所以,中国旅行社行业结构的合理化,从根本上说还是集团化和网络化的问题。

在今后的发展中,让行业中规模较大的旅行社通过合并、兼并或其他方式重新组合形成集团,在市场上占有较大的份额,成为市场的主导力量,靠自己的资金、品牌、规模、特许权等方面的优势在市场上竞争。大型旅行社实行集团化之后,市场上一些中等规模的旅行社会相应调整其经营方向,避开其在经营标准产品方面的比较劣势,实现专业化经营,以最大限度地满足特定细分市场旅游者的需求。中等旅行社实行专业化经营集成本优势与产品专业化优势于一身,解决了这类旅行社因规模较小,形不成规模经济,因而也难以直接与旅行社集团竞争的问题。众多小旅行社主导性的出路是成为大集团的网络,这样可以避免原先“小而全”的建制和业务上面面俱到而又面面不到的矛盾,使其彻底摆脱举步艰难的局面。

从企业体制上来看,大旅行社即集团化旅行社适宜采用现代企业制度——公司制;中型旅行社不见得是资金和人员的规模中型,而在于它的经营实力和经营规模中等,对这类中型旅行社比较合适的企业体制是股份合作制;小型旅行社则可采用合伙方式或其他方式。也就是说,不同的规模、不同的企业组织应该有不同的企业体制来加以适应,各自选择比较合适的企业体制,根本原则还是市场和发展适应性。

思考题:

1. 世界上第一家旅行社为什么产生于19世纪40年代?
2. 简述托马斯·库克对世界旅游业的贡献。
3. 现代国际旅游业发展趋势是什么?
4. 简述中国旅行社的发展历程。
5. 中国旅行社行业现存的主要问题有哪些?
6. 试分析中国旅行社行业的发展趋势。

第三章 旅行社的分类与设立

由于各个国家和地区的旅游业发展情况不同,使世界各国、各地区的旅行社在分工体系和分类制度上都存在着较大差异。在这一章里,我们将在探讨旅行社的分工体系的基础上,介绍旅行社的分类,然后介绍旅行社的设立,尤其是中国旅行社设立的基本程序。

第一节 旅行社的分工体系和分类制度

一、旅行社的分工体系

分工体系是指不同类别的旅行社在各个市场区域和旅游产品流通环节中所扮演的角色及其相互之间的关系。目前世界范围内主要存在三种旅行社分工体系,即由市场经济体制的内生力量,经过自发演进而成的垂直分工体系;政府行政管理部门主导下分割而成水平分工体系;以及由市场因素和政府主导共同作用而成的混合分工体系。

(一)自然分工体系

在多数市场经济体制发挥主导作用的西方国家,旅行社的分类不同于一些亚洲国家和地区按业务范围来划分的方法,而是根据旅行社在向旅游者提供旅游服务的流程中所起作用作为划分依据的。有的旅行社专门从事旅游咨询和产品销售,有的专门从事面向零售商的组团工作,也有的旅行社专门从各单项产品的供应商批量购买，然后组合成新包价旅游产品再向组团旅行社进行销售。由于这种分工是在市场经济社会里依据旅游者的消费流程自然形成的，并呈“相关旅游企业—经营—批发—零售—旅游者”这样一种垂直状态，所以也称旅行社的自然或垂直分工体系。

这种垂直分工体系既是对工业领域产业组织分工的移植，也是适应旅游业中旅游者分布广、人员流动性强等特点而进行的制度创新。这种市场经济体制内生的分工体系通过专业化分工、规模经济、协作与联盟等途径最大限度地发挥了资源优化配置功能。

(二)水平分工体系

与市场机制主导下演进而成的垂直分工体系相对应的是旅行社的水平分工体系，它是在政府行政管理力量的干预下形成的。在政府行政管理部门主导下，把旅行社分成若干等级和类别，同时把统一的旅游市场划分为入境旅游、国内旅游和出境旅游等若干子市场，每一类别或等级的旅行社对应经营相应的市场。中国、中国台湾地区、韩国等东亚国家，以及其他一些发展中国家多采用此种分类体系。

水平分工体系可以较好地实现国家的旅游发展目标，但是，这一非市场经济内生的分工体系也可能由于其对市场主体的差别歧视，导致优势企业的低效率运行和整个行业的无序运行。

(三)混合分工体系

所谓混合分工体系是指在市场因素和政府主导的共同作用下，各旅行社仍被划分为不同的等级，并被规定了各自的业务经营范围。但是不同类别的旅行社之间又根据垂直分工的原则进行分工，构建批发经营、零售和代理体系。日本就采用的是混合分工体系。

综上所述，世界范围内旅行社的生产分工，既存在以批发经营和零售代理为代表的，在时间上先后承接、具有互补关系的垂直分工，也存在在批发经营和零售经营各自内部同一操作层次上，针对操作的不同特点进行的水平分工，并由此形成了世界范围内具有一般意义的旅行社行业的垂直分工体系和水平分工体系。这两种分工体系在实际中交叉存在，如一些旅游批发商和旅游零售商根据市场状况和企业实力，在各自的领域中参与了水平分工，以此实现专业化经营。

二、旅行社的分类制度

不同国家和地区间旅行社分工体系方面的差异，决定了旅行社分类制度方面的区别。

（一）欧美国家的旅行社分类制度

欧美为代表的旅游发达国家的旅行社，大都采用垂直分工体系，因此按照业务范围旅行社可以划分为旅游经营商（Tour Operator）、旅游批发商（Tour Wholesaler）和旅游零售商（Tour Retailer）三类。同时也存在两类的划分方法。二分法将欧美的旅行社分为批发经营商（Wholesale Tour Operator）和旅游零售商两类，忽略了旅游经营商和旅游批发商之间的差别。

1. 旅游批发商。它是一种从事旅游产品的生产、组织、宣传和推销旅行团业务的旅行社组织。它们与旅游目的地、航空公司等交通部门、旅馆、餐馆等旅游服务部门签订合同，并且根据旅游者的实际需求，设计、组合出若干不同日程、项目和包价等级的包价旅游线路或包价度假集合产品，并将它刊印在宣传册上，然后交给旅游零售商去推销。它们一般不直接向公众出售旅游产品。这类旅行社一般实力雄厚，有广泛的社会联系。

2. 旅游经营商。指以编排、组合旅游产品为主，也兼营一部分零售业务的旅行社。它们的旅游产品大部分由零售商出售，有时也代售其他旅游经营商的产品。在西方国家从事旅游业的人士中，旅游批发商与经营商常作为同义词混用。若严格区分，二者是有一定的区别的。两者虽都进行旅游产品的生产，但重要区别在于是否直接经营零售业务。旅游经营商有自己的零售网,直接向公众出售部分自己的旅游产品,而旅游批发商则没有自设的零售网点,它不直接向公众出售产品;批发商通常通过购买并组合现存的服务形成新的包价旅游产品,而经营商通过设计、组合新包价旅游产品并提供自己的服务;批发商一般不从事实地接待业务,而经营商则相反。

3.旅游零售商(也称旅游代理商)。指直接向个人或社会团体宣传和推销旅游产品,具体招徕游客,有的也负责当地接待的旅行社。它们是批发商和旅游者之间的中介企业,其收入来源完全依靠代理经销业务获取佣金或依靠回扣。

此外,国际上还有一种叫旅行服务处的旅行组织,它的主要业务是散发旅游资料,进行旅游宣传,但不直接经营具体旅游业务。

(二)日本和韩国的旅行社分类

1.日本旅行社的分类。根据1996年4月颁布实行的日本《旅行业法》,日本的旅行社划分为三类:第一类旅行社可实施海外和国内主催旅行业务;第二类旅行社只能实施国内主催旅行业务;第三类旅行社则不实施主催旅行业务,业务范围是可作为一类旅行社的代理店,从事其相同的业务,也可作为二类旅行社的代理店,从事与其相同的业务。

主催旅行,根据日本《旅行业法》的界定,相当于通常所说的包价旅游。它是指旅行业者事先确定旅游目的地及日程,旅游者能够获得的运送及住宿服务内容、旅游者应对旅行业者支付的代价等有关事项的旅游计划,通过广告或其他方法募集旅游者而实施的旅行。日本关于一类、二类旅行社的划分属于典型的水平分工体系,而一类、二类跟三类旅行社之间又是垂直分工。

2.韩国旅行社分类。韩国的旅行社分为三类:第一类是经营入境旅游和国内旅游业务的一般旅行社;第二类是经营出境旅游业务的海外旅行社;第三类是经营国内旅游业务的国内旅行社。

(三)中国旅行社的分类制度

根据国务院1996年颁布的《旅行社管理条例》,中国的旅行社按照经营范围划分为国际旅行社和国内旅行社两种类型。

1.国际旅行社。指可经营入境旅游业务、出境旅游业务、国际旅游业务的旅行社组织。具体业务包括:

(1)招徕外国旅游者来中国,招徕华侨与香港、澳门、台湾同胞归国及回内地旅游,为其安排交通、游览、住宿、饮食、购物、娱乐及提供导游等相关服务;

(2)招徕我国旅游者在国内旅游,为其安排交通、游览、住宿、饮食、购物、娱乐及提供导游等相关服务;

(3)经国家旅游局批准,招徕、组织中国内地居民到外国和中国香港、澳门、台湾地区旅游,为其安排领队及委托接待服务;

(4)经国家旅游局批准,招徕、组织中国境内居民到规定的与我国接壤国家的边境地区旅游,为其安排领队及委托接待服务;

(5)经批准,接受旅游者委托,为旅游者代办入境、出境及签证手续;

(6)为旅游者代购、代订国内外交通客票,提供行李服务;

(7)其他经国家旅游局批准的旅游业务。

国际旅行社的上述业务有两点需要说明:一是国际旅行社的经营范围包括出境旅游业务,并不意味着所有国际旅行社均可经营出境旅游业务。当前,我国对出境旅游实行“有组织、有计划、有控制”的指导方针。按照《旅行社管理实施细则》中的规定,已经审批设立的国际旅行社如果需要经营出境旅游业务,必须向国家旅游局提出书面申请,经审批同意后方可经营出境旅游业务;二是所谓“其他经国家旅游局批准的旅游业务”,指不是在《条例》及《实施细则》中作出的,国家旅游局认为有必要专门为国际旅行社的经营业务作出的规定。

2.国内旅行社指经营范围仅限于国内旅游业务的旅行社。具

体业务包括:

(1)招徕我国公民在国内旅游,为其安排交通、游览、住宿、饮食、购物、娱乐及提供导游等相关服务;

(2)为我国公民代购、代订国内交通客票,提供行李服务;

(3)其他经国家旅游局批准的与国内旅游业务有关的业务。

关于国内旅行社的业务有几点需要说明:首先,《实施细则》规定,国际旅行社可以在核定的经营范围内经营中国香港、澳门和台湾地区旅游业务,国内旅行社不得经营此项业务。此外,我国旅游者不包括长期居住在我国境内的外国人,即国内旅行社不可经营在我国长期居住的外国人在国内旅游的业务,这主要是考虑到国内旅行社的经营条件,达不到接待外国旅游者的标准。其次,国内旅行社只能代购、代订国内交通客票,而不能为旅游者代购、代订国际交通客票。如果国内旅行社从民航部门取得机票销售代理资格,则有权销售国际机票,但不得接受旅游者委托,以从旅游者那里获得一定的服务费用为目的来为旅游者代购、代订国际交通客票。第三,其他经国家旅游局规定的旅游业务,是指未在《条例》及《实施细则》里作出规定,但根据国内旅游业发展的需要,国家旅游局认为有必要专门为国内旅行社的经营业务作出另外规定。最后,国家旅游局认为有必要,也可批准个别国内旅行社经营超出其国内旅游业务的范围。如在一些边远地区,由于旅游资源的吸引力,每年都有少量的海外旅游者前往观光旅游,但该地区又没有条件成立国际旅行社,而海外旅游者的前往又需要当地旅行社出面接待,在这种情况下,当地的国内旅行社可以向旅游行政管理部门提出申请,并报经国家旅游局审批同意后,就可以接待前往该地区的海外旅游者。

(四)中国台湾地区旅行社的分类制度

根据中国台湾地区“发展观光条例”,台湾地区内的旅行业划分为综合旅行业、甲种旅行业和乙种旅行业三种类型。

1.综合旅行业。综合经营入岛、出岛和岛内旅游服务的旅行社组织。具体业务范围包括:

(1)接受委托代售岛内外海、陆、空运输事业之客票,或代旅客购买岛内外客票、托运行李;

(2)接受旅客委托,代办出入境及签证手续;

(3)接待岛内外观光旅客并安排旅游、食宿及导游;

(4)以包办旅游方式,自行组团,安排旅客岛内外观光旅游、食宿及提供有关服务;

(5)委托甲种旅行业代理招揽前款业务;

(6)委托乙种旅行业代为招揽第四款岛内团体旅游业务;

(7)办理经主管机关核定与岛内外旅游有关之事项。

2.甲种旅行业。可以自行组团安排旅客出岛旅游、食宿及提供有关服务,其本身无权在海外招揽旅游团,但可以接受综合旅行业之委托从事海外旅游者的岛内旅游接待服务的旅行社组织。具体业务范围包括:

(1)接受委托代售岛内外海、陆、空运输事业之客票,或代旅客购买岛内外客票,托运行李;

(2)接受旅客委托,代办出入境及签证手续;

(3)接待岛内外观光旅客并安排旅游、食宿及导游;

(4)自行组团安排旅客出岛观光旅游、食宿及提供有关服务;

(5)代理综合旅行业招揽第五款所定之业务;

(6)办理经主管机关核定与岛内外旅游有关之其他事项。

3.乙种旅行业。只能接待台湾岛内观光旅客的岛内旅游、食宿及提供有关服务,以及代理综合旅行业招揽岛内团体旅游业务的旅行社组织。具体业务范围包括:

(1)接受委托代售岛内海、陆、空运输事业之客票,或代旅客购买岛内客票、托运业务;

(2)接待本岛观光旅客岛内旅游、食宿及提供有关服务;

(3)代理综合旅行业招揽第六款所定岛内团体旅游业务;

(4)办理经主管机关核定与岛内旅游有关之其他事项。

除上述分类方法和分类制度外,在旅行社的经营过程中,还有其他一些分类方法,其一是按客源流向可以把旅行社分为客源输出旅行社和客源输入旅行社。客源输出旅行社是指存在于旅游发生地国家的旅行社,其主要任务是负责招徕本国旅游者,并组织其出境旅游。客源输入旅行社是指存在于旅游目的地国的旅行社,它主要是从事组织接待入境旅游者,并为之提供相关的旅游服务。其二是按业务特点可以将旅行社分为组团旅行社与接待旅行社。组团旅行社是指招徕旅游者、组织旅游团(者)去异地参加旅游活动,并提供全程导游服务的旅行社。接待旅行社是指负责组织、安排旅游团(者)在当地的旅游活动,并提供地方导游服务的旅行社,亦称接团社。

三、各类旅行社业务运作方式

(一)旅游经营商的业务运作方式

旅游经营商通常专门从事包价旅游产品的设计与组合,包价旅游的范围和内容各不相同,但它们最终都通过旅游分配系统以独立产品的形式和独立的价格销售给最终消费者。

旅游经营商的存在有几个原因:一是有助于帮助供应商提高出租率或使用率,并降低销售成本;二是有助于旅行社代理商和旅游者降低信息收集费用,而且由于与供应商的多方交易变成与旅游经营商的单方交易,还可以降低交易费用。三是有助于旅游者得到使用更便利、价格更优惠的整体旅游产品。旅游经营商通过与旅游供应商的洽谈,可以获得批量折扣,它将批量购买来的单项旅游产品组合成新的包价旅游产品,在其中融入自己的服务。而且,如果它从旅游供应商那里得到的折扣可观,为提高自己的竞争能力,它会将一部分折扣转让给旅游者。旅游经营商与供应商的合同一般有以下两种：

1. 批量预定合同。旅游经营商通常要提前一年，即在印制宣传品前与旅游供应商洽谈，提出预定数量。最后的价格取决于供应商的预期出租率或使用率，同时也取决于总体业务情况、经济状况和旅游经营商根据上年价格计算的预计需要量。如果旅游经营商上年预订与实际结果之间存在差异，那么旅游经营商就很难获得与上年相同的折扣价格。旅游经营商的财务状况和营销计划也是需要参考的因素。

这类合同允许旅游经营商通过旅行代理商提前大约 35 天向顾客预收款项，从而减少财务方面的风险。旅游经营商必须在 30 天以前通知供应商产品需要量，这样供应商便可以销售剩余部分产品，而旅游经营商则通过制定取消预订制度以减少财务损失。既然旅游经营商提前预收订金和旅游费，要到旅游结束后才支付供应商，所以旅游经营商拥有大量的现金周转，并可以从中获利，而在淡季旅游经营商则可能面临资金周转问题。

2. 批量购买合同。这类合同一般是在供应商处于有利条件，而旅游经营商有把握销售足够数量产品的情况下才会发生。批量购买合同要求旅游经营商承诺购买一定数量的产品，无论最终实际销售多少产品，旅游经营商都必须依照最初的承诺向旅游供应商付款。旅游经营商通常可以通过这种方式获得相当低廉的价格，并且可以使用自己的产品名称。

旅游经营商在与供应商签订合同，并设计出包价旅游产品后，便开始进行产品促销。促销的方式主要有：印制和发行宣传册；利用旅行代理商进行促销；在旅行出版物刊登广告等。其中主要的方式是通过印制和发行宣传册来促销，在产品销售方面更多的是直接向旅游者销售，以越过旅行代理商，节省销售佣金。

旅游经营商的宣传册多数图文并茂，制作成本约占旅游价格的 2%～5%。一般情况下，八份宣传册可以促成一个旅游预订。

在美国,民用航空管理局要求所有促销材料都必须在发行前获得许可。经济合作与发展组织也建议所有旅游宣传册应包括旅游经营商的合法身份、旅游目的地和日程安排、交通工具、包括服务在内的总体价格、住宿标准、预订程序和取消预订的处理办法。根据美国联邦法律,如果出发时间延误达48小时、出发地和旅游目的地发生变化、更换饭店或提价幅度超过10%,旅游者有权获得全额补偿。这些规定都是为了保护消费者的利益。

(二)旅游批发商的业务运作方式

旅游批发商的业务运作方式类似于旅游经营商,不同之处在于旅游批发商通常没有自己的零售系统,而主要依靠独立的旅行代理商销售其产品。当然,这一区别在欧美日趋淡化。

旅游批发商经营出境旅游和入境旅游,并且包价形式多样,也提供单项服务。另外旅游批发商也注意散客旅游的经营,允许旅行代理商具有相当的产品组合弹性,以最大限度地满足旅游者的需求。这种产品组合弹性使旅行代理商不仅能为团体旅游者提供优惠的价格,而且也能为散客提供同样优惠的价格。旅游批发商的价格优惠来自其稳定的业务量和由于批量而获得的折扣,他们既可以依靠自己的力量设计旅游,也可以与旅游经营商签订合同,经营旅游经营商的产品。

美国的旅游批发商内部还存在更为细致的分工。根据业务范围的不同,美国的旅游批发商可划分为全国性综合服务批发商、全国性附设批发商、专业旅游批发商和地区性旅游批发商。

(三)旅行代理商的业务运作方式

旅行代理商是欧美旅游产品销售系统中的重要组成部分,他们直接向消费者出售旅游产品,提供旅游咨询,出售机票、船票和安排饭店客房等,也帮助旅游经营商和旅游批发商推销包价旅游产品。但是,旅行代理商并不实际拥有或预先承诺购买供应商的旅游产品,只是在接受客人委托并收取费用后才向供应商购买相应的服务。旅行代理商通常为外出旅游或出差的客人办理预订并提供服务,偶尔也根据客人要求设计旅行。旅游经营商和旅游批发商的成败取决于其能否设计出适合旅游者需要的包价旅游并进行成功的促销,而旅行代理商的成败关键在于其推销能力和销售数量。在美国旅行代理商可划分为如下几种:

1.综合服务旅行社。这类旅行社具有提供各种旅行代理服务的能力,包括度假旅游、团体旅游和商务旅行等。大规模的综合旅行社有时设有独立的商务旅行部和团体旅行部。在许多旅行社中,商务旅行业务占到总销量的50%。

2.商务旅行社。是专门从事商务旅行代理服务的旅行社。它们一般不接待零散的娱乐旅游者,其工作人员的培训主要侧重于机票预订、饭店客房预订和安排交通服务。大多数商务旅行社只为协作单位的管理人员和雇员安排娱乐旅行。

3.内部旅行社。指设立在协作单位内部的旅行社,一般为一家旅行社的分支机构,专门为协作单位代理各种旅行服务。这类旅行社主要是适应世界经济的全球化和企业差旅业务激增的需要而产生的。

4.团体旅行社。专门为不同兴趣的旅游团队设计旅游计划的旅行社,它们有时直接对旅游者销售,有时通过其他旅行社销售。

5.奖励旅行社。专门为企业或各种组织设计,并经营专项奖励旅游的旅行社,一般组织规模较大。

与旅游经营商不同,旅行代理商无权修订旅游供应商规定的产品价格,旅行代理商的主要收入来源是供应商根据合同支付的销售佣金,旅行代理商一般是根据产品畅销程度和佣金的高低来选择供应商。旅行代理商销售轮船舱位的佣金为7%~7.5%,航空机座9%~10%,如果销售情况好,还可获得奖励佣金。

综上所述,在欧美,人们要旅游,通常首先与以旅行代理商为主的旅游零售商联系。旅行代理商在接到委托后,请旅游批发商或旅游经营商设计旅游计划。旅游批发商或旅游经营商按客人要求设计好计划,并在征得客人同意后与海外代理商联系,请他们按计划安排各项旅游服务。如果可能,旅游批发商也可以就地联系旅游经营商的海外分支机构或饭店销售代表。旅游者可以购买包价旅游,也可购买不同类型的旅游项目。由于航空价格波动较大,欧美许多旅游经营商都不再把航空交通纳入包价旅游价格,但如果客人要求安排交通,可由旅行代理商直接与有关航空公司联系。

(四)中国旅行社的业务运作方式

1.国际旅行社的业务运作。中国的国际旅行社集包价旅游产品设计、组合、促销、销售和地面接待于一身,并且通过其销售门市直接面对包括散客在内的各类旅游者。

在入境旅游业务方面,旅行社根据市场调研结果或国外中间商的要求,经过“踩线”考察,设计出旅游线路,然后通过间接销售渠道或直接销售渠道推向国际旅游市场,主要是通过间接销售渠道。在实际运作中这种间接销售渠道有两种形式:一是通过零售商向国外销售产品,一般均为包价旅游,既适合零散旅游者,也适合团体旅游者。二是批发商或经营商向国外旅游者销售产品。国外的旅游批发商或经营商通常在销售过程中,往往要根据当地市场需要,在我国旅行社提供的产品的基础上进行加工和重新组合,或加上第三国或地区的产品。

产品销售成功后,旅行社通过自己的协作网络进行旅游服务的采购,落实有关接待事宜。旅游团在境内各地的接待,由组团社委托的接团社负责安排,并由组团社委派的全陪进行监督。

在出境旅游业务方面,国际旅行社根据国内出境旅游市场需求情况与境外的旅行社商定旅游计划和价格,然后直接或通过相关旅行社招揽国内旅游者,组成团后交由目的地国旅行社接待,并由领队监督计划落实情况。

另外,中国的国际旅行社同时兼营国内旅游业务。

2.国内旅行社的业务运作方式。中国的国内旅行社无论大小,都自行设计包价旅游产品,通过不同方式进行促销。产品销售成功后,组团社将团发往旅游目的地,委托当地接团社负责接待,并由组团社委派的全陪进行监督。

第二节　旅行社的设立

一、影响旅行社设立的因素

旅行社的设立是旅行社经营管理的开始。旅行社和其他所有企业一样,是国民经济的一个基层单位和经济实体,它不可能孤立于特定的社会环境之外而存在。在任何时候、任何社会制度下,任何一个单位或个人设立旅行社都必定要受内部和外部两方面因素的影响。

(一)影响旅行社设立的外部因素

所谓外部因素,即旅行社赖以生存和发展的环境因素,是旅行社自身无法控制,而又必须受其制约的那些因素。影响旅行社设立的外部因素主要有两个方面:

1.旅游市场环境。旅游市场,在这里是指旅游产品交换过程中所反映的各种经济现象和经济关系,它不仅仅局限于旅游产品交换的场所,而且涉及到一定范围旅游产品交换中供求之间各种关系的总和。旅游市场是旅行社经营的基本要素和条件。没有旅游市场,就无从谈旅行社的设立和经营。从旅行社生产来看,如果没有各种旅游服务供应者,旅行社便不能得到旅游产品的各种组合要素,旅行社的经营活动根本无法进行;从旅行社销售来看,若无分布广泛、人数众多的旅游消费者构成的消费市场,旅行社就无法最终出售产品,实现自己的目标。所以,设立旅行社首先要考虑的就是旅游市场,必须对本地区的旅游经营环境进行深入调查,分析本地区的旅游供给与旅游现状及变化趋势,然后再根据实际情况作出决策。否则,即使勉强设立,也会因协作网络和销售网络等旅游市场因素的限制而无利可图。

2. 国家有关政策和法规。任何一个企业都不是孤立于某个特定的社会环境之外的,它除了受到市场条件的制约,还必然受到所在国家或地区政府的有关政策与法规的限制。因此,任何人或任何组织在设立旅行社之前,都要仔细研究与旅行社的设立密切相关的政策和法律规定,在法律许可的范围内行事。

各国对旅行社的设立都有不同的规定,综合起来,主要包括申办者的从业经验、法定的注册资本、营业保证金和旅行社业务经营许可制度等管理制度。

(二)影响旅行社设立的内部因素

内部因素是指旅行社自身可以控制的因素。这些因素包括如下几个方面:

1. 资金。资金是旅行社可以自行控制的最主要和最关键的内部因素。在外部条件许可的前提下,要设立一家旅行社,首先要考虑的就是资金问题,没有足够的资金,开设旅行社是不可能的。《旅行社管理条例》对各类旅行社的注册资本额都有具体规定,这是设立各类旅行社所需资金的最低限额,在实际运作中,这一数额未必一定能满足旅行社业务发展的需要。因此,申请设立旅行社的单位或个人应根据自己的实际情况确定并筹措经营所需的足够资金,以确保其筹备工作及日常业务运作的正常开展。

2. 营业场所和营业设施。这是旅行社可以控制的另一重要因素。营业场所和营业设施作为可控因素,主要是指设立旅行社者必须拥有符合法律规定的营业场所和营业设施。当然,这些营业场所和营业设施除符合相关规定外,还必须符合旅行社经营的客观要求。营业场所和营业设施对旅行社业务的正常运作和效率至关重要,申请设立旅行社者必须慎重对待。

3. 经营管理能力。所谓经营管理能力是指申请设立旅行社者应该具备的通过有组织的团体活动,将其自身拥有的人力、财力和物力等资源作合乎要求的优化组合,以达到有效开展经营业务的能力。旅行社业务能否正常有序地开展,取决于旅行社的经营管理水平。因此,申请设立旅行社者如果缺乏经营管理能力,即使具备了上述其他几个基本条件,旅行社经营活动也难以开展,其目标更是不可能实现。

二、欧美国家进入旅行社行业的方式

一般说来,西方发达国家对进入旅行社行业多实行较为自由的政策,即政府更强调旅行社的企业共性的一面,投资者对旅行社的进入纯粹是企业行为,只接受工商管理部门的注册登记管理,旅游主管部门不干预或较少干预。而多数发展中国家对旅行社的进入实行严格的制度。但不管怎样,进入旅行社行业大体有三种方式,即开设新旅行社、购买现存的旅行社和采用特许方式。

(一)开设新旅行社

在欧美国家开设新旅行社除了要具备资金和营业设施,要有经营管理能力外,相当重要的是社址的选择,以至于英国一位旅行社经理说"只要具备三样重要的东西,即地点、地点、地点,就可开办一家旅行社。"这说明对顾客来说,地点方便乃是他们选择旅行社遵循的一条主要标准。英国旅游学者霍洛韦认为选址不仅要注意到现有步行人流,还要注意到顾客心理。美国学者就选址问题有如下见解:①旅行社应设在繁华的商业区,以便吸引过往行人;②旅行社营业处应有足够的停车场地,便于公众停留;③尽量避免选择旅行社林立的地区,以减少竞争压力;④旅行社应选择中等收入家庭相对集中的地区,且附近有较大规模的企业,以便吸引人们参加旅游;旅行社营业场所以底楼为好,以方便顾客。

当然,不同国家和地区发展旅游的情况不同,旅行社市场准入方面的规定不同,所以人们开办新旅行社时考虑的重点也就不同。但是,外国学者对选址问题的研究对我们还是有参考意义。

(二)购买现存的旅行社

在国外,购买现存的旅行社也是进入旅行社行业的一种方式,而且,这种方式还有多方面的好处。首先,购买者可对要出售的旅行社的价值进行评估,挑选有一定销售量和赢利基础的旅行社作为购买对象;其次,出售者可能会给购买者提供经验和业务指导;第三,可以省去重新办理许可证和认定书的麻烦;最后,有经验、能建立客户关系的工作人员有可能留下来。当然,各种条件,包括商业声誉都很好的旅行社要价也不会低。考虑到购买一家旅行社立即会带来收入,所以,购买一家旅行社还是被认为是一种较好的选择。

(三)采用特许形式

特许形式在欧美有一些尝试,有成功的,也有失败的。一方面因为旅行社行业收益较低,支撑特许费、年服务费等费用有困难,另一方面,特许所带来的统一品牌、统一标识、统一的营销运动,以及人员培训上的支持又使特许经营非常有吸引力。关键在于在决定投资特许之前,一定要弄清特许所有方能提供那些方面的支持,如财会、管理、培训等等。

三、中国旅行社的设立与审批程序

在中国,旅行社行业是属于进行前期归口审批、实行业务许可证制度的行业,即申请设立旅行社的单位必须先经旅游行政管理部门审核批准,并持有关部门颁发的旅行社业务经营许可证方可到工商行政管理部门注册登记,否则,工商行政管理部门不予受理。对旅行社这样的涉及面广,运作环节多,质量监控较难,投资较少的行业实行较高的市场准入有利于规范市场。另外,旅行社在中国属于涉外企业,其经营活动从某种意义上说还带有一定的政治、文化及外交的色彩，因而更应有较为严格的要求。因此，中国政府将旅行社与外贸、金融、交通、航空、医药、建筑、出版等行业一起列为实行许可证制度的行业。

(一)旅行社设立条件及申报

1.设立条件。根据《旅行社管理条例》，中国旅行社应当依法设立，必须符合下列条件：有固定的营业场所；有必要的营业设施；有经培训并持有省、自治区、直辖市以上政府旅游行政管理部门颁发的资格证书的经营人员；有规定的注册资本和质量保证金。

具体而言，国际旅行社应具有足够的营业用房和传真机、直线电话、电子计算机等办公设备；具有持国家旅游局颁发的“旅行社经理任职资格证书”的总经理或副总经理一名，部门经理或业务主管人员三名，取得会计师以上职称的专职财会人员；注册资本不少于150万元人民币。此外，经营入境旅游业务者，需缴纳60万元人民币质量保证金；经营出境旅游业务者，需缴纳100万元人民币质量保证金。

国内旅行社应具有足够的营业用房和传真机、直线电话、电子计算机等办公设备；具有持国家旅游局颁发的“旅行社经理任职资格证书”的总经理或副总经理一名，部门经理或业务主管人员一名，取得助理会计师以上职称的专职财会人员；注册资本不少于30万元人民币。此外，还需缴纳10万元人民币质量保证金。

2.申请开办旅行社应提交的文件。申请设立旅行社，应提交的法定文件有：

(1)申请书，即申请人设立旅行社愿望的明示。包括申请设立的旅行社类别、中英文名称和设立地、企业形式、投资者、投资额和出资方式以及申请人、受理申请部门的全称、申请报告名称和呈报申请的时间等。

(2)设立旅行社可行性研究报告。其内容包括对设立旅行社的市场条件、资金条件和人力条件的全面评估以及受理申请的旅行社行政管理部门认为需要补充说明的其他问题。

(3)旅行社章程。

(4)旅行社经理、副经理履历表和“旅行社经理任职资格证书”。

(5)开户银行出具的资金信用证明、注册会计师及会计师事务所或审计事务所出具的验资报告。

(6)经营场所证明。经营场所可以是自己拥有的,也可以是租用的。如果是租用的,应向旅游行政管理部门出具至少有一年租期的租房协议;自己拥有的,则应出具产权证明或使用证明。

(7)经营设备情况证明。

(二)旅行社的审批

1. 审核部门及审核原则。申请设立国际旅行社,应向所在地的省、自治区、直辖市旅游行政管理部门提出申请。受理申请的旅游行政管理部门,在征得拟设地的县级以上旅游行政管理部门的同意并签署审查意见后,报国家旅游局审批;申请设立国内旅行社,应向所在地的省、自治区、直辖市旅游行政管理部门或其授权的地、市级旅游行政管理部门提出申请。受理申请的旅游行政管理部门在征得拟设地的县级以上旅游行政管理部门的意见后,根据《条例》的规定进行审批。

受理申请的旅游行政管理部门收到申请后,根据是否符合旅游业发展规划、是否符合旅游市场需要、是否具备《条例》规定的旅行社的设立条件等原则进行审批。

2. 审批期限。审批期限,是旅游行政管理部门审批旅行社的时限规定。《条例》规定:旅游行政管理部门应当自收到申请之日起 30 个工作日内,作出批准或者不批准的决定,并通知申请人。

3. 工商登记。申请人经旅游行政管理部门审核批准后,应当在收到许可证的 60 个工作日内,持“旅行社业务经营许可证”向工商行政管理部门办理开业登记。工商行政管理部门应当在受理申请后30日内作出核准登记或不予核准登记的决定。旅行社领取相应营业执照后，即告成立。旅行社凭借相应执照，可以刻制公章，开设银行账户，签订合同，进行经营活动。

4.办理税务登记。旅行社应在领取营业执照30个工作日内，向当地税务部门办理开业税务登记，并在银行账号办完之后，申请税务执照。办理时应到当地税务部门领取统一的税务登记表，如实填写各项内容，经税务机关审核后，发给税务登记证。税务登记完毕后，旅行社方可申领发票，开始正式营业。

5.旅行社分支机构的设立。旅行社根据业务经营和发展的需要，可以设立非法人分社和门市部(包括营业部)等分支机构，但不得设立办事处、代表处和联络处等办事机构。旅行社分社，是指由旅行社设立、以设立社的名义开展旅游经营活动、不具有独立法人资格、其民事责任由设立门市部承担的分支机构。设立分社应具备两个条件：一是必须达到年接待旅游者10万人次以上。二是增加规定的注册资本和质量保证金。国际、国内社每增加一个分社，分别增加注册资本75万元人民币和15万元人民币，增加质量保证金30万元人民币和5万元人民币。旅行社门市部，是指旅行社在注册地的市、县行政区域以内设立的不具备独立法人资格，为设立社招徕游客并提供咨询、宣传等服务的分支机构。旅行社不得在注册地的市、县行政区域以外设立门市部。

(1)设立分社的程序。设立分社首先应向原审批的旅游行政管理部门办理核准该旅行社每年接待旅游者达10万人次以上的证明文件，缴纳质量保证金，领取“旅行社业务经营许可证”；其次是持“旅行社业务经营许可证”，到工商行政管理部门办理注册登记手续；最后，在办理注册登记手续之日起30个工作日内，报其主管的旅游行政管理部门和分社所在地的旅游行政管理部门备案。

(2)设立门市部的程序。设立门市部应征得拟设地的县级以上旅游行政管理部门同意，然后在办理工商登记注册手续之日起的30个工作日内,报原审批的旅游行政管理部门、主管的旅游行政管理部门和门市部所在地的旅游行政管理部门备案。

旅行社分支机构应当接受所在地的旅游行政管理部门的行业管理。设立旅行社同其分支机构实行统一管理、统一财务、统一招徕和统一接待。

四、中外合资旅行社的设立

1998年12月2日,经国务院批准,国家旅游局、外经贸部发布了《中外合资旅行社试点暂行办法》。根据《暂行办法》,中外合资旅行社,是指外国公司、企业同中国公司、企业以营利为目的,在中国境内依法设立的从事规定的旅游业务的有限责任公司。中外合资旅行社的合营者共同投资、共同管理、共负盈亏、共担风险,受中国法律管辖和保护,是中国法人。

(一)申请条件

申请合资旅行社的中国合营者应当是国际旅行社;申请前三年平均每年外联人数超过3万人/天,旅游业务销售总额超过5 000万元人民币;为中国旅游行业协会的正式会员。外国合营者应当是经营国际旅游业务的旅行社或拥有全资的经营国际旅游业务的旅行社企业;旅游业务销售总额超过5 000万美元;加入国际或本国电脑预订网络,或者已经形成自己的电脑预订网络;为其本国旅行社行业协会的正式会员。

(二)应提交的文件

申请设立合资旅行社,中外双方应分别提交资格证明材料。中方应提交的文件是:营业执照副本"旅行社业务经营许可证",申请前三年业务年检报告,有关旅游行业协会的会员证明。外方应当提交的文件是:注册登记副本,银行资信证明,会计师事务所出具的财务状况证明材料,相关电脑公司提供的入网证明,本国旅行社行业协会会员证明,申请前一年的年度报告。此外,还有合资旅行社《项目建议书》、《可行性研究报告》、合同与章程以及法律、法规和审批机构要求提供的其他材料。

(三)设立条件

设立中外合资旅行社,注册资本不少于500万元人民币;企业形式为有限责任公司;中方出资占注册资本的比例不低于51%;法定代表人由中方委派;有符合条件的营业场所、营业设施和经营人员;合资期限不超过20年;按国际旅行社经营入境旅游的规定,缴纳旅行社质量保证金。

(四)审批程序

中方合营者向所在地省级或计划单列市旅游行政管理部门呈报《项目建议书》和《可行性研究报告》等文件,中央企业向其主管部门呈报。经上述部门初审后转报国家旅游局,国家旅游局依据旅游管理的法律、法规审批上报文件。中方合营者在得到国家旅游局的同意批复后,向所在地省级外经贸主管部门呈报设立合资旅行社的合同、章程等文件。中方为中央企业的,向其主管部门呈报。上述部门初审后转报外经贸部,外经贸部依据国家有关外商投资的法律、法规审批上报文件。获得批准同意设立的项目,中方合营者凭外经贸部颁发的"外商投资企业批准证书"和国家旅游局颁发的"旅行社业务经营许可证",按照规定办理注册登记和税务登记手续。

(五)有关中外合资旅行社经营的规定

合资旅行社,可以经营入境旅游业务和国内旅游业务,暂不允许经营中国内地公民赴外国及中国香港、澳门特别行政区、台湾地区旅游业务。经营特种旅游项目和到特殊旅游地区旅游,须报国家旅游局及有关部门审批。

合资旅行社须遵守中国法律、法规,受中国法律、法规管辖,其正当经营活动和合法权益受中国法律、法规保护;须接受旅游行政管理部门的行业管理;须按照规定向旅游行政管理部门等有关部门上报财务、会计和统计报表,接受业务检查;外汇收支按照外商投资企业的办法办理;在中国境内聘用导游,按国家有关规定办理。

合资旅行社不得组织安排含有淫秽、赌博、吸毒内容及其他有害于社会道德和人民身心健康的项目;不得组织含有损害中国国家利益和民族尊严内容的项目;不得组织含有中国法律、法规禁止内容的项目。如有违反中国法律、法规的行为,按有关法律、法规处理。

根据旅游业及旅行社在各地的发展情况,中国在审批设立旅行社时,往往会作一些政策性调整。如对一些重点旅游城市或地区,有发展潜力的旅游地区以及沿海、沿江、沿边尚无旅行社的开放地区,目前在审批设立旅行社的问题上国家给予了一定的优惠政策,以保证旅行社行业在全国范围内均衡、合理、健康、稳步地发展。

思考题:

1.目前世界范围内存在哪几种旅行社分工体系?试对每一种分工体系给予简要说明。

2.何谓旅游经营商?其业务运作方式如何?

3.何谓旅游批发商?其与旅游经营商有什么区别?

4.何谓旅游代理商?旅游代理商在美国可分为几种类型?

5.日本和韩国如何对旅行社进行分类的?

6.我国对旅行社是如何分类的?各类旅行社的业务运作方式如何?

7.设立旅行社需具备哪些基本条件?

8.在中国设立旅行社的基本程序有哪些?

9.何谓中外合资旅行社?设立这类旅行社的基本程序有哪些?

第四章　旅行社的制度环境

旅行社经营的制度环境是指制约旅行社生存与发展的外部非市场因素,是一个国家和地区的社会、政治、经济、文化特征所决定的政府行为在旅行社行业中的现实反映。各个国家和地区的市场环境在旅游发展的不同历史阶段体现出较大的共性,制度环境则由于易受社会与政府行为的干预而呈现出较大的差异。本章所说的旅行社经营的制度环境主要指法律法规和行政管理两大部分。我们先对旅行社运行的制度环境作静态描述,再介绍制度的运作过程,最后介绍作为旅行社管理制度的重要载体的旅行社行业组织。

第一节　旅行社业的立法体系

一、法律手段在旅行社业宏观调控中的作用

旅行社行业宏观调控的法律手段是指国家依靠政权的力量,通过立法和司法,制定和执行各种有关旅行社业的法规,对旅行社经营活动进行法律化管理和监督的方式。它是行业管理的依据和前提,是政府管理旅行社企业组织必不可少的规范化手段。

市场经济离不开法制,而旅行社行业又是综合性、依托性极强的行业,面对市场上人们多元的经济利益和各旅行社企业微观决策的分散性,如果不用法律规范进行强制性约束,旅游市场就会失控,旅行社企业的正常经营活动就难以进行。法律手段在旅行社

业宏观调控中的作用主要有以下几个方面:①直接对旅行社的经营活动进行调节;②调节旅行社企业与相关企业之间的关系;③调节旅行社企业与消费者之间的关系;④为其他调节手段提供法律依据。

运用法律手段管理旅行社业,可以提高政府宏观调控的科学性和稳定性,避免主管随意性和长官意志,从而形成良好的企业经营环境。用法律手段管理旅行社企业活动、管理旅行社行业是政府宏观调控体系完善和成熟的重要标志。

二、旅行社业的立法体系结构

运用法律手段调控旅行社业的具体做法是:将符合旅行社行业发展规律的现存经济关系和管理方式与旅行社企业行为和处理各方面关系的基本原则,加以系统化、规范化和标准化,并以法律规范的形式强制人们自觉遵守。一般说来,一个国家旅行社业的较完善的法律法规体系应包括如下几方面:

1. 由国家立法机关颁布的法律:民商基本法,如民法;民商单行法,如合同法、反垄断法、反不正当竞争法、消费者权益保护法等;综合特别法,如旅游法、文物保护法、环境法等。

2. 由国家最高行政机关,根据宪法、法律和最高立法机关的授权,制定、批准和发布的法规,如旅行社管理条例、导游人员管理条例等。

3. 由政府各部、委根据宪法、法律和国务院制定的法规,在本部门的权限范围内发布的规章,如旅行社管理条例实施细则、旅行社质量保证金暂行规定实施细则等。

4. 由各地方立法机关、政府在宪法、法律规定的职权范围内发布的地方性法规。

据上述,调控旅行社行业的法律法规体系是由国家法律、行政法规、行政规章,以及地方性法规和地方性规章等部分组成,具有自上而下的层级结构,越往下的法规其地位和效力越低。首先,民商基本法或基本法以外的其他法律,其法律地位和效力仅次于宪法,而在行政法规、行政规章、地方性法规之上;其次,行政法规的地位和效力低于宪法和法律;第三,行政规章的地位和效力低于行政法规。行政规章不仅要符合宪法和法律,而且还必须符合行政法规;第四,地方国家机关制定的地方性法规和地方性行政规章,就其法律地位和效力来说,都不得与宪法、法律和行政法规相抵触,并只在本行政区域内有效。

中国旅行社行业的立法体系尚不完善,而许多旅游发达国家在这方面都有较为完善的法律法规体系。美国、法国、英国、埃及和马耳他等国制定有《旅游法》、《旅游业宪章》、《旅游业基本法》、《旅游发展法案》等,作为旅游业的综合法令,规定旅游业的总目标、基本政策以及组织经营管理、财经等方面的政策和旅游行政管理部门的地位、权限等。日本管理旅行社的主要法律依据分为法令、政令和省令。法令须经国会批准,是管理旅行社的基本法律依据;政令是内阁政府批准颁布的,大都是根据国会通过的法令制定的实施细则;省令为运输大臣颁发的具体规定。在日本,与旅行社管理有关的法律主要是《旅行业法》,该法的宗旨是使旅行业依法经营,维护旅游者的利益。为了和《旅行业法》相配套,日本还相继颁布了旅行业法实施令、旅行业法实施规则、一般旅行业标准旅行合同条款和代理店旅行合同条款。一般旅行业合同条款规定了合同的签订、变更、解除以及违约的责任、处理原则等;代理店旅行合同条款则对经营旅行代理业务的合同签订、变更、解除及违约责任等作了详细的规定;《翻译导游法》明确规定了翻译导游必须通过国家考试及其他应具备的条件;《商法》则明确规定了旅行业的交易规则,并由国家的公正交易委员会负责监督旅游市场的交易行为。

各国经营国际旅游的旅行社的行为还可能会受到一些相关的

国际公约的制约与调整。国际公约属于国际法的范畴，不属于国内法范畴，但一经旅行社所在国家签署了某项国际公约，并经其最高权力机关批准生效，那么就与国内法一样，对于该国的旅行社企业组织具有约束力，同样具有法律效力。这些相关国际公约有：1974 年 4 月 23 日签订于布鲁塞尔的《关于旅行契约的国际公约》、国际饭店协会与国际旅行社协会联合会于 1979 年签订的《关于饭店与旅行社合同的协议》、关于统一国际航空运输的《华沙公约》、《芝加哥条约》等。

另外，一些旅游业和旅行社经营管理过程中的国际惯例有时也会构成旅行社制度环境的组成部分。这些惯例可能会以旅行社业国际协会的会议文件形式表现出来，可能会以国际旅游产品交易过程中的惯例表现出来，还会以服务质量标准化指南的形式表现出来，如世界上数十个国家和地区联合制定的国际标准《服务指南》，它的全称即是 ISO9004－2《服务管理和质量体系要素第二部分：服务指南》。它是专对服务业建立的质量标准，是世界上大多数国家和地区旅游服务质量的指导原则、行为规范和鉴定标准。由于旅游业是一个高度开放的领域，其经营成功与否在一定程度上还取决于交易主体之间的沟通程度，而行业内的国际惯例可以促进沟通，降低交易费用。因此，国际惯例是旅行社特别是国际旅行社的制度环境因素之一。

三、中国旅行社业的立法现状

（一）立法现状分析

与世界上许多旅游发达国家相比，我国的旅行社业立法体系还不完善，还未形成完整体系，一些重要法律还处于缺位状态。但同时我国的旅行社业立法正在走向完善，立法体系正在形成。

首先，国家民事基本法和民事单行法正在逐步建立和完善，其中涉及到市场经济的很多，如公司法、反不正当竞争法、价格法、合同法等等，这些基本法对旅行社业的发展起着决定性的作用。

其次，综合性特别法，如旅游法、旅行社法。早在 1993 年，我国就将《旅游法》列入国务院的立法计划，有关部门已就起草工作多次征求各方意见，几易其稿，可是，由于种种原因，还没有提上全国人大或人大常委会的议事日程，迟迟未能出台。《旅游法》是我国旅游业的根本法，是旅游经济法规标准的“母法”，是旅游行政管理的基础依据。在旅游根本法缺位的状态下，指导旅行社业的发展更多的是依靠民事基本法。但由于旅游业的特殊性和我国法律执行过程中的一些问题，这些法律在旅行社业的经营管理过程、旅行社与相关企业之间的关系以及对旅游者的权益保护等方面还存在许多不配套、针对性不强或力不能及的地方，使我国旅行社业宏观调控与管理工作显得十分被动。

第三，国务院法规，目前，国务院法规涉及到旅游业的只有《旅行社管理条例》和《导游人员管理条例》两个。在《旅游法》和《旅行社法》缺位的情况下，中国对旅行社业管理就主要依据这两个操作性较强的法规。通过国务院相关法规的颁发，可以为以后《旅游法》和《旅行社法》的出台创造条件。

第四，旅游部门规章，包括《旅行社质量保证金暂行规定》、《旅行社质量保证金暂行规定细则》、《旅行社管理条例实施细则》、《旅行社质量保证金赔偿暂行办法》和《旅行社经理资格认证管理规定》。此外国家旅游局还以文件形式发布了一些指示，如 1994 发布的《关于改革和完善全国导游人员资格考试工作的意见》等。旅游部门规章是现在旅行社行业中遵循得比较多的规范，也是目前旅行社管理工作的主要基础。

第五，地方旅游管理条例，全国现在已有 20 个省、市出台了旅游业管理条例。从现在的趋势看，地方出台相应法规的难度小一些。由于各个地方的政府、人大都重视旅游的发展，所以地方性的旅游条例的出台在今后仍会成为一股势头，这也使全国性的旅游法规建立在一个比较坚实的基础上。

第六,其他部门相关法规,如《风景名胜区管理暂行条例》、《中华人民共和国外国人入境、出境管理法》等等。旅行社业是综合性、依托性极强的行业,与其他很多行业或部门联系十分密切。在国家颁布的法律法规中,有不少涉及到旅行社业。它们同样是旅行社业活动的依据,对旅行社业的发展起着十分重要的协调、制约和保障作用。

最后,行业标准。从20世纪90年代开始,我国国家旅游局率先在全国服务领域大力宣传贯彻国际标准《服务指南》。该指南将"服务"定义为"满足顾客的需要,供方与顾客接触的活动和供方内部活动所产生的结果",同时还列举了服务特性所体现的主要内容:设施、能力、人员的数目和材料的数量,等待时间、提供时间和过程时间,卫生性、安全性、可靠性和保密性,应答服务、方便程度、礼貌、舒适、环境美化、胜任程度、可信性、准确性、完整性、技艺水平、信用和有效的沟通联络。即现代服务由人力和物力、效率、文明、能力、安全、商品六大要素构成,旅游服务质量标准必须遵循这六大要素。

根据国家技术监督局标函(1993)529号《关于对旅游行业标准归口管理范围的批复》的规定,综合类、旅游设施类、旅游服务类三大类型旅游行业标准归口由国家旅游局管理。1995年2月,我国成立了世界旅游业第一个标准化技术委员会,以国际标准《服务指南》为指导,加紧制定和颁布有关旅游饭店、旅行社等各项服务标准。到1998年,中国已经发布了五项旅游业国家标准和四项旅游行业标准,其中与旅行社管理直接有关的行业标准主要有:GB/T15731—1995《导游服务质量》、GB/T16766—1997《旅游服务基本术语》、LB/T004—1997《旅行社国内服务质量》。

(二)中国管理旅行社业的重要法规

20世纪中期以来,我国旅游行业的立法工作取得了很大成绩,相继有数十部法规、规章问世,涉及到旅游管理的方方面面,它们对于强化旅游全行业管理发挥着愈来愈重要的作用。这里扼要介绍我国管理旅行社业的重要法规和规章。

1.《旅行社管理条例》。于 1996 年 10 月 15 日由国务院发布,全文共有 6 章 40 条。在第一章总则中指出其中心思想是"为了加强对旅行社的管理,保障旅游者和旅行社的合法权益,维护旅游市场秩序,促进旅游业的健康发展"。阐明了旅行社的性质和基本业务;根据旅行社业务范围将我国旅行社分为国际旅行社和国内旅行社两类。第二章对我国旅行社的设立条件和审批程序作了明确规定,确立了旅行社经营许可证制度。第三章一开篇就指出:"旅行社在经营活动中应当遵循自愿、平等、公平、诚实信用的原则,遵守商业道德。"这就是我国旅行社开展经营活动的基本原则。接着,又对旅行社经营规则、消费者权益保障、旅行社人员聘用,以及与境外旅行社业务往来的事项作出了规定。第四章是对旅行社经营活动进行监督检查的有关事项的诸多规定,其中重要的是确立对旅行社的年检制度。第五章是对违法经营的旅行社进行处罚的各项规定。最后一章是附则。

2.《旅行社管理条例实施细则》。由国家旅游局发布于 1996 年 11 月 28 日,全文共 10 章 60 条。它是在《旅行社管理条例》的基础上,将一些原则性较强的条款,如旅行社分类、旅行社设立与审批、旅行社经营规则、旅游者权益保护、监督检查和违规处罚等作了具体规定,同时还规定了各类旅行社的经营范围、各级旅游行政管理部门对旅行社的管理权限的划分及管理内容。

3.《导游人员管理条例》。于 1999 年 10 月 1 日由国务院发布。制定这一法规的指导思想是"为了规范导游活动,保障旅游者和导游人员的合法权益,促进旅游业的健康发展"。全文共 27 条,主要内容有:导游人员应具备的条件、主要职责;确立导游资格考试制度和佩证上岗导游制度;对违规导游人员和不履行职责的导游人员,以及无证从事导游活动的人员的处罚等。

4.《旅行社经理资格认证管理规定》。于1997年5月8日由国家旅游局发布。制定这一规定的目的是在《旅行社管理条例》和《旅行社管理条例实施细则》的基础上,进一步完善旅行社经理资格认证制度。该规定对旅行社及资格认证的种类、经理人员应具备的条件、资格认证工作的监督管理,以及对无理拒绝监督管理者的处罚等作了规定。

5.《旅行社质量保证金暂行规定》和《旅行社质量保证金暂行规定实施细则》。由国家旅游局同时发布于1995年1月1日。制定的目的是为了加强对旅行社服务质量的监督和管理,保护旅游者的合法权益,保障旅行社规范经营,维护我国旅游业声誉。《旅行社质量保证金暂行规定》全文共11条,对旅行社质量的用途、各类旅行社缴纳质量保证金的数额、质量保证金的管理,以及对违反规定的旅行社的处罚作了规定。《旅行社质量保证金暂行规定实施细则》全文共7章32条。主要内容包括:质量保证金的缴纳和退还、质量保证金的管理、质量保证金的理赔、质量保证金的监督、检查和公告,以及对不缴纳保证金的旅行社的处罚。通过发布这些法规条例,确立了我国旅行社质量保证金制度。

6.《中外合资旅行社试点暂行办法》。由国家旅游局、外经贸部发布于1998年12月2日,目的是为了进一步扩大旅游业的对外开放,促进旅游业的发展。全文共24条,对中外合资旅行社的设立条件、审批程序、经营规则等作了明确规定。该条例的发布和实施有利于旅行社业适应服务贸易国际化的发展趋势;有利于扩大旅华客源市场,提高旅游业的经济效益;有利于进一步引进海外先进的旅行社管理和经营技术,提高我国旅行社经营管理水平;有利于促进国有旅行社尽快实现企业经营机制的转换,促进、调整和优化产业结构和产业组织结构,推动国家对旅游业的宏观调控机制和管理职能转换。

7.《旅行社投保旅行社责任保险规定》。由国家旅游局发布于2001年4月15日,自2001年9月1日起施行,《旅行社办理旅游意外保险暂行规定》同时废止。《旅行社投保旅行社责任保险规定》出台,是为了维护广大游客的合法利益和旅行社的稳定经营。投保旅行社责任险,是将旅行社的风险转嫁给保险公司,最终保障旅游者的利益;而取消旅行社必须为旅游者投保意外保险的规定,是将选择权交给旅游者本人,不再强制旅游者投保意外保险。这样不仅对保障旅游者和旅行社的合法权益、促进旅游业的健康发展发挥重要作用,对于规范保险经营活动也将产生积极的影响。该规定全文共7章26条,对旅行社责任保险的投保范围、保险期限和保险金额、投保和索赔、监督管理及法则等作了明确规定。

第二节　旅行社业行政管理体制

一、国际旅行社业行政管理体制

(一)旅行社行政管理体制类型

由于旅游业在各国国民经济中所占的地位不同,因而各国旅游管理机构设置的规模、权力和作用的大小不尽相同。有的国家设置了专门的部或委员会,如西班牙设有旅游交通运输部;肯尼亚负责旅游的是旅游和野生动物部;在意大利、印度、埃及、菲律宾、墨西哥、马耳他、印度尼西亚、罗马尼亚等国都设有专管旅游的部门,并有一位政府部长直接负责旅游业。有的国家设置了专门的国家旅游局,如法国早在1910年就规定建立国家旅游局,比利时也于1934年改组成立国家旅游总局,泰国等设有旅游观光局,统管全国旅游业。还有一些国家在某些部委下设置管理局,如英国旅游管理局在20世纪80年代末由贸易和工业部划归国民遗产部管辖,澳大利亚的旅游业有联邦工商部统管,日本的观光部是运输省的下属机构,美国联邦政府于 1961 年设立了旅游局,隶属商务部。

按政府旅游行政主管部门的主要职能来划分,国际上旅游行业管理主要有政策导向型、行政导向型、业务协调型等类型。

1. 政策导向型。政策导向型的旅游部(局)主要负责全国旅行社业宏观管理政策的制定。至于旅行社具体经营规则和日常行政管理主要交由相关的政府部门和中介组织,如工商局、旅游促进会、消费者保护协会、旅行社协会等负责。肯尼亚以及西班牙等一些地中海沿岸国家均属此种类型。在这些国家,旅游业是国民经济的支柱产业,政府对旅游业的参与就相对较多,政府旅游行政主管部门的政策指导和规划对旅行社业的发展至关重要。

2. 行政导向型。行政导向型的旅游部(局)既负责全国旅行社业发展的政策导向,也负责具体的经营规则和日常行政管理。新加坡、泰国、菲律宾以及日本属于此种类型。泰国的旅游业由旅游局集中管理,地方不设局,由国家直接设立大区办事处。从职能上看,泰国国家一级旅游机构的主要职能是制定发展规划,执行发展政策,统一负责海外推销,审批并批准旅游企业的兴办,考核并颁发导游证书,负责重点旅游项目的开发等等。泰国的大区办事处的行政级别相当于我国的司一级,其主要职能是协调与地方政府的关系,组织地方的旅游开发和大型旅游活动,制定地方性的市场规则,维护市场秩序。一般说来,发展中国家对旅行社业干预程度要高一些,但有的发达国家对旅行社的管理也采用较为严格的的管理体制。

日本中央政府实施对包括旅行社在内的旅游业管理的机构由三个部分组成:内阁有关观光对策省厅联络会议(旅游统一协调机构)、运输省(旅行观光业的主管省)、观光部(运输省国际运输观光局是具体负责全国旅游业管理的主管部门)。作为旅行社业日常行政管理机构的观光部,下设企划课、旅行业课、振兴课,负责制定旅游业方针政策及法规；负责旅游区规划，指导资源开发和设施建设，整顿旅游参观点；负责饭店、旅行社的审批、登记注册、指导、监督和检查；负责对外旅游联系和国际合作；负责旅游宣传指导；负责旅游调研和统计以及其他有关业务。日本运输省还在日本的关西、关东、东北、九州、北海道等地区分设观光局，作为运输省的派出机构，协调所在地区的旅行管理业务。日本各地旅行社管理主体情况不尽相同，大部分在地方商工部或劳动部下设观光振兴课或观光物产课、商业观光课。中央与地方旅游管理机构间不存在垂直领导关系，中央对地方主要是通过总体规划、方针政策和法规上进行指导。

3. 业务协调型。业务协调型的管理主体主要负责各类旅行社的海外联合促销工作，宏观政策与规划交由经济管理部门通过社会经济发展《蓝皮书》和《白皮书》的形式发布，而具体的行政管理工作则由相应的经济、社会、文化管理部门负责。英国、荷兰等属于此种类型。奉行自由企业制度和联邦制度的美国甚至把许多由国家承担的海外促销工作都交给各州和私营组织负责。旅游行政管理部门对旅游业的直接管理较少，间接管理较多。政策、法规、规划、促销、协调等基本职能在不同情况下有所分解，以有效行使职能为基本出发点。在英国，根据 1969 年制定的《旅游发展条例》，英国共设四个国家一级的旅游管理局来负责旅游业，这四个旅游局分别是英国旅游管理局、英格兰旅游局、苏格兰旅游局和威尔士旅游局，其中英国旅游管理局负责处理与整个英国有关的旅游事务，它是国民遗产部的下属机构。其主要职责是：在海外国家和地区做争取客源的工作，对整个不列颠的旅游业负有总体责任，并以政府旅游问题顾问的身份行事。该局在海外设有 20 多个办事处，通过种种方式帮助英国的旅游公司打入海外市场，如向组织外国人来英旅游的旅行社通报包价旅游的详情；组织各种旅游洽谈会，让旅行社的买卖双方见面等。英国旅游管理局还出版各种有关销售和信息的指南和手册，以及《英国揽胜》和《英国您好》等杂志，另外，还推出旅游主题年等促销活动。根据《旅游发展条例》，其他三个局分别负责各自境内的旅游开发以及联合王国境内的旅游市场营销。但是，苏格兰旅游局和威尔士旅游局已分别于1984年和1992年获得了海外市场营销权。英格兰、苏格兰和威尔士三个旅游局下设有地区旅游局，负责各地区的旅游促销工作，其中的许多地区局还负责导游培训工作。

（三）旅行社行政管理的作用

上述三种类型的划分，说明不同类型的行政管理体制在职能上各有侧重，但不管哪种类型，旅游行政管理部门作为政府的职能部门，其管理旅行社行业的要点和作用是大体一致的，主要表现在以下几个方面：

1. 制定旅游政策和规划，发布旅游信息，引导旅行社行业的经营活动，使其符合国家旅游发展的总体要求。

2. 制定针对旅行社行业的法规或影响旅行社行业的规定，规范作为市场主体的旅行社的行为，维护市场秩序，保护旅游者的合法权益，保护国家旅游资源。

3. 从市场需求出发，大力开展营销活动，推动包括旅行社在内的旅游业的增长。

4. 根据旅游业的发展，组织培训旅行社行业从业人员。

5. 加强政府、地区或地方组织与旅行社机构的联系，协调旅行社企业之间、旅行社与相关行业之间的关系。

二、中国旅行社业行政管理体制

（一）中国旅行社管理体制

中国对旅行社的管理主要是以政府主管部门的行政导向型管理为主。从管理主体来看，主要有中央政府管理主体和地方政府管理主体。

1.中央旅游行政管理部门。国家旅游局是我国中央旅游行政管理部门,其下属机构质量规范与管理司负责行使对旅行社的日常管理职能。该司负责研究拟定各类旅游景区景点、度假区及旅游住宿、旅行社、旅游车船和特种旅游项目的设施标准、服务标准并组织实施;审批经营国际旅游业务的旅行社,组织和指导旅游设施定点工作;培育和完善国内旅游市场,监督、检查旅游市场秩序和服务质量,受理旅游者投诉,维护旅游者合法权益;负责出国旅游,赴中国香港特别行政区、澳门特别行政区、台湾地区旅游,边境旅游和特种旅游事务;指导旅游文娱工作;监督、检查旅游保险的实施工作;参加重大旅游安全事故援救与处理;指导优秀旅游城市创建工作。

国家旅游局质量与管理司下设旅行社管理处,其职能为:负责旅行社导游人员的行业管理;审批国际旅行社;指导旅行社质量管理工作;负责对出国旅游、赴中国香港特别行政区旅游、澳门特别行政区旅游、台湾地区旅游、边境旅游的管理和指导。

2.地方旅游行政管理部门。各省市(直辖市、自治区)、行署(地级市、自治州)、县(旗)的旅游局为所在地的旅游行业行政主管机构。各级旅游局在行政上受所在地区人民政府的领导,在业务上接受上级旅游局的指导。地方行政管理主体行使对旅行社行业管理的主要依据是前述我国旅行社业管理的法律法规体系,以及各地方立法机关、政府、行业主管部门所发布的政令、条例、规定、文件等法规。

三、中国旅行社业监管体制的运作

(一)旅行社的进入管理

中国旅行社业的进入机制是受政府严格管理的,根据我国现行有关规定,旅行社业务属于一种综合性服务,作业范围广,环节多,投资少,风险大,要求有一定经营规范和较高的市场准入条件。

因此,国家工商局在1992年《关于改进企业登记管理工作,促进改革和经济发展的若干意见》中规定:“企业申请开业登记,除外贸、金融、交通、航空、旅游、医药、建筑、出版等行业应按国家有关规定,经企业主管部门同意后,可直接向登记机关登记注册。除法律、法规规定实行专项审批或许可证的以外,其他部门规定的审批及许可证,一律不作为登记注册的法定前置条件。”这一规定明确将旅行社视为需经行业主管部门批准的特种行业。我国旅行社的进入管理主要通过确立以下几种制度来实现。

1.许可证制度。《旅行社管理条例》规定,申请设立国际旅行社者,应当向所在省、自治区、直辖市管理旅游工作的部门提出申请,经审查同意后,报国务院旅游行政主管部门审核批准;申请设立国内旅行社者,应当向所在省、自治区、直辖市管理旅游工作的部门或者其授权的管理旅游工作的部门提出申请,并由该管理旅游工作的部门审核批准。然后申请人持“旅行社业务经营许可证”向工商行政管理机关申请领取营业执照后,方可从事旅游业务。

2.资本金制度。自1993年7月1日开始,我国实行资本金制度。根据《旅行社管理条例》第七条规定,在我国,凡从事国际旅游业务的旅行社,其注册资金应不少于150万元人民币;从事国内旅游业务的旅行社,其注册资金应不少于30万元人民币。年接待旅游者10万人次以上的旅行社可以设立不具有法人资格的分社,国际旅行社每设立一个分社需增加注册资金75万元人民币;国内旅行社每设立一个分社需增加注册资金15万元人民币。

3.经营管理人员审核制度。《旅行社管理条例》规定,设立国际旅行社需要持有国家旅游局颁发的“旅行社经理任职资格证书”的总经理一名,持有国家旅游局颁发的“旅行社经理任职资格证书”的部门经理或业务主管人员三名,并有取得会计师职称的专职财会人员。设立国内旅行社需要持有国家旅游局颁发的“旅行社经理任职资格证书”的总经理或副总经理一名,持有国家旅游局颁发的“旅行社经理任职资格证书”的部门经理或业务主管一名，并有取得助理会计师职称的专职财会人员。

1998 年 12 月 2 日，为了进一步扩大旅游业的对外开放，促进旅游业的大发展，根据《中华人民共和国中外合资经营企业法》和《旅行社管理条例》，国家旅游局、外经贸部正式发布了《中外合资旅行社试点暂行办法》，标志着中国旅行社业的全面对外开放。虽然《暂行办法》规定了中国旅行社业的全面开放格局，但是这种开放是以相当高的进入壁垒为前提的。这些壁垒包括：

(1)经营范围壁垒。《暂行办法》规定中外合资旅行社的经营范围是入境旅游和国内旅游业务，不允许经营中国内地公民赴外国及我国香港、澳门特别行政区、台湾地区旅游业务；经营特种旅游项目和到特殊地区旅游，须报国家旅游局及有关部门审批。

(2)人员资格壁垒。中外合资旅行社只能在中国境内聘用导游员，按国家有关规定办理。

(3)企业资产规模壁垒。中外合资旅行社，注册资本不得少于 500 万元人民币；按国际旅行社经营入境旅游的规定，应缴纳旅行社质量保证金 60 万元人民币。

4.经营与技术规模壁垒。根据《暂行办法》规定，合资的中方旅行社申请前三年平均每年外联人数要超过 30 000 人次，旅游业务销售总额超过5 000万元人民币；外方旅行社旅游业务销售总额要超过5 000万美元，加入国际或本国电脑预订网络，或者已经形成自己的电脑预订网络。

(二)人员资格管理

1.导游人员资格管理。对导游人员的管理通常表现在两个方面：一是导游资格的取得；二是导游人员的执业规范。目前，世界上关于导游资格的取得有两种情况：一种是较为严格的导游资格认证制度；另一种是较为宽松的导游资格管理制度。关于导游人员的执业规范，国际上也有两种情况：一种是通过各种法规做出明确执业规范，由相应机构严格监督，并以游客意见作为评价依据；另一种以雇主和游客监督为主，没有明确的法规来规范导游执业行为。我国在导游人员资格取得和导游人员执业规范两方面都实行严格的管理，主要通过建立以下制度来实施管理。

(1)导游资格考试制度。依据我国《导游人员管理条例》规定，我国实行导游人员资格考试制度。这充分体现了国家对导游工作的高度重视，也表明了导游工作在旅游业中所处的重要位置。同时，实行导游人员考试制度，可以为旅游行政管理部门对导游的管理提供有力的法律手段，可以保证和提高我国导游队伍的素质，为旅游者提供良好的导游服务，提高我国旅游业的产业形象。

报考条件。依据《导游人员管理条例》规定，具备下列四个条件的人员可以参加导游资格考试：必须是中华人民共和国公民；必须具有高级中学、中等专业学校或者以上学历者；必须身体健康；必须具有适应导游需要的基本知识和语言表达能力。

资格证书的获取。根据《导游人员管理条例》规定，经全国统一的导游人员资格考试合格者，由国务院旅游行政部门或国务院旅游行政部门委托省、自治区、直辖市人民政府旅游行政部门颁发导游人员资格证书。所谓国务院旅游行政部门是指国家旅游局，而省、自治区、直辖市人民政府旅游行政部门则是指各省、自治区、直辖市旅游局。这里需要明确的是，导游人员资格证书是由国家旅游局统一印制的，而证书的颁发机关只能是国家旅游局或者国家旅游局委托的省、自治区、直辖市旅游局。

导游人员资格证与导游证。根据《导游人员管理条例》的规定，导游人员资格证与导游证是两种既有联系又有区别的证书。两者的联系是导游人员资格证书是取得导游证的必要前提，也就是说，要取得导游证，必须首先取得导游人员资格证书，但取得导游人员资格证书，并不意味着必然取得导游证。两者的区别在于：首先是性质不同。导游人员资格证书是标志某人具备从事导游职业资格的证书，而导游证则是标志国家准许某人从事导游职业的证书。其次是颁证机构不同。导游人员资格证书是由国务院旅游行政部门或国务院旅游行政部门委托省、自治区、直辖市人民政府旅游行政部门颁发，而导游证则是由省、自治区、直辖市人民政府旅游部门颁发。第三是领取程序不同。导游人员资格证书是参加导游人员资格考试并合格后，向旅游行政部门领取，而导游证则必须是取得导游人员资格证书并与旅行社订立劳动合同或者在导游公司登记后，方可向旅游行政部门申请领取。第四是作用不同。导游人员资格证书是从业的资格，而导游证则是从业的许可。最后是期限不同。导游人员资格证书没有期限，而导游证是有期限的。按《导游人员管理条例》规定，导游证的有效期为 3 年。导游证持有者需要在有效期满后继续从事导游活动的，应当在有效期限届满 3 个月前，向省、自治区、直辖市人民政府旅游行政部门申请办理换发导游证手续。

(2)导游人员等级考核制度。国家旅游局于 1994 年发布了《关于对全国导游员实行等级评定的意见》和《导游员职业等级标准》，开始了导游人员等级考核评定工作。这一制度在 1999 年发布的导游人员管理条例中得到确认，从而成为一项法定制度。导游人员等级分为两个系列、四个等级。所谓两个系列是指等级考核分为外语导游员系列和中文导游员系列，四个级别是指通过考核，将导游员划分为特级导游员、高级导游员、中级导游员和初级导游员。导游员技术等级考核制度适用于全国专职和兼职导游。

同时，我国的《导游人员管理条例》对导游人员的职业规范进行了明确的规定，各级旅游局相应承担着对导游服务质量进行监督和检查的任务。

2. 经营管理人员的资格管理。我国对旅行社经营管理人员的任职资格有较为严格的要求。国务院颁布的《旅行社管理条例》和国家旅游局发布的《旅行社管理条例实施细则》不仅规定设立旅行社要有经培训并持有旅游行政管理部门颁发的相应的资格证书的经营人员，而且对经营人员的持证人数做了具体规定。所谓旅行社经理资格认证制度，是对旅行社经营管理人员任职资格的限制，即担任旅行社高级管理人员和中层管理人员，必须经过培训，参加由国家旅游局组织的统一考试。考试合格者可获得国家旅游局统一制作和颁发的旅行社经理资格证书。资格证书的种类有：国际旅行社总经理资格证书、国际旅行社部门经理资格证书、国内旅行社总经理资格证书和国内旅行社部门经理资格证书。获得资格证书的人员名单由国家旅游局予以公告。

省级旅游行政管理部门，是资格认证的监督管理部门。申请设立旅行社和旅行社年检时，应将旅行社经理资格证书送上述部门查验，通过的，由该机关加盖年检章。旅行社经营期间所聘用的持证人员未达到规定数量的，管理部门应责令其限期改正；逾期不改的，视为不符合旅行社设立条件，审批该旅行社的旅游行政管理部门应当收缴并注销其“旅行社业务经营许可证”，并通知工商行政管理部门收缴其“企业法人营业执照”。

(三)经营过程管理

国际上对旅行社的经营过程的管理，总的说来，欧美国家主要是由市场决定企业的发展，如果旅行社在经营过程中出现违规或损害旅游者合法权益的现象，则通过相应的法律法规来加以调控。一些亚洲国家和地区如新加坡、泰国、日本、中国台湾地区则更强调政府的管理。我国国家及地方旅游行政管理部门对旅行社经营过程的管理主要有如下几个方面。

1.年检制度。根据《旅行社管理条例》规定，旅游行政管理部门应当依法加强对旅行社和国外旅行社常驻机构的监督管理，维护旅游市场秩序。旅行社应当接受旅游行政管理部门对其服务质量、旅游安全、对外报价、财务账目、外汇收支等经营情况的监督检查。旅游行政管理部门对旅行社一年进行一次年度检查，旅行社应当按照旅游行政管理部门的规定，提交年检报告书、资产状况表、财务报表以及其他有关文件、材料。国家旅游局在此基础上于1999年11月19日印发了《旅行社业务年检办法》，对旅行社的年检工作的范围、内容、程序和处理办法等作出了明确的规定。

年检的主要内容是：调查评估旅行社的基本情况；检查旅行社的管理情况；检查旅行社遵守法律法规的情况；检查旅行社安全事故、投诉等情况。年检中对旅行社考核的经济指标主要有营业收入总额、利润总额、外联和接待人天数、人均利润和上缴利税等五项。

2. 中国公民出境旅游的几项制度。1997年7月国家旅游局、公安部经国务院批复，联合发布《中国公民自费出国旅游管理暂行办法》，确立了中国公民出境旅游的几项具体制度。

(1)控制、配额制度。国家旅游局根据发展旅游业的基本方针，每年创汇情况和接待海外旅游者总量并考虑我国基本国情和公民的外汇支付能力，制定每年的出国旅游配额总量。根据总量控制、入出挂钩的原则，分配给有经营权的旅行社具体的出国配额，使各地区、各组团社所得出国旅游配额与其为入境旅游所作贡献、招徕和接待海外旅游者人数挂钩。

(2)组团社审批制度。出国旅游的组团社是指经国家旅游局批准、特许经营中国公民自费出国旅游业务的国际旅行社。国家旅游局根据出入挂钩，考虑地区合理分布，按市场需求循序渐进、动态管理的原则，对经营出国旅游的旅行社实行审批制度。

(3)出国旅游目的地审批制度。中国公民出国旅游目的地的国家和地区，由国家旅游局会同外交部、公安部提出，报国务院审批。

(4)团队方式出国旅游制度。《中国公民自费出国旅游管理暂行办法》规定，我国公民自费出国旅游主要以团队形式进行，且每团派遣领队，暂不办理散客出国旅游。领队负责团队活动安排，代表组团社负责与境外接待社接洽,保证团队的旅游服务质量,处理突发事件。

对经营过程的管理除上述两个方面外,旅游行政管理部门还对经营过程中的安全实施强制性管理。

(四)旅游者权益保护

对旅游者权益的保护,中国与世界其他国家和地区的做法基本一致,大体包括几种方式:依据消费者权益保护法及相关的经济合同法律规定,实行旅行社保证金制度与政府行政管理部门的质量监督,依靠旅行社行业内部的自律,依靠社会公众部门的监督。我国旅游者权益保护主要依靠的是政府行政管理部门,而许多旅游发达国家公众监督、行业协会起着非常重要的作用。

1991年6月,国家旅游局制定发布了《旅游投诉暂行规定》,这是我国第一部规定旅游投诉和投诉程序的具体行政法规。此后,又相继发布了《旅行社质量保证金暂行规定》及其实施细则、《旅行社质量保证金赔偿暂行办法》、《旅行社质量保证金赔偿试行标准》等等,又在组织保证、赔偿来源、依据、标准等方面不断完善投诉制度。除旅游投诉制度、旅行社质量保证金制度外,各级旅游行政管理部门设立专门的质量监督部门——旅游质监所,负责规范旅游企业的经营行为,规范旅游市场秩序,对其进行检查、监督以及对违规旅游企业进行处罚。同时,制定《导游人员管理条例》、《导游等级评定标准》及《旅游业对客人服务的基本标准》等多项法规,来加强对旅行社服务质量的监督和旅游者合法权益的保护。近年来,社会公众包括新闻媒体、专业研究机构、消费者保护组织等,在保护旅游者合法权益的过程中所起的监督作用也愈来愈大。

四、我国旅游行政管理体制的改革方向

旅游行政管理体制变迁的力量主要是由经济发展水平、旅游市场态势、市场化和法治化程度等要素构成。一般来说,在市场化

和法治化程度较低,旅游市场处于卖方态势的发展中国家,倾向于对旅行社业,特别是经营国际旅游业务的旅行社实施严格的监控,通过旅游行政主管部门制定具体的规章制度来进行管理。而在市场化和法治化程度较高,旅游市场处于买方态势的发达国家则倾向于对旅行社业实行较为宽松的管理,主要依靠专门的旅行社法或一般的经济法律、政府政策引导,以及旅行社行业协会和社会公众的监督来进行管理。

因此,随着我国经济的发展,旅游市场的成熟,法治化程度的提高,旅游行政管理体制改革势在必行。改革的方向是逐渐减少政府行政管理部门对企业的直接干预,加速旅行社企业化、市场化进程,实现政府调节市场,市场引导企业。中心目标是为企业创造一个好的经营环境,为国内外旅游者创造一个好的旅游环境。具体来说,可从以下几个方面入手:

1. 逐渐放松,到最后取消一些对旅行社业进入、经营过程的限制性规定,使各旅行市场主体真正平等,这样才能从根本上消除不平等竞争的基础,才会有有效的市场竞争。

2. 加快旅游立法,用法律调控手段最终取代政府的直接干预。在《旅游法》还没有制定发布之前,加强旅游联合执法是一条治理旅行社业不正当竞争的可选之路。

3. 在逐渐减少政府行政部门对企业的直接干预的同时,政府旅游行政管理部门应把更多的精力放在培育市场,开展海外旅游市场营销上来。只有市场主体多了,地位平等了,才能有竞争的基础;只有旅游市场扩大了、规范了,正当的竞争才能使旅行社的长期利益最大化,而不正当竞争必将使每一个旅行社的长期利益受损。

4. 加强和完善旅游行业协会的功能,增加抑制不正当竞争的非政府调节渠道。

5. 加强旅游行政管理人员的教育,正确处理市场化的旅游经济体制和政府主导型的旅游发展体制之间的关系。政府主导并不意味着政府包办。实际上,政府主导更多的是创造环境、市场开拓,再加上对企业的发展导向,其基础是市场化的旅游经济体制。

第三节 旅行社行业组织

对于任何一个行业来说,行业组织都是一种不可忽视的因素,它会对特定行业内企业的发展产生极为重要的影响。从国际旅行社管理的发展经验来看,一个体系完整、运作规范的旅行社行业组织是旅行社行业管理制度的重要载体。因此对旅行社经营管理制度环境的考察,必然离不开对旅行社行业组织的研究。

一、旅行社行业组织的性质与功能

旅行社的行业组织又称行业协会,是指旅行社为实现本行业的共同利益和目标而组成的法人团体。

在世界不同国家和地区,就旅行社行业协会的组建与运营情况来看,主要有自上而下组建,受政府旅游行政管理部门影响较大的准官方、半官方性质的行业协会和自下而上组建,受政府旅游行政管理部门影响较少的民间性行业协会;其次,从成员构成来看,有旅游批发经营商协会、旅游代理商协会、国际旅行社协会、国内旅行社协会、旅行社协会联合会等。

一般在市场化程度高的欧美和日本等国旅行社行业协会都非常活跃,之所以如此主要有两方面的原因:一方面,旅行社行业既是一个风险较大的行业,又是需要大量市场信息的外向型行业,单个的企业既难以抵御大的风险,也难以获得大量的有效信息,自然产生联合的愿望,这是旅行社组织活跃的基础;另一方面,在市场体系下,政府不能直接干预企业经营,又需要组织引导企业,发布信息,执行规则,也需要中间组织传递。因此,旅行社协会是旅行社企业之间横向的连结点,也是政府与旅行社企业之间纵向的连结点。具体说来,旅行社行业协会的功能主要有两种。

(一)服务功能

服务功能表现在行业协会可以作为协会成员的代表人,与政府机构或其他行业组织商谈有关事宜;加强协会成员之间的信息沟通,定期发布统计分析资料;调查研究协会成员感兴趣的问题,向协会成员提交研究报告;定期出版刊物,向协会成员提供有效信息;开展联合推销和联合培训等活动。

(二)管理功能

管理功能主要表现在协会拟定成员共同遵循的经营标准;制定行规会约;对成员依法经营进行监督和指导;仲裁和调解成员之间的纠纷。需要指出的是,行业协会的管理功能虽说有代行部分政府行政管理职能的性质,但它又不同于政府旅游行政部门的管理职能。首先,它不带有任何行政指令性与法规性,其有效性取决于协会本身的影响力和凝聚力;其次,旅行社行业协会管理只限于协会成员,而政府旅游行政管理部门则始终是对全行业的管理。

二、世界各国旅行社行业组织

(一)美国的旅行社行业协会

美国旅行社行业协会非常发达,各类旅行社均有自己的行业组织。旅游批发商的行业组织为美国旅游批发商协会(USTOA);旅行零售代理商的行业组织为旅行零售代理商协会(ARTA);旅行经纪人的行业组织是全国旅行经纪人协会(NTBA)。美国的旅行社行业组织与欧洲各国的旅行社行业组织在各自国家所扮演的角色是一样的,只是由于美国作为旅游客源国的作用、地位和影响,它的一些旅行社行业组织也吸收其他行业部门成员和海外成员。

(二)英国的旅行社行业组织

在英国全国性的旅行社行业组织有:英国旅行商协会(ABITA)、奖励旅游经营商协会(AITO)、英国旅行代理商协会(ABTA)等,其中影响最大的是英国旅行代理商协会。

英国旅行代理商协会(Association of British Travel Agents)成立于1950年,开始时只代表旅行代理商的利益,后来逐渐从旅游经营商零售部门中吸收会员,从而得到发展,充当旅行代理商和旅游经营商行业的代言人,并且在牵涉到国家利益的问题上和影响行业的立法上向政府和其他团体提供咨询。协会由两个下属理事会,即旅游经营商理事会和旅行代理商理事会各出5人组成的10人全国理事会主持,下属各委员会分别与铁路、航空、海运以及相关行业保持有联系。它还被授权负责旅游部门的培训工作,并通过英国旅行代理商协会全国培训委员会来完成这一职责。该委员会与伦敦城市同业公会协会及商业和技术教育理事会密切合作,制定与行业需要有关的再教育计划。全国培训委员会还负责执行为即将进入旅游行业的年轻人实施公费补助培训的计划。

旅游经营商理事会和旅行代理商理事会批准各自行业内的入会申请,检查会员的财务状况和会员资格。它们有权对违规会员进行处罚,有权中止或取消违规情节严重的会员的会员资格。协会还通过保证金制度来保障消费者的权益。协会现有会员7 000多个。

(三)巴西的旅行社行业组织

巴西现有10 000余家旅行社,其中经营国际旅游业务的旅行社有5 700多家。巴西的旅行社行业组织主要有两个:国际航空旅游协会、巴西旅游协会。其中巴西旅游协会有2 400家旅行社成员,占全国旅游营业总额的80%。由于巴西旅行社的营业收入绝大多数来自国际、国内机票销售,所以国际航空旅游协会在旅行社行业中有较大的影响力,1 000多家经营国际旅游业务的大型旅行社为该协会成员。

(四)日本的旅行社行业组织

日本的民间旅游事业团体有50多个,其中与旅行社业有关的重要协会有两个,即国际观光振兴会和日本旅行业协会。

国际观光振兴会成立于1964年,是经《国际观光振兴会法》确认的特殊法人,即该会是一个半官方组织。它依照法律的规定,行使一部分对旅行观光业的行政管理权。它不仅对旅行观光业的依法经营进行监督和指导,协调旅行观光业与航空业的关系,指导旅行观光业印制宣传推销资料,指导海外招徕,提供信息,还对国内进行观光宣传,提高国民对观光的认识,促进国际旅行业间的相互交流和联系。它还依据《翻译导游法》的规定,负责组织旅行业翻译导游资格的考试。

日本旅行业协会是经日本《旅行业法》确认的社团法人。它成立于1975年。该协会是日本最大的旅行业协会。根据日本《旅行业法》规定,该协会的业务是:设立法制委员会,接受并查处旅行观光者的投诉;对开办旅行社者施行培训;以经济保证金代替会员缴纳营业保证金;负责一般旅行社业务主任资格考试;为一般旅行社业务主任举办研修班;指导旅行社依法经营;对旅行业经营状况作调查研究并向政府报告等。旅行业协会在北海道、九州、关东、关西、四国、神户等六个地区设有分会,作为协会的派出机构,协调所在地区旅行业协会的工作。总会对这些地区的分会实行垂直领导,分会主要领导由总会任免。

三、国际性旅行社行业组织

(一)世界旅行社协会

世界旅行社协会(World Association of Travel Agencies)成立于1949年,总部设在瑞士日内瓦,是一个由私人旅行社组织起来的世界性非营利性组织,其宗旨主要有两项:一是通过某种服务项目,如专业化情报、讲话预订以及委托手续等来促进和保证会员的利益;二是定期召开世界旅游大会及地区性会议,为会员提供相互了解、联系和洽谈生意的机会。现有来自100余个国家和地区的300多个会员。世界旅行社协会从1951年开始,每年出版一本综合性的世界旅游指南——《世界旅行社协会万能钥匙》。

世界旅行社协会的最高权力机构是其会员大会,每两年举行一次,大会下设执行委员会、管理委员会和总裁委员会。执行委员会负责实施大会决议;管理委员会主持处理日常工作;总裁委员会由各地选举出来的总裁组成,他们负责各地会员与日内瓦总部之间的联系,讨论地区问题,协调地区活动。世界旅行社协会设在日内瓦的秘书处,向会员提供各种帮助和一些服务项目,如提供旅游情报、文件和统计等。秘书处为要求在他国寻找代理人或进行贸易联系的会员进行安排和介绍。协会欧洲服务处为旅游团或个人协调旅行日程,并作出必要的安排。它还代表亚洲、澳大利亚、南北美洲的私人旅行社协会组团到欧洲等地旅行,同时收取最少的佣金。对非正式成员,它也提供服务,但要按一定比率收取佣金。任何一家旅行社,只要财务机构完善、稳定,遵守协会的规定,都有资格成为世界旅行社协会的成员。入会者应先向日内瓦常设秘书处递交申请书,经管理委员会审查后,再在会员中传阅,如无反对意见,就能成为其正式会员。协会保证各会员享有一定的优惠权。会员可以持预订交换证,在世界上任何地方为其顾客预订饭店和旅行社的服务项目。

(二)世界旅行社协会联合会

世界旅行社协会联合会(Universal Federation of Travel Agent's Association)于1966年在意大利罗马成立,总部设在比利时布鲁塞尔,是世界上最大的民间性国际旅游组织之一,属专业和技术性组织。其正式成员是世界各国的旅行社协会,每个国家只能有一个全国性的旅行社协会代表该国参加。

世界旅行社协会联合会的宗旨是:团结和加强各国旅行社协会和组织,并协助解决会员间在专业问题上可能发生的纠纷;在国际上代表旅行社行业同旅游及有关的各组织与企业建立联系,进行合作;确保旅行社业务在经济、法律和社会领域内最大限度地得到协调、赢得信誉、受到保护及得到发展;向会员提供所有必要的物质上、业务上、技术上的指导和帮助,使其能在世界旅游业中占有适当的地位。

世界旅行社协会联合会的最高权力机构是每年一度的全体会员大会。大会决定该会的总方针政策;确定年度活动报告、下年度的活动计划和工作总纲;批准财务预算和决算;罢免和选举理事会成员等。世界旅行社协会联合会理事会负责管理联合会的业务并行使其一切权力。联合会执行委员会负责日常工作。理事会下设总秘书处,由秘书长负责,具体负责执行理事会和执行委员会的决定。联合会出版有月刊《世界旅行社协会联合会信使报》。

四、中国旅行社行业组织

中国现有的旅行社行业组织主要是 1997 年 10 月 27 日在大连正式成立的中国旅行社协会。该协会是由中国境内的旅行社按照自愿原则组成,并经国家旅游行政主管部门和民政部门依法登记的法人社会团体,接受国家旅游局和民政局的领导与管理。作为中国旅游行业的专业性协会,在业务上接受中国旅游协会的指导。

中国旅行社协会的宗旨是:沟通会员与政府间的联系,规范会员的行为,维护会员的合法权益,为会员服务。

中国旅行社协会的主要任务是:贯彻执行国家旅游发展方针和旅行社行业政策法规;进行旅行社调研,向旅游行政管理部门提出合理化建议;向政府及社会有关方面反映会员的合理要求,维护会员的合法权益;制定、实行行规行约,实现行业自律;编印会刊,召开研讨会,为会员提供信息服务;进行行业人力资源开发;积极开展与海外旅行社协会及相关行业组织之间的交流与合作;完成政府交办的事宜。

思考题:

1.法律手段在旅行社业宏观调控中的作用是什么?
2.试分析我国旅行社业的立法现状。
3.中国管理旅行社行业的重要法规有那些?
4.国际上旅游行政管理体制主要有哪几种类型?
5.旅行社业行政管理的作用是什么?
6.我国旅游行政管理体制改革的方向和目标是什么?
7.简要说明旅行社行业组织的性质和功能。

第五章 旅行社市场环境

任何企业都是在一定的市场环境中运行的,旅行社也不例外。搞好旅行社经营管理离不开对市场环境的把握。本章先介绍国际旅游市场的发展趋势,然后分别介绍我国旅游的入境旅游市场、国内旅游市场和出境旅游市场。

第一节 现代国际旅游市场发展的新趋势

一、国际旅游消费的特点

现代国际旅游消费观念可以说充分体现了高技术基础上的追求自我的个性取向和关注社会与自然环境的社会化取向双重主题。个性化取向是指旅游消费者根据自己的想法,去设定自己与外界人和事物的距离,并珍视这种距离的间隔,不过分考虑外界因素,以自己的方式去创造生活,感受生活。这种不过分注意外界因素,自己选择合适自己的生活方式的理念,将会使今后的旅游消费更加理性化。社会化取向主要体现为通过对旅游产品的选择来表达旅游者对环境、自然和社会的关注,他们开始认识到自己的旅游消费需求只能在关爱自然、关爱社会中才能得到最大满足。在个性化和社会化的主题下,当代旅游消费表现出如下特点。

(一)返朴归真的倾向

消费者开始重新审视自己的生活和周围的事物,对那些最"基本"的东西越来越珍视,力图使自己的生活更加单纯,有时也表现为流行分散化或“逆潮流”的特点。如旅游休闲市场上，传统的茶楼的复兴，散客的小包价旅游和背包旅游的增长，都体现这一消费观念中“基本”、“古典”、“纯真”的特征。

（二）关爱自然的生态化倾向

高度技术化和高度城市化的生活使人们对自然的需求超出任何一个时代，人们努力去适应自然，亲近自然，保护自然。这一方面说明消费者已经认识到资源是有限的，只有保护自然和社会环境，消费才有可能持续性；另一方面，消费者对自然环境的关注，也是为了自身的消费安全。

（三）个性化要求突出

消费者观念改变的一个重要表现就是个性化的提升。在个性化的时代，旅游者在很大程度上转换成一定意义上的生产者。原先是我卖什么你买什么，现在是客人提出自己的个性要求，由经营者提供，甚至共同设计组合。技术给我们提供了这种手段，这种手段可以使许多个性化的东西非常突出。同时，重参与、重体验也是消费者个性化要求突出的表现。

（四）关心健康，重视休闲娱乐

消费者开始注意保护自己的身心健康，把消费伴有医疗、保健、学习、参与生活、满足身心健康的专项旅游产品及休闲娱乐活动看做是达到身心健康的重要途径。

二、国际旅游需求市场发展的趋势

国际旅游需求市场的发展变化，取决于多方面的因素，既有政治、经济发展，技术进步的影响，也有旅游者消费观念变化的作用。总的来说，当代国际旅游需求市场的发展表现出如下新趋势。

（一）旅游市场重心逐渐向东转移

欧洲和北美是现代国际旅游业的两大传统市场。在 20 世纪 80 年代以前，它们几乎垄断了国际旅游市场，接待人数和收入都占世界总数的90%左右。20世纪80年代后,亚洲、非洲、拉丁美洲和大洋洲等地区一大批新兴市场的崛起,使国际旅游业在世界各个地区的市场份额出现了新格局。欧洲和北美地区在国际旅游市场上的份额呈进一步缩小之势,旅游市场的重心由传统市场向新兴市场转移的速度加快。一些发展中国家和地区经济持续增长,这些国家和地区的居民去邻国和邻近地区的旅游者必定会增加,区域性国际旅游将大大发展。随着全球经济重心正从大西洋地区转移到太平洋地区,国际旅游市场重心也相应东移,使亚太地区成为未来国际旅游业的"热点"区域。

这种变化将使我们面临一个崭新的世界旅游市场。一是世界旅游各层次市场发展更加平衡。主要表现在国内旅游、区域内旅游和洲内旅游、洲际旅游四个市场都会有所发展,并且国内旅游和区域内旅游将在世界旅游市场中逐步发挥重要作用,与洲际旅游、洲内旅游并驾齐驱。二是世界旅游市场区域格局继续发生变化,主要是发展中国家或地区的旅游业继续以超过世界平均水平的速度增长,和发达国家相比,在旅游业发展水平和市场份额方面的差距将继续逐步缩小。

(二)客源市场向更广阔的空间扩展

长期以来,国际旅游的主要客源市场一直以西北欧和北美为主。这两个地区作为现代国际旅游的发源地,其出国旅游人数几乎占国际旅游总人数的3/4左右。目前,世界上最重要的旅游客源国中,除亚洲的日本、大洋洲的澳大利亚以外,其余大都集中在这两个地区,其中仅德国和美国这两个国家,就占国际旅游费用总支出的1/3以上。国际旅游客源市场在地区分布上畸形集中,同样也面临着严重挑战,特别是当代世界经济正在迅速分化重组,初步形成了北美、西欧、日本、独联体、东欧和第三世界等六大经济力量相抗衡的态势,直接影响各地区国际旅游客源的发生、发展、消长和转移。因此,在欧美地区出国旅游人数持续增长的同时,其他国家和地区的增长速度更快，国际旅游客源集中在欧美地区的优势在一定程度上有所减弱，世界旅游客源市场在向更广阔的地区扩散。到21世纪中期，亚洲、非洲和拉丁美洲的新兴工业国，随着人均国民收入的增加，出国旅游者大量产生的条件日臻成熟，拥有广泛的市场潜力，可能逐渐取代传统旅游客源国，而成为国际旅游的主体市场。

（三）旅游需求总量扩大

现代经济、技术的发展和社会的进步，是旅游业发展的雄厚基础。在旅游业发展过程中，旅游需求总量将不断扩大，特别是许多逐渐富裕起来的经济后发国家的居民，在基本生活得到保障之后，会像发达国家居民一样，产生并增加旅游需求。旅游正在成为世界人民生活中必不可少的部分。

（四）旅游需求向多样化、综合性方向发展

旅游市场的不断扩大和向纵深发展的一个重要原因就是旅游需求的日益多样化。目前，国际上传统的观光、度假型产品已经基本成熟并为众多的旅游者所接受，而一些新的需求，如探险旅游、体育旅游、海上旅游等需求类型会随着世界旅游经济的发展而不断产生并逐渐增长，甚至在科学昌明、技术进步的前提下，太空旅游、深水旅游等新的旅游需求也会出现。同时，对每个旅游者而言，旅游需求也不再是单一的，而可能是综合型的。总之，在新世纪，人们追求新奇和个性的心理特征更加突出，对旅游的心理预期将有所提高。在旅游需求方面，除保证安全感外，新鲜感和心理满足将起更大的决定作用。

（五）旅游者的成分呈现多层次结构

过去，旅游者的成分较为单一，现代旅游的大众化使旅游者成分日益复杂。首先，从旅游者的经济、社会地位来看，旅游早已不是少数上层达官显贵的消费行为，广大民众也加入了旅游者队伍；其次，从旅游者的年龄来看，各年龄阶段的旅游者都呈上升趋势，

其中以中年旅游者为主。旅游者的结构的多层次化也是促使旅游市场向广度和深度扩展的重要因素。

(六)旅游季节出现均衡化趋势

近年来,由于许多国家和地区的旅游组织和企业的有效的营销活动,以及政府政策方面的原因,旅游季节出现均衡化的趋势。未来最有前途的市场应是淡季不淡、旺季兴旺的全年型的旅游市场。

(七)中远程旅游渐趋兴旺

旅游距离远近受制于时间和经济等因素的影响。在20世纪上半叶,人们基本上只能借助于火车进行旅游活动。因此,那个时代的人一般只能作短途旅游。中远程旅游,特别是洲际之间的旅游的兴起,是"二战"后航空运输大发展,喷气式客机应用于民航的直接结果。目前,飞机的速度越来越快,续航距离越来越大,单位里程运输成本也在逐年下降。随着航空技术日新月异,世界正变得越来越小,距离作为旅游限制因素的作用日益弱化,加之闲暇时间增多,今后将有更多的旅游者加入到中远程旅游的行列中来。

(八)出游时间趋短,出游次数增加

尽管本世纪旅游者的数量会增加,但旅游者花在旅游娱乐上的时间会减少,特别是在世界主要的旅游市场上。短暂的休息旅行和周末旅游将为更多的旅游者更经常地采用。很多旅游者一年中出游的时间会变短,但出游次数会增加。由于工作压力加大,许多旅游者将会选择充分放松的旅游方式。旅游者会寻找那些能在最短时间提供最大娱乐的旅游产品,这一趋势将促进诸如主题公园和游船旅游之类的产品的发展。因此,包揽一切的综合观光度假旅游也将吸引众多旅游者。

上述都是变化的因素和变化的趋势,但是也有不变的因素。旅行社经营者既需要把握变化的趋势,也需要从消费心理出发仔细分析不变的因素,只有这样才能使旅游适应人类永恒的追求。

变化是一种手段,但是人类的生活目的,包括对旅游需求的根本目的,是不会变的。这种不变,主要是求新、求乐、求真、求美的要求的不变。变化的仅仅是达到目的的手段,具体落实到旅游产品和服务。新的产品、新的组合方式、新的服务方式总是为了满足人们求新求变的追求。

第二节 我国的入境旅游市场

一、中国入境旅游市场的总体特征

(一)入境旅游需求市场规模不断扩大

在世界旅游业迅速发展的整体背景下,中国旅游业也得到迅速增长。1978—1999年,全世界国际旅游人数年平均增长4.7%,而中国同期为22.8%,高出世界平均水平18.1个百分点。其中20世纪90年代增长最为显著,这与1992年以来开展的旅游主题年、年年有重点、七年大改观发展战略关系密切。

从1992年起国家连续举办1992年中国友好观光年、1993年中国山水风光游、1994年中国文物古迹游、1995年中国民俗风情游、1996年休闲度假游、1997年中国旅游年、1998年华夏城乡游、1999年生态环境游和2000年神州世纪游。这一系列大规模旅游促销活动,使中国国际旅游迅速发展。1992年旅游外汇收入较1991年增长11亿美元;1993年较1992年增长7.4亿美元;随着国家外汇管理体制的变化,1994年中国国际旅游外汇收入统计方法也做了相应的改革,采用与国际接轨的统计方法,统计结果1994年中国国际旅游外汇收入73.2亿美元,较1993年增长26.4亿美元;1995年旅游外汇收入87.3亿美元;1996年突破100亿美元大关,达到102亿美元,全年入境旅游首次突破5 000万人次,达到5 112.75万人次;1999年中国接待国际旅游者为7 279.6万人次,居世界国际旅游接待人数第五位,东亚地区第一位;同年中国国际旅游收入为 140.9 亿美元,居世界第七位,东亚地区第二位。到 20 世纪末,中国已成为东亚地区乃至世界的主要旅游目的地。

根据国际旅游组织预测,到 2020 年以前,中国接待国际旅游人数将达到 1.37 亿人次,中国将成为世界第一大旅游接待国。

(二)入境旅游流的流向表现为趋高向丰的特点

所谓趋高是指入境旅游流向京、沪、穗等"高级别"的政治、经济、文化、科技、旅游等中心城市流动。之所以如此,是由于一方面这些中心城市所具有的吸引力,另一方面,北京、上海、广州三大城市长期以来是入境旅游者踏入国门的主要口岸。向丰是指旅游流主要流向旅游资源丰富、旅游产品具有特色的旅游景区,如流向西安、桂林、昆明等旅游区。

(三)入境旅游流的流量由集中垄断渐趋多元分流

由于各省、自治区和中心城市国际旅游的兴起,替代旅游产品的出现,以及入境游客停留时间的缩短,全国各重要旅游区对外宣传促销力度的增大等,使得分流作用有所增强,导致原来主体旅游流的流量相对有所减少。如向京、沪、穗的合计流量占全国总流量的比重逐年减少。全国最大的华南旅游流流量占全国总流量比重,由 1994 年的 41.88%降低为 1998 年的 37.34%,减少 4.54 个百分点。

(四)入境旅游流的空间分布极不均衡

我们可以按地域将全国入境旅游流划分为七大主要旅游流,分别是:华北旅游流、华东旅游流、华南旅游流、西南旅游流、华中旅游流、东北旅游流、西北旅游流。根据 1994—1998 年统计资料,华南旅游流占全国总流量的比重约在 37.34%~41.88%,为全国最高;华东旅游流的比重约在 22.3%~23.1%;华北旅游流的比重约在 16.5%~17.1%;西南旅游流的比重约在 6.6%~6.8%,

其中华南旅游流、华东旅游流和华北旅游流作为我国最主要的三个区域旅游流，合计流量约占全国总流量的81%～78%。这充分表明我国入境旅游流的空间分布明显的不平衡，西部地区除川、陕、滇省外，其余的甘、宁、青、新、黔、藏旅游流的发育都相当弱。而且，东部旅游流多商务游客，中西部旅游流多观光游客；东部多散客，中西部多团队客。

（五）入境旅游中短线旅游日益活跃

在以往接待的旅游团队中，长线团占有相当大的比重。日本、韩国团以及我国台湾地区的团队大都是10天左右的长线团，游览地点包括北京、上海、西安、桂林等城市。而现在游客到广州旅游，最多再去一两个地方，如桂林或昆明，每个地方住一天，也就是三四天，费时短，花钱少，适合现代旅游消费潮流。1998年1～8月各地接待旅游者人天数为8 202.02万人次，比上年同期下降3.7%，各主要旅游城市的接待人天数也同样呈下滑趋势，其中上海、杭州、黄山、武汉、桂林、海口、重庆、昆明、西安人天数的下降幅度都超过两位数。这说明入境游客不仅游程趋于中短线，而且在各地的停留时间也缩短了。

（六）旅游客源地空间分布的广泛性

中国的入境旅游客源主要来自五个方向：西北、正北方向的欧洲客流；东北方向的美国、加拿大客流；正东方向的日本、韩国客流；东南方向的中国港、澳、台地区同胞和东南亚各国及澳大利亚客流。其中，来自正北、正东、东南方的客流为近地旅游客流，西北、东北的客流为远地客流。近地客源是入境旅游客流的主体，港、澳、台入境旅游者人次始终居于首位，占入境总人次的90%左右（个别年份不足），预计这种现象在今后相当一段时间内不会改变。中国的外国人入境旅游客源主要集中在亚、欧、北美三大地区，来自亚洲的客流量占入境外国客流量中的一半左右。1980—1987年，北美客流量略大于欧洲；1988—1998年，由于欧洲各国经济好转以及独联体国家客流量的猛增，欧洲客流量大大超过美国。

与20世纪80年代相比，20世纪90年代中国国际旅游客源市场规模扩大，地区分布更加广泛。按区域分布来看，我国国际旅游客源地广泛分布于亚洲、欧洲、美洲、大洋洲各地，但从客源产出量角度来看，广泛性的基础上少数重要客源国提供了大部分客源，居主导地位。1994—1999年，入境旅游的十大客源国的客源数占客源总数的百分比，显示出两条规律：其一，十大客源国中亚洲国家居多，它们是日本、韩国、蒙古、新加坡、马来西亚、菲律宾和泰国，十大客源国中欧美国家只有美国、俄罗斯和英国三国。如果扩大到十五大客源国，德国、印度尼西亚、法国、加拿大、澳大利亚将会入选，这样在一定程度上反映了客源地分布的地域广泛性。其二，十大客源国的客源产出量累计占外国客源总数的70%左右，其中前5名就占50%以上，而且近年来这一比例在不断上升。这说明主要客源国的作用越来越明显。

少数重要客源国的客源产出量大且持续稳定增长，其市场开发已经度过了艰难的起步阶段，进入快速成长期。在这些客源地推销中国旅游产品，具有市场渠道畅通，消费者基础较好，投入少，效益高的特点，使得重要客源国成为市场拓展的高收益地区。可以预计，这种少数重要客源国居主导地位的格局还会在一定时期内有所强化，并维持相当长一段时间。同时，少数重要客源国地域分布的广泛性，为我国防范区域政治危机、经济危机或其他偶发事件剧烈影响旅游业创造了条件，有利于我国旅游业的平稳发展。因此，客源地区域分布的广泛性和核心市场的集约化是旅游业健康发展的标志。

(七)入境旅游需求市场的季节变动相对稳定

入境旅游者近年来形成了四个波峰期：3月中旬～4月中旬；7月～8月中旬；9月中旬～11月；11月中旬～12月中旬，与此相对应的四个高峰期为:4 月、8 月、10 月和 12 月。8 月为最高峰,春季、暑期、秋季和年末为中国入境旅游旺季,暑期为最旺季。同时,也存在两个波谷期:1 月～2 月和 5 月～6 月,2 月为最低谷。外国旅游者、中国港澳旅游者、中国台湾旅游者和华侨旅游者的季节变动虽然各不相同,但与总体变动基本一致。而且就季节集中程度来看,我国入境旅游者的季节差异也不强,这主要是由于我国地域辽阔,气候多样,旅游资源丰富,旅游热点多,旅游产品除自然风光外,还有更具魅力的人文旅游产品等。季节变动的相对稳定,以及季节差异不强都有利于旅游管理和旅游企业运营。

(八)入境旅游者构成丰富,旅游目的多样化

从旅游者的构成来看,首先,入境旅游者来自于社会各个阶层,各种职业,有学生、专业技术人员、行政管理人员、商贸人员、办事员、服务人员、工人、农民等。从年龄来看,来华旅游者中以中老年人居多,其他年龄段的旅游者也在逐年增加。

入境旅游者的旅游目的多种多样,有观光度假旅游者、文体科技交流旅游者、健康疗养旅游者、商贸旅游者、修学旅游者、探亲访友旅游者等。

二、中国入境旅游各主要客源市场

我们可以把我国入境旅游市场分为亚洲市场(中国的港、澳、台地区及日本、韩国、东南亚五国等)、大洋洲市场(澳大利亚等)、欧洲市场(欧洲诸国、俄罗斯等)以及北美市场(美国和加拿大等),下面分别对这些市场加以介绍。

(一)欧洲市场

近几年来,随着经济的稳定发展,欧洲人的消费能力进一步提高,对欧洲传统旅游目的地的厌倦,人们求新、求奇心理动机的增强以及世界各地对欧洲市场促销力度的加深等等,使欧洲远程旅游市场前景看好。这里所说的远程旅游,主要是指离开欧洲和地中海地区的旅游。20 世纪 90 年代初,在欧洲旅游市场全面萎缩的情况下,远程旅游市场一枝独秀,呈持续繁荣之势。特别是亚太地区异军突起,成为仅次于北美地区的最受欧洲人欢迎的旅游目的地。

欧洲出境旅游市场区域内发展极不平衡,目前最发达的是西欧—地中海地区,最落后的是东欧地区。世界公认的七大客源国中,欧洲占四个。以英、德、法为主体的西欧旅华市场发展平稳,1998 年三国来华旅游人数均呈增势。根据欧洲旅游组织、欧洲旅游委员会和欧洲国家旅游局的统计数字,欧洲出境旅游的最新变化是:南欧出境旅游人数在迅速增加;北欧出境旅游者也出现较高增长;西欧出境旅游人数仍出现增长,但增长速度低于欧洲的平均增长速度;中欧出境旅游继续增长,但增长速度比前几年缓慢。

欧洲出境旅游目的也出现了一些变化。欧洲人最喜欢的是出国度假旅游、健身旅游、游览休闲旅游、阳光加沙滩式的旅游、滑雪旅游和游船旅游。增长最快的出境旅游形式是乡村旅游、城市旅游和保健旅游。

欧洲人出国旅游的前 10 个主要需求依次是:放松、享受生活、游泳、饮食、参观名胜、购物、日光浴、社交活动、看风景以及城市游览。

欧洲高速增长的两个细分市场:一是日益增长的欧洲老年人市场。1999 年 65 岁以上的老年人占欧洲旅游总人数的 16%,每 6 个出境旅游者当中,就有一个是老年人。二是 25 岁~40 岁的女性市场。她们均受过良好教育,收入水平中等以上,并且居住在大城市。

欧洲的传统远程旅游市场是英国、德国和法国,这三个国家是欧洲出境人数最多的地方。由于与香港之间历史上的原因,英国是欧洲国家中来华旅游人数最多的国家。德国年出国人次数 7 420 万,在国外花费 460 亿美元,然而来中国旅游的德国人不足 20

万人次,还有很大潜力可挖。虽然法国人把泰国作为亚洲旅游的首选目的地,但他们对中国的兴趣也逐年增加。

对欧洲游客来说,相比东南亚旅游市场,中国最具吸引力的仍是那些富有民族文化色彩、最能体现中国社会风貌和悠久历史的旅游资源。历史古迹、文化名胜、独具特色的自然景观是欧洲游客的主要选择,长城、故宫、兵马俑、长江三峡、丝绸之路和西藏等始终吸引着欧洲旅游者,但单一的观光旅游难以适应欧洲游客的需要。

欧洲人出境旅游以团队为主要旅游方式,1999年欧洲出境旅游中,不到47%的旅游者选用自助式旅游,而53%的旅游者通过旅行社购买包价旅游。

欧洲来华旅游市场中,俄罗斯市场应该给予特别关注。俄罗斯来华旅游以边境商贸旅游和购物旅游为主体,花费较高。一日游游客占的比重高于其他国家,平均逗留时间明显低于其他国家。近年来单纯购物旅游比重开始降低,来华度假休闲旅游出现较迅速的增长趋势。中国一些度假地,如河北的北戴河和黑龙江的五大连池、辽宁的兴城等地成为俄罗斯游客喜爱的目的地。一方面,与俄罗斯临近的边境省份吸引了数量众多的俄罗斯游客;另一方面,北京、天津、辽宁等省区也成为俄罗斯游客来华的重要目的地。俄罗斯游客对于现代化的游乐设施兴趣浓厚,喜爱游乐园、康乐宫等。

(二)亚洲市场

1.中国港、澳市场。中国香港和澳门地区居民一直是中国内地旅游业入境游客的主体成分,之所以如此,有如下原因:首先,亲缘、地缘关系的长期作用。对中国传统文化的认同,加上语言通、习俗同、距离近等方便条件,使内地成为其他任何国家和地区都不可替代的旅游目的地。其次,回归是最大的推动力。回归大大促进了赴内地旅游人数的增长。第三,香港经济一直高速发展,旅游成为香港居民生活方式的重要组成部分，香港与内地关系密切，推动了香港居民赴内地旅游的增长，特别是香港制造业近年来的逐步北移，使许多到内地投资、经商和寻求发展机会者频繁来往于香港与内地之间。第四，内地接待条件的改善，新项目、新景点的推出以及入境手续的进一步便捷，都大大促进了香港居民赴内地旅游。

1999 年香港居民入境人数超过 6 000 万人次，较 1996 年猛增了 30%。近期内，旅游将保持低速增长，但费用降低。香港居民来内地观光度假、公务、探亲的人数一直保持高增长，旅游者中有 57.23% 为当日往返旅游者。来内地的香港居民有 68.4% 在广东活动，其中包括越来越多的商务往来和周末及节假日过境消费的客流；有 31.6% 的香港居民往内地旅游度假。

2. 中国台湾市场。十年来，台胞赴内地旅游客源市场经历了探亲—经商投资—商务与旅游并重的发展阶段。随着市场的渐趋成熟，两位数的高速增长期已经过去，呈现稳定增长的局面。经过十年的发展，台胞来内地旅游市场达到年送客量超过 200 万人次的规模，占到入境总量的 3.4%。

在台湾赴内地市场上，商务游客约占一半，赴内地观光游客仅占台湾出岛观光游客总量的 49.8%。在年龄上，来内地的台湾游客以中老年为主。台胞出岛市场上最活跃的是年轻人，21 岁～30 岁、31 岁～40 岁两组游客占总量的 51.4%，来内地游客中，这两组游客仅占 22.3%，其中又以 21 岁～30 岁组更少。

目前，台湾来内地旅游的总趋势是：更短、更小、更低、更少，即停留时间更短、出游半径更小、价格更低、提前付钱的活动内容更少。多次出游者和工薪阶层喜欢单点停留、短期休假、散客旅行。

3. 东南亚五国市场。东南亚五国是全球经济发展最快的地区之一，各国重视发展国民经济。该地区出境旅游非常兴盛，其来华旅游人数超过 100 万人以上，已经构成我国的一个重要入境旅游市场。对中国来说,新加坡和泰国是主要客源国,马来西亚居第三位。

东南亚五国来华旅游兴旺主要有几个方面的原因:首先,随着中国与东南亚国家的友好交往,经贸往来也越来越频繁,商务交流不断增多,为旅华市场奠定了坚实的基础,创造了良好的环境。其次,东南亚各国的华人较多,与中国有血缘和文化方面的联系,加之地理为之邻近,所以偏爱选择中国作为旅游目的地。第三,山清水秀、民俗纯朴的中国南方,尤其是与东南亚国家毗邻相近的广西、云南等省份,既有东南亚民族的共性,又有中国独具特色的山水民情。最后,东南亚国家各大旅行社重视中国市场,增加中国产品,加强各自中国部的力量。

东南亚入境旅游市场由于来华客源多是华人,这部分旅游者对中国的了解程度大大超过其他市场。由于距离近,了解多,旅华产品的销售周期比较短。从促销的角度来看,则表现为见效快,再访率相对较高。再访的观光度假客人往往要去没有去过的地方,加之航线多,航点多,入境后的客源分布比较广,流向变化也比较快。近几年来,一地游日渐增多,经过金融危机之后,这个倾向较以往更加突出。

4.日本市场。长久以来,日本一直是我国最主要的客源国,它是我国一衣带水的邻邦,有地理交通之便;在经济上,日本是世界经济大国;在文化上,日本同我国更有着悠久的历史渊源,这些都是日本作为我国重要客源国的基础。1980年时,中国是日本旅游者的第九大旅游目的地,1990年上升至第八位,1998年上升至第三位。

到中国旅游的日本游客有如下特点:25%的日本旅游者喜欢结伴而行;46%的旅游者是三次以上的再访客;46%的旅游者选择团队旅游;50%的旅游者在做旅游决策时,受朋友、媒体报道和出版物的影响;日本旅游者喜欢选择时间短、花费低和邻近的旅游目的地。健康旅游、环保旅游、探险旅游、体育旅游、异国文化与异族风情体验旅游、走访世界自然文化遗产旅游等等体现旅游者个性和社会性的旅游活动将成为日本出境旅游的主体。丝绸之路作为日本人来华旅游初期的旅游热线,其生命力在日本市场至今不衰。日本旅华游客以中老年为主,男性居多的结构基本没有变化,增长最快的是女性游客。旅华日本客人新兴的旅游需求有:

(1)修学旅游。青少年修学旅游持续不衰,作为日本高校学生了解社会、接触大自然的课程之一的修学旅游是日本特有的旅游形式。中国和日本距离很近,文化交流源远流长,人文、自然旅游资源丰富,应该有能吸引更多的学生到中国修学旅游。

(2)以户外活动为主的旅游。以户外活动为主要目的的旅游者人数不断增长,从某种意义上代表了日本旅游市场的发展趋向。

(3)生态旅游者迅速增长。越来越多的日本人喜欢参加自然旅游,喜欢以保护自然环境为目的并有参与性活动的旅游,以及具有浓厚的本地文化特色的旅游。

(4)能与当地人直接交流的旅游。过去那种"参观、观光、娱乐"的旅游模式已不再流行,今天的日本旅游者既希望得到热情的接待,更喜欢与当地人交流,这也是他们将来再访该目的地的一个重要原因。

5.韩国市场。韩国经济发展较快,民众可自由支配的收入可观;带薪假期不断增加,达到15天左右,圣诞、元旦、春节等法定假日可连续放假9天,可自由支配时间也较多。因此,海外旅游消费增长迅速。虽然在金融风暴后,出境旅游减少,但中韩两国相近,交通便利,旅行费用低,近年来旅华游客增长仍很迅猛。加之韩国观光公社在北京设立旅游办事处,政府取消了对出境旅游、免税品、外汇管理的一些限制更促进了韩国旅华市场的发育。

韩国人喜欢的旅游目的地依次是日本、美国、中国及中国香港地区、泰国、澳大利亚和新加坡。近年来,有60%~80%的韩国人首选中国为出境游目的地,之所以如此,除了距离近、费用低外,两国之间的文化渊源也是重要原因。韩国文化自古受到中国影响较大。韩国文字中,60%以上由汉字组成。韩国人的民族传统、风俗习惯都与汉民族相近,春节、清明、端午、中秋等节日是中韩人民共同的传统节日。文化上的渊源使韩国人能从历史文化的角度欣赏中国。随着中韩两国政治经济文化交往日益密切,中国有可能取代日本,成为韩国的第一大旅游目的国。

这几年,韩国的出境旅游中,修学旅游、家庭旅游、新婚蜜月旅游、休闲度假旅游和商务旅游都有增加。出游仍以男性为主,但略有下降;女性游客增长幅度较大。中国的长江三峡、桂林山水、海南岛的热带风光对韩国人有很强的吸引力;中国东北长白山线的旅华游客90%是韩国人。

(三)北美市场

1.加拿大市场。加拿大每年到世界各地旅游的人数约1 900万人次,其中3.5%的游客光顾东亚和太平洋地区。目前,加拿大已迈入最大出境旅游市场的行列,且游客开销也非常大。20世纪90年代以来,加拿大旅华市场一直保持良好增长势头。1997年来华旅游17.4万人次,较前一年增长11.16%;1998年又增长12.56%,尤其是4月~8月保持两位数的增长,奠定了全年增长再逾10%的基础,全年来华游客达19.59万人次。

加拿大游客在华停留时间1995—1998年四年分别为10.4天、10.1天、9.1天、9.7天,平均值为9.8天,停留时间基本保持稳定。每人次平均消费分别为1 344美元、1 507美元、1 264美元、1 221美元,四年平均值为1 334美元,总的趋势下降不大。

加拿大游客的高环保意识,使越来越多的旅游经营者把重点放在生态旅游及其相关旅游产品上。另外,参与性强的旅游也很受加拿大游客喜爱,他们希望能在旅游活动中学到新的技能,并获得旅游地有关历史和文化方面的知识。还有一种旅游深受加拿大人喜爱,那就是游船旅游。

2.美国市场。1978—1999年的21年间,美国保持着在中国旅游市场上第二位客源国的地位。1995年,韩国旅华市场突起,美国由旅华第二位客源国降为第三位客源国。1997年,俄罗斯旅华人数急剧增长,美国降为第四位客源国。但是,1998年,受亚洲金融风暴的影响,韩、俄旅华人数下降,而美国旅华市场继续保持上升趋势,全年来华游客67.73万人,较1997年增长9.87%。在经历了近五年的低速、稳定增长之后,美国旅华市场进入了较快的增长时期。

中国除了悠久的历史、灿烂的文化能吸引美国人外,还有奇异的民族风情和众多的探险旅游资源。除了北京、上海、西安、桂林等传统路线外,最受欢迎的是三峡和丝绸之路,这充分说明美国人的冒险心理。50%以上的美国成年人一生中至少作一次探险旅游,许多美国人是天生的探险者。在对1.97亿美国成年人的调查中发现,50%的成年人都乐于参加某种探险活动。其次,生态旅游是新的时尚,呈现出强劲增长势头,与探险旅游并驾齐驱。第三,探亲访友是美国人出境旅游的重要目的,这几年赴亚洲探亲访友旅游增长速度非常快。最后,美商赴中国投资积极性高涨,商务旅游会持续增长。另外,旅华游客中散客有大幅度增长,来华旅游的美国人的年龄也在下降。

做好美国旅华市场对中国旅游业具有重要意义。作为世界头号客源输出国,美国出国旅游者以平均消费最高而著称于世。根据有关统计,1997年美国出境游客的人均花费为3 023美元,比日本的2 260美元高出近34%。美国出境游客的平均停留时间约16天。美国旅华市场也具有相似的特征。世界旅游组织统计,1988—1998年间,美国旅华市场平均年递增9.1%,是一个稳定增长的市场。美国游客在华停留时间1995—1998年分别为12.9天、9.1天、9.3天、10.5天,4年平均为10.45天,总体上保持稳定。每人次平均消费分别为 1 787 美元、1 268 美元、1 280 美元、1 128 美元，四年平均值为 1 366 美元，总的趋势是逐年下降。即使这样，美国旅华市场依然是一个含金量比较高的市场，而且，在外界大环境稳定的前提下，如果中国旅游企业注意新产品开发，加强市场营销，改善旅游服务，美国旅华市场还有很大的发展空间。

(四)大洋洲市场

大洋洲旅华市场主要指澳大利亚、新西兰等，这里主要介绍澳大利亚旅华市场。

拥有 1 900 多万人口的澳大利亚，是世界上最喜欢旅游，也是旅游最频繁的国家之一。由于地缘相近，政府又将贸易重心转向亚洲，因此，近年来亚洲已成为澳大利亚出境旅游的重要目的地。澳大利亚人旅华以休闲度假为主，商务旅游次之。根据澳大利亚统计局统计，1998 年赴中国旅游人数为 82 000 人次，由于这是对离境第一目的地的统计，还有许多澳大利亚人是从亚洲其他地区中转中国内地旅游，所以，中国国家旅游局的统计为 18.67 万人次，与澳大利亚统计局的数字相差 10.47 万。这说明经其他旅游目的地中转或过境的旅游已成为澳大利亚旅华市场的一大特点。

修学旅游在澳大利亚方兴未艾，1998 年 10 岁～14 岁和 15 岁～24 岁年龄段出境旅游总人次为 66.04 万，而到中国的仅为 1.28 万人次，约占 2%，因此，这一年龄段的修学旅游具有开发潜力。

在多出游群体中，旅华最多的为 35 岁～44 岁和 45 岁～59 岁年龄段；就性别而言，以男性为主；从客源地来看，依次排序为新南威尔士州、维多利亚州、昆士兰州和西澳。

华人在旅华市场占有一定比例，目前新一代中国大陆移民也加入到这一市场当中。华人的旅游目的主要以探亲访友和商务为主。

澳大利亚为移民国家，受英美文化影响大，移民历史短暂，华人与中国有血缘和文化联系，欧洲或其他地区的移民对古老的中国文化则怀有神秘感。澳大利亚人除了喜爱中国传统的北京、西安、上海、广州等热点城市外，对中国西南民族风情、西北丝绸之路，以及经尼泊尔入西藏等特殊旅游线路也情有独钟。

第三节　我国的国内旅游市场

一、国内旅游的发展过程

我国的国内旅游开始于1984年。这之前也有国内旅游存在，但是真正成为企业行为，引起大家的注意，并形成一种社会消费现象应该是从1984年在上海开始的。从开始到现在，国内旅游大致经历了四个阶段，即起步阶段、波动阶段、腾飞阶段和全面发展新阶段。

(一)起步阶段(1984—1988年)

1984年，上海西藏中路开设了旅游一条街，13家旅行社在此建立门市部，标志着中国国内旅游的真正开始。据统计，1984年国内旅游2亿人次，基数不大，人均花费也非常低，但发展势头很快。到1985年之后，国家旅游局才加大了对国内旅游的工作力度，设立了国内旅游司，召开了国内旅游工作座谈会，并专门组织了理论研讨会。

(二)波动时期(1989—1992年)

从1989—1992年，可以称作是一个波动时期。1989年国内政治经济形势的变动，使刚刚起步的国内旅游开始下滑，1991年、1992年开始恢复，恢复的速度还是比较快的。这个阶段的特点一是变动比较大，不是稳步发展；二是变数比较多，影响国内旅游形势的因素比较多;三是继续发展,虽然不稳定但是在继续发展。在这个阶段,打下了国内旅游真正发展的基础。

(三)腾飞阶段(1993—1997年)

在这一阶段的短短五年中,国内旅游人次从4.1亿增加到6.94亿;国内旅游收入从864亿元人民币增长到2 391亿元人民币,增加了277%;国内旅游人均花费从210元增长到344元,增长了63%。同时,在这一阶段国家也明确了国内旅游总体发展的方针,即培育市场、加强管理、提高质量、促进发展。

(四)全面发展的新阶段(从1999年开始)

1998年末召开的中央经济工作会议上明确提出把旅游作为国民经济新的增长点,这就给旅游业的发展在国民经济体系中定了位,引起了1999年各地对旅游业更高程度的重视,极大地推动了国内旅游市场的发展。1999年9月国务院又发布了新的休假规定,为国内旅游进入新阶段、迎接21世纪的大发展创造了条件。

二、国内旅游的总体特征

国内旅游不同于国际旅游,就目前来看还完全不是一个消费层次,总的来说,国内旅游具有规模大、覆盖广、多样化的特点。

(一)规模大

到1998年,国内旅游已达到6.94亿人次,总收入2 391亿元,占到整个旅游业总量的2/3,从而使旅游业整体在国民经济中的地位越来越高。1992年,旅游业在国民经济中的比重是1.75%,到1998年已经达到了4.32%,也就是说国民经济的1/25是旅游业,其中最主要的原因就是国内旅游发展所做的贡献。

(二)覆盖广

国际旅游的范围主要是一些热点地区,国际旅游者或海外旅游者主要流向重点风景区,能够形成规模性的流量。但是国内旅游不同,国内旅游者足迹遍及全国各地,形成一个覆盖广的态势。

（三）多样化

需求多样化已成为国内旅游的新趋势，单一的观光旅游产品已不能够满足消费者日益发展变化的需要。旅游者对综合观光旅游、休闲度假旅游、专项特种旅游的需求越来越强，这也促使国内旅游产品形成了一个比较完善的结构。

三、国内旅游市场的需求特点

（一）旅游需求普遍化

随着经济的发展，国民生活水平的提高，旅游的风气已经比较普遍，旅游作为一种生活要素进入了人们的日常生活。1998 年国内旅游人数达 6.94 亿人次，就是说 12 个人中有 7 个在 1998 年进行了一次旅游，而且这个统计并不全面，还没有将周末周边旅游统计进去。

（二）旅游方式组织化

就旅游方式来看，国内旅游的组织化程度在逐步提高。1993—1998 年，旅行社组织的国内游客占市场总量的比重，基本上每年增加一个百分点。1998 年，旅行社组织的国内城镇游客人数为 2 125 万，占城镇国内游客总数的 8.5%。组织化程度的提高对于旅行社的经营提供了越来越好的市场条件，但这是有极限的，一般发达国家团队游客与零散游客之比是 3:7。

（三）旅游流量相对集中

从旅游者的流量来看，现在表现的特点是相对集中，大体上一年四个高潮，这种相对集中是和目前的假期制度安排直接联系在一起的。每年春节、“五一”、暑期、“十一”形成四个旅游高潮，使旅游的流量非常集中。但是这四个高潮各有其特点：春节期间的高潮主要是远途旅游；“五一”期间的高潮主要是周边旅游；暑期期间的高潮流向比较分散；“十一”期间的高潮主要是中短途旅游。

(四)旅游流向多元化

从国内旅游者的流向来看,原来是非常集中的,大体上国际旅游的热点也是国内旅游的热点。后来逐步转化,使一部分国际旅游的温点转化为国内旅游的热点。比如中国的一些名山大川,就国际旅游来看基本上都是温点甚至是冷点,现在绝大部分都转化为国内旅游的热点。原来一些没有开发的地区现在国内旅游者的足迹也已经踏到了。这是因为旅游需求的多样化引发了流向的多元化,这种特点对于旅游开发的布局、对于网点的设置都有直接的指导意义。比如1999年的春节旅游,这一特点就非常突出。前几年春节,国内的旅游者主要是一南一北,南是海南,北指哈尔滨,基本上是集中在这两个地方,但是这两年在逐步变化,西安春节期间也变成了旅游热点。现在旅游者的总体流向的多元化发展比较普遍。这反映了一种趋势:规模的扩大化和需求的多样化带来了流向的多元化。

(五)旅游花费逐年攀升

国内旅游的消费化发展是消费时代的必然结果。从花费额来看,国内旅游花费的总体水平在大幅度的攀升。1994年,国内旅游者平均花费195.3元人民币,到1998年升至344元人民币,总体人均增长率为76.4%,其中,城镇增长46.4%,农村增长355.6%。由于调查的样本中包括了部分一日游和城市周边游,因此,目前人均花费344人民币元的水平是偏低的。如果就中远程旅游来看,花费水平已经相当高了,有一些花费水平不亚于海外旅游团。所以现在有些旅行社不愿做港澳团,而都愿意做广东团,尤其是广东团里的豪华档。这反映了随着总体生活水平的提高,市场的容量越来越大,花费水平大幅度攀升的趋势还会发展下去。

四、国内旅游市场存在的问题

就总体来看,国内旅游市场的发育是比较健康的,但还存在一

些问题,现存的主要问题有三个方面:

首先是供求协调的问题。目前国内旅游供求关系大体平衡,而且市场的需求量还会持续增长,旅游供给也会持续增长,但供过于求的态势会在几年之内形成。怎样通过宏观调控,尽量做到平衡发展,这是政府需要研究的问题;在供求关系不断变化的过程中,寻找到商业机会,这是企业要面对的问题。

其次是产品创新问题。随着我国旅游者的成熟,眼界的开阔,国内旅游的需求层次和需求水平在几年内就会上升到一个非常高的层次,这就意味着一批旅游产品将面临着被淘汰的命运。所以现在的任务就是要努力出新品、出精品,使国内旅游的开发程度逼近国际水平。从旅行社的角度来说,存在一个产品的设计组合水平问题,应该设计组合一批精品线路,这样才能适应市场的需求。

最后是市场开发问题。现在发展国内旅游的指导方针、政策、管理体制和供给能力都已基本解决或正在解决,因此,深入研究市场,加大市场开发、市场促销力度是进一步发展国内旅游的关键。只有强化市场观念,遵从市场导向,研究市场规律,大力开发市场,才能真正把握市场竞争的主动权。

第四节 我国的出境旅游市场

一、出境旅游市场的形成

中国公民自费出境旅游,是改革和对外开放的产物。1983 年 11 月,作为试点,广东省率先开放本省居民赴中国香港地区旅游探亲。1984 年,国务院批准开放内地居民赴港澳地区探亲旅游。从此拉开了中国公民出境旅游的序幕。随着中国港澳地区与内地关系的日益密切,赴港澳地区旅游的内地居民也不断增多。1996年内地居民赴香港旅游人数达每月近30 000人,平均每天900人的规模。港澳游的发展为内地居民自费出境旅游奠定了基础。

1990年10月,国家旅游局发布实施《关于我国公民赴东南亚三国旅游的暂行管理办法》,规定由海外亲友付费、担保,允许我国公民赴新加坡、马来西亚、泰国探亲旅游。1992年又增加批准菲律宾为探亲旅游的目的地,并批准9家旅行社为特许经营出国旅游业务组团社。1997年3月,经国务院批复,国家旅游局、公安部联合发布了《中国公民自费出国旅游管理暂行办法》,同年7月起正式实施。

该《暂行办法》的出台,标志着国家正式开办中国公民自费出国旅游,使中国旅游业市场体系更加完整和成熟,实现了由入境旅游单点支撑向入境旅游、国内旅游和出境旅游相互融合、互补互促局面的转化,中国旅游市场的规模不断扩大。由此,确立了中国旅行社业经营业务的基本格局,入境旅游、国内旅游、出境旅游成为旅行社经营业务的三大部分。

二、出境旅游市场的构成

中国公民的出境旅游市场由三个部分构成,即边境游、中国港澳地区游和出国游。1999年,我国出境旅游总人数达到923.24万人次,比上年增长9.58%。其中,因公出境人数为496.63万人次,比上年下降5.14%,占出境总人数的53.79%;因私出境人数为426.61万人次,比上年上升33.72%,占出境总人数的46.21%。我国正在成为世界新的旅游客源国,并受到全世界瞩目。如表5-1所示。

表 5-1　　1992—1999 年中国公民出境情况

年份	出境总人数(万人次)	增长率(%)	因私出境人数(万人次)	增长率(%)	旅行社组织人数(万人次)	增长率(%)
1992	292.87		119.30		86.00	
1993	374.00	27.7	146.62	22.9	72.36	15.9
1994	373.00	0.2	164.23	12.0	109.84	51.8
1995	452.05	21.1	205.39	17.9	125.99	14.7
1996	506.07	12.0	241.39	17.5	164.00	30.2
1997	532.39	5.2	243.96	1.1	143.07	12.8
1998	842.56	58.3	319.02	30.77	181.09	26.6
1999	923.24	9.58	426.61	33.72		

资料来源:《中国旅游统计年鉴》

(一)边境游

边境旅游是中国公民出境旅游的一个主要形式和重要组成部分。从 1987 年中国首先开放了辽宁丹东—朝鲜新义洲一日游,十多年来,边境旅游得到了迅速发展,先后开放了中朝、中俄、中蒙、中哈、中越、中缅、中老等边境口岸和边境旅游线路。随着边境口岸的开通,大批旅游者出入口岸地区购物、观光,使得这些地区的旅游业迅速升温。

目前,国家正式开放的边境旅游口岸近 40 个,边境旅游线路从一日游到八日游近百条。经营边境旅游的旅行社分为两类:一是边境口岸地区的旅行社,规模小,起步晚,但发展很快,专营边境旅游业务;二是边疆省、区省会城市的旅行社,成立时间较早,以招徕、接待海外入境旅游为主要业务,具有一定的规模,20 世纪 90 年代后,边境旅游也成为其主要经营业务之一。

从边境旅游人数来看,云南、广西、黑龙江、辽宁、内蒙古是边境旅游的主要省份。边境旅游发展到现在,旅游线路也有较大突破,有的已延伸到对方国家首都,某种程度上已成为出国旅游。如中越边境游可到河内,乃至胡志明市;中朝边境游可到板门店,中俄边境游有的已到莫斯科,中缅边境游已到仰光。除中俄边境游外,其他边境游基本上是中国旅游者到对方国家的单向客流。边境游的基本类型有:商贸旅游、观光旅游、购物旅游等几种。

(二)港澳游

从目前的情况来看,港澳游在经营上仍具有很高的垄断性。多年以来,只有中旅集团及广东海外旅游总公司、福建海外旅游公司、福建省中国国际旅行社及福建省旅游公司少数几家旅行社可以经营此项业务。1998年又扩大到国旅系统。对这项业务,旅行社有较高积极性,但因专程游港澳成本费用太高,所以游客往往是去东南亚,顺便游港澳。现在,港澳游在很大程度上支撑着香港的旅游业。

从旅游目的看,除大批的招商、促销、展览、会议等商务和公务旅游外,内地居民赴港澳游的主要目的是探亲、观光与购物。

(三)出国游

目前国务院已批准为中国公民自费出国旅游目的地的国家,已经实施的有12个:新加坡、马来西亚、泰国、菲律宾、日本(北京、上海、广东试办)、韩国、澳大利亚(北京、上海、广东试办)、新西兰(北京、上海、广东试办)、越南、缅甸、柬埔寨和文莱。已经国务院批准,目前尚未实施的目的地国家共有2个:老挝和尼泊尔。就现在中国人普遍的消费能力和消费水平来看,出国游不像国内旅游,国内旅游市场空间要大得多,而出国游市场则相对有限。1998年旅行社组织的出境总数是181万人次,其中出国游只有60万人次,边境游和港澳游依然是中国公民出境旅游的多数,但是,这两个领域均有其特殊性,而且有的特殊性会随时间的推移而变化。因此,从长远来看,出境旅游市场的主体还是出国旅游。

三、出境旅游市场的需求特点

(一)出境方式多样

中国公民出境的主要方式有乘坐轮船、飞机、汽车以及徒步等几种。在各种出境方式中,通过乘坐火车前往目的地的主要有俄罗斯、朝鲜等国家和中国香港地区;通过公路和徒步前往的目的地主要是俄罗斯、朝鲜、越南、缅甸、中亚国家、周边国家和中国港澳地区;去新加坡、马来西亚、泰国、菲律宾、澳大利亚、日本、韩国等目的地国家的旅游者基本上是乘坐飞机。

(二)旅游目的地分布广泛

1998年旅行社组织中国公民自费出境旅游中前往人数最多的十个(第一站)目的地依次为:中国香港、中国澳门、泰国、缅甸、越南、新加坡、马来西亚、俄罗斯、朝鲜、菲律宾。出境游还是以近距离为主。根据统计,1998年出境旅游者前往亚洲国家和地区的有710.83万人次,占总额的84.37%;前往欧洲的有76.99万人次,占9.14%;美洲39.66万人次,占4.71%;大洋洲10.66万人次,占1.27%;非洲4.01万人次,占0.48%。所去的国家和地区中,频率排名前三位分别是:东南亚、欧洲各国和美国。出境目的主要集中在公务、自费旅游和商务考察三方面。

如果有机会出境旅游,约占1/4的人将西欧各国作为最想去的旅游地,其次为美国,随后是澳大利亚、新西兰和东南亚。尽管目前欧美国家尚未正式开放成为中国公民出境旅游的目的地,但这些国家的入境人数中,中国旅游者的数量和停留时间逐年递增。

(三)主要客源地相对集中

出境旅游客源在空间分布上,大多集中在与周边国家和地区相接壤的省区和北京、广州、上海等大城市,表现出较强的地域集中性。根据统计,广东一直是出境游的客源大省,占出境游总人数的三成左右;其他依次为北京、上海、福建和浙江。在边境游方面,以云南、黑龙江、广西、内蒙古、辽宁等省、自治区最多。

(四)消费方面市场发育初期的特征表现明显

中国公民出境旅游在消费方面表现出明显的市场发育初期的特征。首先是花费高。由于中国人一般出国机会少,一个人出国代表的往往是一个家族甚至一个朋友圈的购买能力,中国赴澳大利亚旅游团的平均花费是3 000美元,而欧美团队到澳大利亚的平均花费不超过1 000美元,具有相当大的差别。其次是游程长。这与世界旅游消费潮流的“短频快”恰恰相反。在世界范围内,像中国人出国旅游的长天数已不多见了。第三是观光型旅游。中国出国还谈不上度假或是特种旅游,还是以观光旅游为主。

当然,近几年有的出境旅游者的花费开始降下来了,而且,球迷团、乐迷团等特种旅游开始发展,度假旅游也已产生,上述特点正在发生变化,很可能在不长的时间内就会形成需求多元化的局面。

思考题:

1. 简述国际旅游消费的特点。
2. 分析世界旅游市场需求发展的趋势。
3. 简要说明入境旅游市场需求的总体特征。
4. 我国入境旅游的主要客源市场有哪些?
5. 简述我国国内旅游发展过程。
6. 分析我国国内旅游市场的需求特点。
7. 我国出境旅游市场是如何形成的?
8. 简要说明我国出境旅游市场的构成。

第六章 旅行社市场营销

旅游产品的生产与消费不可分割、不可储存、需求弹性大、季节性强等特性,使得旅游业比其他行业更注重产品的营销。旅行社企业的利润主要来源于旅游产品的批零差价和销售佣金,因此,旅行社市场营销的策略和管理,直接关系着旅行社企业的生存和发展。本章所介绍的四个策略:产品(product)策略、价格(price)策略、促销(promotion)策略和渠道(place)策略是营销组合(marketing mix)的四个要素,统称为4P。作为营销管理决策的核心,旅行社的营销管理者可以运用这四要素的组合,来适应市场的变化,满足消费者的需求,并实现自己的营销目标。

第一节 旅行社的产品策略

旅游产品是旅行社企业一切经营活动的核心,没有产品,旅行社的经营管理便无从谈起。旅行社在确定旅游市场营销组合策略时,首先面临的问题是提供什么样的旅游产品来满足旅游市场的需求。正确的产品决策是旅行社生存和发展的关键所在,是市场营销组合其他决策实施的基础。

一、旅行社产品的形态

一般来讲,凡是向旅游者提供的,可以满足旅游者某种需求的任何要素或要素的组合,都可以称之为旅游产品。旅行社的产品就是旅行社为满足旅游者的需要而向旅游者提供的各种要素或要素的组合。旅行社提供的产品可以分为两类:一类是代理销售或预定单个旅游服务供应商的产品,如客房、机票、车船票、旅游景点门票;另一类是将各个单项要素(住宿、交通、景点等)组合起来,添加经营者自身提供的服务和附加价值(咨询、导游、导购、价格保障、方便、高标准的声誉和安全感等),并赋予它品牌,形成整体的旅游产品。从某种意义上说,后者才是旅行社真正生产的产品,在市场上表现为包价旅游产品。

(一)单项旅游产品

单项旅游产品是旅行社根据旅游者的具体要求而提供的各种有偿服务,又称之为委托代办业务。旅游者可采取当地委托、联程委托和国际委托等不同的方式交给旅行社办理。旅行社单项旅游产品的服务对象主要是旅游散客,包价旅游团中个别旅游者的特殊要求一般也视作单项服务。

近年来,全球性散客旅游市场迅速发展,其比重已达80%左右。在中国部分旅游城市如北京、上海、广州的来华散客旅游者占旅游者总数的比例也已高达60%。因此,委托代办业务日趋重要,许多旅行社都成立了散客部或综合业务部,专门办理单项服务。1987年还出现了全国第一家专门经营单项服务产品的旅行社——广东粤星国际旅游公司。

旅游者需求的多样性决定了旅行社单项服务内容的广泛性,其中常规性的服务项目主要包括:①导游服务;②交通集散地接送服务;③代办交通票据和文娱票据;④代订饭店客房;⑤代客联系参观游览项目;⑥代办签证;⑦代办旅游保险。

其中代办旅游保险业务在我国起步较晚,经国家旅游局与中国人民保险公司商定,从1990年起才开始对来华旅游者在华旅游期间统一实行旅游意外保险。保险的责任范围包括:①人身伤亡引起的赔偿;②因意外事故在华急病所支出的医药费;③死亡后必须在中国境内处理或遣返遗体所需要的费用;④旅游者所携带行李物品丢失、损坏或被盗；⑤第三者责任引起的赔偿。

旅游保险有利于保护旅行社和旅游者的合法权益，有利于旅行社减少因灾害事故造成的损失，而且旅行社还可以通过代办保险而从保险公司获得一定数额的服务费。目前世界旅游发达国家和地区的旅游保险已经极为发达，而且名目繁多，如国际旅游汽车保险、旅游天气保险等等。

（二）包价旅游产品

1993年，欧盟制定了《包价旅游指导方案》供欧盟各国实施，该方案对包价旅游产品的定义表述如下：包价旅游（Inclusive Tour）是事先安排好的下列两个以上项目的组合，它们以统包价格出售或供出售，且服务时间在24小时以上，或者包括过夜住宿，这些项目包括：交通、住宿、其他不属于交通和住宿但在包价中占较大比例的旅游服务。

更为具体的表述，是维克多·密德尔敦在《旅游营销学》中所下的定义：包价旅游产品是由交通、住宿、餐饮、目的地景点及其他设施和服务（例如旅游保险）中两个或两个以上的要素组成的有质量控制并可反复供应的标准化产品。包价旅游产品均以统包的公布价格面向一般公众进行营销，在印刷品或其他媒介中加以描述，向潜在的顾客出售，其中各产品要素的成本已无法加以分辨。这一定义包含经销标准化包价产品的各类旅游经营商和生产组织，即不仅旅行社经营包价旅游产品，一些住宿及交通组织也开始提供包价旅游产品，其产品包括航空包价旅游、汽车旅游、短期假日旅游、周末旅游，以及各种各样活动的包价旅游及海上游船旅游等。

根据包价旅游的对象和包价方式的不同，包价旅游产品可以分为以下几种类型：

1.团体包价旅游。团体包价旅游（Group Inclusive Tour）包括两层含义：其一是团体，及参加旅游的旅游者一般由10人或更多的人们组成一个旅游团；其二是包价，即参加旅游团的旅游者采取一次性预付旅费的方式将各种相关旅游服务全部委托一家旅行社办理。

团体包价旅游预定周期较长,相对易于操作,而且批量操作可以提高工作效率,获得较高的批量折扣,降低经营成本。

旅游者参加包价旅游可获得较优惠的价格,预知旅游费用,一次性购买便可获得全部旅游安排和导游全陪服务,简便、安全。但是,包价旅游同时也意味着旅游者时常不得不放弃自己的个性而适应团体的共性。

2.散客包价旅游。散客包价旅游的对象是散客,这里的散客并非我们通常所说的零散旅游者,而是指10人以下的旅游团体,其他内容与团体包价旅游并无两样。

3.半包价旅游。半包价旅游是指在全包价中扣除中、晚餐费用的一种包价形式,其目的在于降低产品的直观价格,提高产品的竞争能力,同时也是为了更好地满足旅游者在用餐方面的不同要求。团体包价旅游和散客包价旅游均可采取半包价旅游的形式。

4.小包价旅游。小包价旅游(Mini-Package Tour)又称为可选择旅游(Optional Tour),它由非选择部分和可选择部分构成。非选择部分包括接送、住房和早餐,旅游费用由旅游者在旅游前预付;可选择部分包括导游、风味餐、节目欣赏和参观游览等,旅游者可以根据时间、兴趣和经济情况自由选择,费用既可预付,也可现付。

小包价旅游更为经济实惠、机动灵活,最早由香港和海外的旅行商建议,由于其独特的优势而逐步普及全国。小包价旅游每批旅游者一般在10人以下。

5.零包价旅游。零包价旅游(Zero Package Tour)是一种灵活包价的产品形态,也称之为“团体进出,分散接待”,多见于旅游发达国家。参加这种旅游的旅游者必须随团前往和离开旅游目的地,但在旅游目的地的活动是完全自由的,形同散客。参加零包价旅游的旅游者可以获得团体机票价格的优惠，并可由旅行社统一代办旅游签证。

6.组合旅游。组合旅游(Joint Tour)则是另一种灵活包价的产品形态，也称之为“分散进出，团体接待”。旅游者分别从不同的地方来到旅游目的地，然后由事先确定的目的地旅行社将他们集中起来组团旅游。这种产品有利于把海外旅行商招徕的不够成团的零星旅客汇集起来而不至于浪费掉。海外旅行商即使只送一个旅客，接待社也按团体等级收费，按预定日程接待，所以，又称这一产品为“铁定出发”(Fixed Departure)。

二、旅行社新产品的开发与设计

旅行社新产品的开发设计，主要是针对包价旅游产品而言的。包价旅游产品是旅游产品中单个要素的有选择的组合，是以特定产品名称或品牌进行营销并以统包价格出售的产品。它的开发和设计，是旅行社开拓市场、增强竞争能力的一个重要手段。

(一)旅游新产品的类型

旅行社开发的新产品主要有以下三种类型：

1.全新型产品。全新型产品是指旅行社根据市场的发展和旅游者需求的变化，开辟的新旅游线路。开发全新型产品往往会在短期内取得独占该产品市场的优势，为旅行社获取丰厚的利润。然而，开发全新型产品所需人力、物力、财力和时间耗费大，如果该产品在投放市场后不能立即被广大的旅游者认可和购买，则会丧失赢利的机会，甚至可能会亏本。此外，其他旅行社也会很快仿制出同类产品，形成竞争，影响新产品开发投资的回收。

2.改良型产品。改良型产品是指旅行社对其原有产品作部分调整或改造，冠以新名称后，重新投放市场的产品。原有产品经过改良后，变成新的产品，增强了吸引力，能够招徕更多的旅游者。改良产品还能够节省时间，使产品能够尽早投放市场。此外，由于改良型产品只是在原有产品的基础上进行调整和改造,所以在线路考察、通讯联络等产品开发费用方面低于全新型产品,从而降低了产品开发的成本。改良型产品的缺点在于难以像全新型产品那样使开发这种产品的旅行社在短期内独占该产品市场并获取丰厚的利润。

3.仿制型产品。对于多数中小型旅行社来说,经常性地开发新产品往往在财力和人力方面成为一个沉重的负担。基于这种现实,它们可以采取仿制其他旅行社已经投放市场的新产品的办法来开发自己的新产品。这种做法的优点是:投资少,见效快,省时省力。其缺点是:采用这种方法的旅行社总是步其他旅行社之后尘,难以创造出本旅行社的特色形象。

(二)旅游产品设计的原则

全新型旅游产品和改良型旅游产品在设计或改良时,应该遵循以下原则:

1.市场导向原则。旅行社产品开发的目的在于通过产品销售获得经济利益。如果旅行社的产品不能满足旅游者的需要,产品就没有销路,旅行社也就无利可图。市场导向原则就是要求旅行社在开发新产品前,对目标市场进行充分的调抽研究,预测目标市场需求的趋势和需求的数量,分析旅游者的旅游动机、旅游期望和成本(费用、时间、距离)期望。只有这样,才能针对不同目标市场旅游者的需求,设计出适销对路的产品,最大限度地满足旅游者的需求,提高产品的使用价值。市场原则具体体现在以下三个方面:

(1)根据市场需求变化的状况开发产品;

(2)根据旅游者或中间商的要求开发产品;

(3)创造性地引导旅游消费。

2.经济性原则。所谓经济性,是指以相对低的成本,获得相对高的效益。旅行社产品同其他产品一样,也有各种成本支出,如交通费、住宿费和餐饮费等。这就要求旅行社在产品设计过程中,加强成本控制。例如,通过充分发挥协作网络的作用,降低采购价格,这样既可以降低旅行社产品的直观价格,便于产品销售,又能保证旅行社的最大利润。

3.旅游点布局合理的原则。旅行社在设计旅游线路时,应慎重选择构成旅游线路的各个旅游点,并对之进行科学的优化组合。具体地讲,在旅游线路设计过程中应注意以下几点:

(1)尽量避免重复经过同一旅游点。在条件许可的情况下,一条旅游线路应竭力避免重复经过同一旅游点,避免走回头路,因为根据满足效应递减规律,重复会影响一般旅游者的满足程度。

(2)点间距离适中。同一旅游线路各旅游点间的距离不宜太远,以免造成大量时间和金钱耗费在旅途中。一般说来,旅游点间交通耗费的时间应控制在全部旅程时间的1/3以内。

(3)择点适量。短期廉价是大众旅游者的追求目标。旅游者的旅游时间一般在一周至两周之间,在时间一定的情况下,过多地安排旅游点,容易使旅游者紧张疲劳,达不到休息和娱乐的目的,也难以让旅游者深入细致地了解旅游目的地。因此在旅游点数量的选择上,应该考虑旅游者可能出游的时间长度,旅游点之间的空间距离以及交通状况。

(4)顺序科学。在交通安排合理的前提下,还要充分考虑旅游者的心理和体力、精力状况,科学地安排线路上旅游点的顺序。例如,同一线路旅游点的游览顺序应由一般的旅游点逐步过渡到吸引力较大的旅游点,这样可以使旅游者感到高潮迭起,而非每况愈下;主要购物地安排在最末一站,这样有利于旅游者大量采购各种物品,而没有携带不便的困难。

4.交通安排合理的原则。交通工具的选择应以迅速、舒适、安全、方便、经济为基本标准。在具体安排上:长途一般应乘坐飞机;交通工具的选择应与旅程的主题相结合;要保证交通安排的衔接,减少候车(机、船)的时间。

5. 服务设施确有保障的原则。旅游线路途经旅游点的各种服务设施必须得到保障,如交通、住宿、饮食等。这是旅行社向旅游者提供旅游服务的物质保证,缺少这种保证的旅游点一般不应考虑编入旅游线路。

6. 内容丰富多彩的原则。旅游线路一般应突出某个主题,并且要针对不同性质的旅游团确定不同的主题,如“丝路之旅”、“红色之旅”等,都有自己鲜明的主题。同时,旅行社还应围绕主题安排丰富多彩的旅游项目,让旅游者通过各种活动,从不同的侧面了解旅游目的地的文化和生活,满足旅游者休息、娱乐和求知的欲望。在同一线路的旅游活动中,力求形成一个高潮,加深旅游者的印象,达到宣传自己、吸引游客的目的。

(三)旅游新产品的开发过程

一个新的旅游项目从规划到推出需要相当长的时间,策划至少在第一批顾客开始旅行前的18个月就已经开始,有时候这个过程长达两年。新产品的开发过程如图6-1所示。

1. 市场调研。旅行社进行新产品开发的第一步,就是进行市场调研,调查的内容主要包括:旅游者需求的变化趋势;旅游目的地的政治稳定情况;旅游目的地的可进入性;该国(地区)的交通部门和旅游部门为开发某一旅游目的地所提供的支持;本国与目的国之间的关系等等。根据旅游目的地目前吸引的人数、近年旅游者的增长速度、参与竞争的企业所占的市场份额等因素,预测这些旅游目的地可能出现的需求情况。

2. 新产品构思。一个地区在一定的时期内,旅游资源、旅游交通、旅游服务设施和其他客观条件是相对稳定的,关键就在于旅行社如何根据市场需求,分析影响产品未来发展的经济因素,经过科学、精密的分析和巧妙的构思,设计出既吸引旅游者又有较好经济效益的旅游产品。

(1) 构思的来源。方案是产品的雏形,方案的形成源于众多

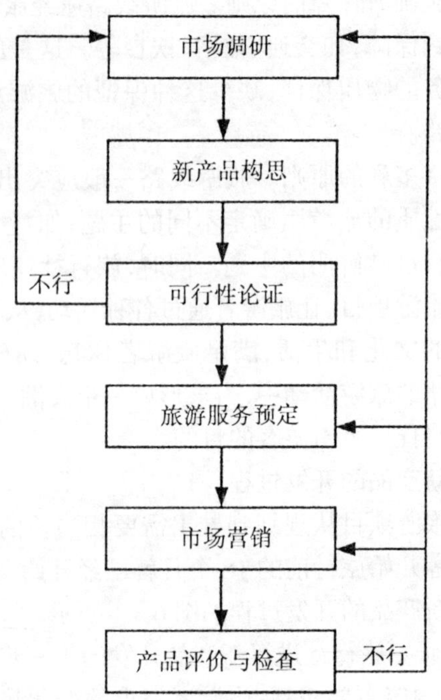

图 6-1　旅行社新产品的开发过程

具有创造性的产品构思。只有充分的创造性构思,才能从中发掘出具有竞争力的产品设计方案。旅游新产品的构思来源是多方面的:① 旅游者需求调研;② 中间商信息反馈和建议;③ 企业营销人员及其他人员的建议;④ 市场竞争对手产品的启发;⑤ 科技工作者研究成果的启发;⑥ 行业顾问、管理顾问、广告公司的意见等。

通过以上途径获得的大量的构思并非都是可行的,必须经过专业技术人员的筛选和可行性论证,剔除那些与旅行社的发展目标、业务专长和接待能力等明显不符或不具备可行性的构思,缩小有效构思的的范围。

(2)构思的评价。进一步的筛选和评议工作则应更具科学性,通常利用产品构思评价表,对初步筛选出的每个构思进行等级评定,并根据等级系数的高低确定可行性论证的顺序。如表 6－1 所示。

表 6－1 旅行社产品构思评价表

影响因素	重要性系数	评价等级					得分
		5	4	3	2	1	
销售前景	0.25		√				1.00
营利能力	0.25			√			0.75
竞争能力	0.20				√		0.40
开发能力	0.20		√				0.80
资源保障	0.10		√				0.40
总计	1.00						3.35

$$等级系数=\frac{得分总和}{评价等级数量}=\frac{3.35}{5}=0.67$$

从构思到方案拟定的论证过程中,旅行社应主要考虑以下问题:

产品方面。新产品是否符合企业的发展规划和企业的目标,包括利润目标、销售目标、产品组合目标,以及新产品的成本。

市场方面。包括产品的销售范围和目标市场,潜在旅游者的数量和旅游者的实际购买能力,产品占领市场的难易程度,旅游者对新产品的要求和希望,季节变动对销售的影响,与现有产品的关系,产品的销售渠道等。

竞争方面。包括生产和销售类似产品的竞争者的数量，各竞争对手的销售数量、产品系列、产品的特点及差异程度，各竞争对手采用的竞争策略、手段及其变化情况，竞争对手的市场占有率和价格差，潜在竞争对手加入该种新产品市场的可能性等。

价格方面。包括竞争产品价格变动情况，目标市场旅游者价格方面的期望和承受能力，产品的价格弹性，目的地价格水平，货币汇率等。

企业能力方面。包括企业人力资源配备情况，财力、物力的保证程度，企业营销新产品的能力，企业是否有足够的资金发展新产品等。

3. 可行性论证。在对众多的产品构思方案进行初步的筛选后，还要对筛选结果进行进一步的可行性研究和分析，以确定最优方案。

(1) 定性分析。从定性分析的角度来看，旅行社在方案的选择中应考虑以下标准：①有利于（至少无害于）当地社会、经济的发展；② 有利于占有市场，增加销售量；③ 有利于提高旅行社的竞争能力；④ 有利于刺激中间商或代理人的销售积极性。

(2) 定量分析。从定量分析的角度来看，方案选择的核心是准确计算各种方案所需成本和将要达到的利润额。对此，可以采用数学分析方法，如最大的最小值法、最大的最大值法、乐观系数法、最小的最大后悔值法、贝叶斯法、决策树法、马尔柯夫决策法和模拟决策法等，其中几种常见方法的实际应用如下例所示。

例如，某旅行社拟定开发某旅游线路，但由于资料原因，该社对该线路的需求量只能大致估计为高、中、低和很低四种情况，而每种情况出现的概率也无法预测。为开发此线路，该旅行社设计出 4 种方案，计划经营 3 年。根据计算，各方案的损益额如表 6－2 所示。

表 6-2　　产品设计方案损益分析对比表

	1	2	3	4
高	600	800	350	400
中	400	350	220	250
低	0	-100	50	90
很低	-150	-300	0	50

方案 3 的收益值相对四种自然状态来说皆小于方案 4,故首先舍弃。

第一,根据等概率法计算的各方案损益状况。等概率法即假定每种市场需求状况发生的概率是相同的。由此可得:

方案 1=1/4×(600+400+0-150)=212.5

方案 2=1/4×(800+350-100-300)=187.5

方案 4=1/4×(400+250+50)=197.5

方案 1 最优。

第二,根据最大的最小值法计算的各方案损益状况。根据最大的最小值法,人们首先确定各个方案在不同市场需求状况下的最小收益值,然后在最小收益值中选择收益值最大的方案作为最优方案。由此可得:

方案 1=-150

方案 2=-300

方案 4=50

方案 4 最优。

第三,根据最大的最大值法计算的方案损益状况。根据最大的最大值法,人们首先确定各个方案在不同市场需求状况下的最大收益值,然后在最大收益值中选择收益值最大的方案作为最优方案。由此可得:

方案 1 = 600

方案 2 = 800

方案 4 = 400

方案 2 最优。

第四，根据乐观系数法计算的方案损益状况。在②③中，决策者根据自己对未来的判断进行决策，但缺少程度表示。设乐观系数为 $\alpha(0\leqslant\alpha\leqslant1)$，则 $1-\alpha$ 为悲观系数。当 $\alpha=0$ 时，决策者完全悲观，当 $\alpha=1$ 时，决策者完全乐观。

设 $\alpha=0.2$，则 $1-\alpha=0.8$，由此可得：

方案 1 = $0.2\times600+0.8\times(-150)=0$

方案 2 = $0.2\times800+0.8\times(-300)=-80$

方案 4 = $0.2\times400+0.8\times50=120$

方案 4 最优。

其他方法因运算比较复杂，在此不再一一介绍。由以上举例可以看出，每种方法都有其特定的适应性，旅行社专业技术人员应有选择地或综合地运用各种方法，力求分析结论的准确性和决策的科学性。

如果通过可行性论证没有选出可行的方案，则应该考虑重新进行市场调研，寻找新的思路。

4. 旅游服务的预定。产品设计方案确定后，旅行社即可与航空公司、饭店、旅游景点、接待旅行社等有关部门或行业进行谈判，达成预定旅游服务的合同，合同的内容包括预定的时间、数量、价格、要求（例如对客房设施、餐饮条件、安全警报条件等方面的要求）、支付手段以及取消合同双方应承担的赔偿数额等。

5. 市场营销。与饭店、航空公司、旅游景点、接待旅行社等部门的合同签订完毕后，就可以制定旅游产品的价格，印刷、分发旅游手册，并开始初期促销活动，包括上市销售。在将产品正式投放市场时应充分考虑目标市场选择、销售渠道策略、促销策略和价格策略等因素,对此我们将在后面设专题讨论。

6. 检查与评价。首批旅游团的出发并非是旅游产品设计过程的终结,旅行社还应对产品进行定期的检查与评价,对产品进行必要的修订和改进,并广泛搜集各种反馈信息,为进一步开发产品提供依据。

产品的检查除在发展趋势、销售市场、竞争态势、价格和内部条件几个方面进行外,还应着重就产品收益情况进行分析,包括损益平衡分析和价格分析。损益平衡分析是通过产品销售量、销售收入和成本几个变量的比较分析,明确旅行社的盈亏状况,如图6-2所示。价格分析则主要是根据产品质量和产品需求的价格弹性等因素对产品的价格水平进行衡量。如果销售价格偏高,则往往会失去大量客源,使产品滞销;如果价格偏低,则会影响旅行社的盈利水平。

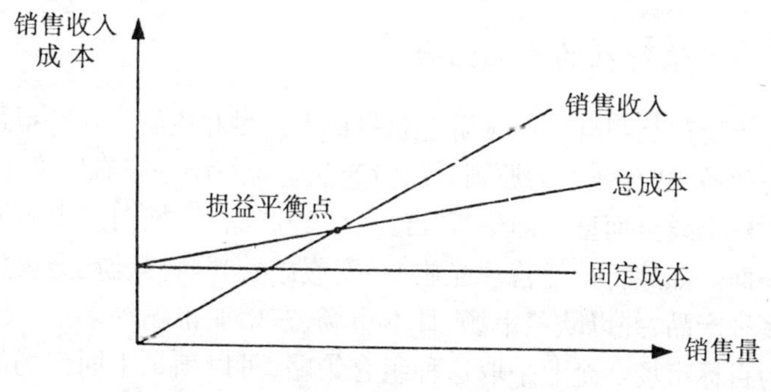

图 6-2 旅行社产品的损益平衡分析

在以上分析的基础上,旅行社可将产品的主要检查结果填入表中,并找出存在的问题和解决的措施,如表 6-3 所示。

表6-3 旅行社产品评价表

分析项目	分析结果			问题	措施
	现状	预测	评分		
1. 竞争能力					
竞争性强弱					
价格					
成本					
质量					
服务					
信誉					
2. 销售增长率					
3. 市场占有率					
4. 获利能力					
5. 经营实力					
6. 综合评价					

三、旅行社的产品组合

旅游产品组合应以旅游者获得最大满足和旅游企业获得最佳经济效益、社会效益为原则。旅游产品组合策略一般有以下几种:

1.全线全面型。即旅行社经营多种产品线,推向多个不同的市场面。如旅行社经营观光旅游、度假旅游、购物旅游、会议旅游等多种产品,并以欧美市场、日本市场、东南亚市场等多个旅游市场为目标市场。企业采取这种组合策略,可以满足不同市场的需要,有利于扩大市场份额,但经营成本较高,需企业具备较强的实力。同时,这种策略使企业很难在某个细分市场或某种产品上形成竞争优势。一般来说,旅行社在实际经营中采取这种策略的很少。

2.市场专业型。即向某一特定的市场提供其所需的产品。如旅行社专门为日本市场提供观光、修学、考古、购物等多种旅游产品，或者以青年市场为企业的目标市场，开发探险旅游、修学旅游、青年新婚旅游、女青年购物旅游等适合青年口味的产品。这种策略有利于企业集中力量对待定的一个目标市场进行调研，充分了解其各种需求，开发满足这些需求的多样化、多层次的旅游产品，从而对市场进行渗透。但由于目标市场单一，市场规模有限，企业产品的销售量也受到限制，所以在整个旅游市场中所占份额较少。同时，如果目标市场由于一系列企业不可控因素的影响而发生需求方面的变动，如目标市场国发生经济萧条，或政府限制本国居民外出旅游，都会使企业经营面临很大风险。

3.产品系列专业型。企业只经营一种类型的旅游产品来满足多个目标市场的同一类需要。如旅行社生产观光旅游产品推向欧美、日本、东南亚等市场。因为产品线单一，所以旅游企业经营成本较少，易于管理，可集中企业资源开发和不断完善某一种产品，进行产品的深度加工，树立鲜明的企业形象。但采取这种策略造成的企业产品类型单一，加大了旅游企业的经营风险。因此，旅游企业应特别重视其产品的改良和升级换代，尽量延长该产品的生命周期。

4.特殊产品专业型。针对不同目标市场的需求提供不同的旅游产品。如对欧美市场提供观光度假旅游产品，对日本市场提供修学旅游产品，对东南亚市场提供探亲访友旅游产品，或者经营探险旅游满足青年市场的需要，经营休养度假旅游满足老年市场的需要等。这种策略能使旅游企业有针对性地满足不同的目标市场，使产品适销对路，有利于旅游企业占领市场，扩大销售，减少风险。但企业采取此种策略需要进行周密的调查研究，投资较多，成本较高。

四、旅行社旅游服务的采购管理

旅行社产品是一种特殊的产品。在旅行社产品中,除了诸如导游服务等少数服务项目由旅行社直接提供外,其余的多数服务项目均购自其他部门或行业。旅行社将这些服务项目按照旅游市场的需要组合成各种各样的产品向旅游者推销。因此,旅游服务的采购是旅行社产品策略中的一项重要内容。

(一)旅游采购的原则

旅行社在其采购业务中,应遵循以下原则:

1. 保证供应。保证供应是旅行社在其采购业务中所必须遵循的首要原则。旅行社产品主要由购自其他部门或企业的旅游服务项目所构成。由于旅行社产品多数采用预售的方式,所以一旦旅行社不能从相关的部门或企业购买到已经预售出去的产品所包含的服务内容,就会造成无法履约的恶果,引起旅游者的不满和投诉,并给旅行社带来经济损失和声誉损害。例如,旅行社在旅游旺季时未能买到旅游计划上确定的飞机票,使旅游者无法按照原定的旅游计划前往旅游目的地,招致旅游者的不满和索赔。由此可以看出,如果旅行社的采购工作不得力,无法保证旅行社产品中所需旅游服务项目的供应,就会给旅行社的产品设计、产品销售、经营利润和在旅游市场上的声誉造成不良的影响,限制旅行社业务的开展和旅行社的生存与发展。因此,旅行社在旅游服务的采购工作中,必须坚持保证供应的原则,设法保证采购到已售出的产品中所包含的全部内容。

2. 保证质量。旅行社在采购各项旅游服务时,不仅要保证能够从数量上买到产品所需的旅游服务项目,还要保证其所购买的旅游服务全部都具备旅游合同中所规定的质量。如果旅行社只是关心其所购买旅游服务项目的数量,而忽视这些项目的质量,将同样会招致旅游者的不满和投诉。因此,旅行社在采购各种旅游服务项目时,必须认真选择合作伙伴,并通过合同来规范和约束合作伙伴的行为。

3. 降低成本。由于旅行社产品中主要成分是购自其他旅游服务部门或企业的旅游服务项目,所以购买这些旅游服务项目的价格构成了旅行社产品的主要成本。换句话说,旅行社经营的成败在很大程度上决定于旅行社所采购的各种旅游服务项目的价格。如果旅行社的采购工作得力,能够以低于其竞争对手付出的价格采购到旅游服务项目,那么它就能够在激烈的市场竞争中挫败竞争对手,获得较多的利润。因此,旅行社必须在保证旅游服务供应和确保旅游服务质量的前提下,尽量设法降低成本。

(二)旅游采购的策略

旅行社作为以营利为目的的旅游企业,要从维护本企业经济利益的立场出发,千方百计地维护自身的利益。因此,旅行社在其旅游服务采购活动中,应该根据具体情况,采用不同的采购策略,设法以最低的价格和最小的采购成本从其他旅游服务供应部门或企业那里获得所需的各种旅游服务。所以,旅行社的采购人员必须经常研究市场,分析旅游市场上的供需状况,了解市场上各种旅游服务的价格,采用各种切实可行的采购策略,以获得最大的经济效益。在旅行社采购中,可以采用包括集中采购、分散采购和建立采购协作网络三种策略。

1. 集中采购。集中采购是旅行社在采购中经常使用的一种采购策略。集中采购包括两个方面的含义:一是旅行社将其各个部门的采购活动集中于一个部门,统一对外采购;二是旅行社将其在一个时期(如一个星期、一个月、三个月、半年、一年)营业中所需的某种旅游服务集中起来,全部或大部分投向经过精心挑选的某一个或少数几个旅游服务供应部门或企业,以最大的购买量获得最优惠的价格和供应条件。

集中采购的主要目的是通过扩大采购批量,减少采购批次,从而降低采购价格和采购成本。集中采购策略主要适用于旅游温、冷点地区和旅游淡季。

2.分散采购。分散采购也是旅行社采购活动中经常使用的一种采购策略。分散采购主要适用于两种情况。一种是旅游市场上出现供过于求十分严重的现象。在这种情况下,旅行社可以采取近期分散采购的策略。所谓近期分散采购,是指旅行社在旅游团队或旅游者即将抵达本地时,利用旅游服务供应部门或企业无法在近期内通过其他渠道获得大量的购买者,而旅游服务又不能够加以贮存或转移,迫切需要将其大量空闲的旅游服务项目售出以获得急需的现金收入的处境,采取一团一购的方式,尽量将采购价格压低,以最小的代价获得所需的旅游服务供给。二是当旅游服务因旅游旺季的到来而出现供不应求的情况时,旅行社无法从一个或少数几个旅游服务供应部门或企业那里获得其所需的大量旅游服务供应。在这种形势下,旅行社应该采取分散采购的采购策略,设法从许多同类型旅游服务供应部门或企业获得所需的旅游服务。

3.建立采购协作网络。建立采购协作网络是旅行社在其采购活动中所能够采用的第三种策略。旅行社为了达到保证供应和降低采购价格及采购成本的目的,应该通过与其他旅游服务供应部门或企业的联系与协作,建立起广泛而又相对稳定的协作网络。旅行社在建立采购协作网络的过程中,必须坚持三个原则:第一,协作网络必须比较广泛,覆盖面比较广。当一个地区存在大量的旅游服务供应部门和企业时,旅行社应该根据自身的需要和经营实力,尽量同各种旅游服务供应部门和企业加强联系,设法获得它们的合作。这样,旅行社就能够获得比较理想的供应渠道,保证旅行社能够以比较合理的价格获得所需的旅游服务。第二,运用经济规律,在互利互惠的基础上长期合作。旅行社建立采购协作网络的目的,是发展同相关部门和企业的长期合作关系。因此,旅行社在与这些部门或企业的交往过程中,必须坚持互利互惠的原则,因为只有合作的双方都能够获得利益,这种合作关系才能够长期保持下去。旅行社在采购活动中,应该从长远利益着眼,不应急功近利,为图一时的利益而伤害对方的利益,也不应该乘人之危,利用对方的不利处境迫使对方牺牲过多的经济利益。第三,加强公关活动,建立良好的人际关系。旅行社的采购工作要靠本旅行社的采购人员与旅游服务供应部门或企业的销售人员及其他相关人员的通力合作才能够完成。因此,旅行社的有关部门领导和相关人员应该加强公关活动,设法与对方的相关领导和部门建立起良好的人际关系,使旅行社的采购协作网络能够不断加强和发展。

(三)旅游服务供需关系的调整

在旅行社的采购活动中,采购部门必须根据实际情况,及时调整旅游服务的供需关系,处理好同其他旅游服务供应部门或企业的协作关系。

1.调整保证供应和降低成本的关系。除了个别旅游目的地外,绝大多数地区的旅游市场都存在着比较明显的销售旺季和销售淡季。由于旅游市场的供需状况经常变化,旅行社同其他旅游服务供应部门或企业之间的关系也相应地不断变动。因此,旅行社必须根据旅游服务供应市场上出现的供需变化,及时调整其采购工作的重点。

在旅游旺季时,大量旅游者蜂拥而至,往往给某些旅游目的地的旅游服务供应造成巨大的压力,出现某些旅游服务(如客房、交通)一时性的短缺,并使相关的旅游服务供应市场暂时变成卖方市场。这时,旅行社采购的首要任务是保证其所需旅游服务的供给,而不是降低所采购的旅游服务项目的价格。在必要时,旅行社的采购部门应该不惜牺牲眼前的部分利润,以较高的价格获得其迫切需要的旅游服务项目,以便保证旅游合同的实施,让旅游者感到满意。

当旅游淡季到来后，旅游市场上供给紧张的状况得到缓和，旅游服务供应市场又变成了买方市场。这个时候，旅行社采购工作的重点就应该及时转移到以降低所采购的旅游服务价格和采购成本上来。旅行社可以利用旅游服务产品的不可转移性和不可贮存性的特点，利用其他旅游服务供应部门或企业营业收入下降，迫切需要客源的心理，在谈判中尽量压低价格，设法获得更多的优惠条件。旅行社通过淡季的采购，降低其全年的营业成本，弥补在旅游旺季时为确保旅游服务的供应而付出较高价格所蒙受的损失，从而增加旅行社的经营利润。

2. 调整预订与退订的关系。旅行社产品的销售是一种预约性的交易，旅行社一般在年底根据其计划采购量与旅游服务供应企业洽谈来年的业务合作事宜。计划采购量一般是由旅行社对来年的市场需求量进行确定的。而在旅行社实际经营中，旅游客源地的组团旅行社以各种原因和理由要求临时增加或临时取消旅游计划非常普遍，这样，一旦出现临时增加旅游计划或临时取消旅游计划时，旅行社就必须向有关的旅游服务供应部门或企业提出临时增订或退订旅游服务项目的要求。由于临时性的增订或退订往往会给提供这种服务的部门或企业带来一定的压力或经济损失，所以这些部门往往要求提高临时增订的旅游服务价格或收取一定比例的退订损失费用。为了尽量减少损失，旅行社应该设法通过友好协商，尽量使对方降低提价的幅度或减少退订损失费用。

（四）旅游服务采购的程序与方法

在旅游服务的采购过程中，旅行社的采购人员必须善于同各种旅游服务部门和企业打交道，根据市场的供求状况和相关部门或企业的有关规定，在保证旅游服务供给的前提下，设法为旅行社采购到价廉质优的各种旅游服务产品，以保障旅行社的正常经营能够顺利进行。因此，旅行社采购人员必须注重旅游服务采购程序和方法的研究。

1.交通服务采购。为旅客代订交通票据是旅行社的一项重要业务和收入来源之一。在国外,不少旅行社以代购交通票据,尤其是飞机票作为主要的经营业务。我国也有很多旅行社建立了票务中心,为旅客代订各种交通票据。旅游交通服务采购业务主要包括航空交通服务采购、铁路交通服务采购、公路交通服务采购和水运交通服务采购。

(1)航空交通服务采购。航空交通服务采购是指旅行社根据旅行社产品中旅游团队的旅行计划或散客旅游者的委托,为旅游者和旅游团队的领队及全程陪同代购旅游途中所需的飞机票。担任航空交通服务采购的旅行社采购人员必须具备有关航空交通服务的各方面的知识。这些知识包括有关航空公司使用的各种设施设备、提供的各种服务项目、各种机票价格、国家关于民航运输的有关法律和规定及航空公司的各种相关规定等。在此基础上,旅行社采购人员才能够开展航空交通服务的采购。

航空交通服务采购分为两种形式,即定期航班飞机票的采购和旅游包机的预订。

定期航班飞机票的采购业务包括飞机票的预订、购买、确认、退订与退购及补票与机票变更五项内容。

飞机票的预订。航空交通服务的采购始于飞机票的预订。旅行社采购人员在预订飞机票之前,必须了解乘坐飞机的旅游者和提供这种服务的航空公司两方面的信息,以便能够顺利地预订到旅游者所要求乘坐的飞机航班及相应的座位。旅游者方面的信息包括旅游者的姓名、年龄、性别、家庭住址、联系电话和身份证号码,同行人的人数,有无儿童随行,旅行目的地,乘机日期和具体时间,支付方式及其他特殊要求等等。航空公司方面的信息包括飞行设施设备、机票价格及其他服务信息。

飞机票的购买。旅行社采购人员在掌握了全部所需的信息后,便能够向有关的航空公司提出预订和购买飞机票的要求。预订时,旅行社采购人员将填好的“飞机票预订单”按照航空公司规定的日期送至航空公司的售票处。然后,采购人员按照航空公司规定的时间到航空公司的售票处购买飞机票。购票时,采购人员须持现金或支票及乘机人的有效身份证件或旅行社出具的带有乘机人护照号码或身份证号的乘机人名单。在取票时,采购人员应认真核对机票上的乘机人姓名、航班、起飞时间、票价金额、前往目的地等内容。

飞机票的确认。有些时候,旅游者已经事先自行购买了飞机票。对于这种旅游者,旅行社提供的服务则变成代旅游者确认飞机上的座位。

飞机票的退订与退购。旅行社采购人员在为旅游团队或旅游者预订或购买飞机票后,有时会遇到因旅游计划变更造成旅游团队的人数减少或旅游者(团队)取消旅行计划等情况。遇到此类情况时,采购人员应及时办理退订或退票手续,以减少损失。旅行社退订飞机票,一般按照旅行社事先同有关的航空公司达成的协议或口头谅解所规定的程序办理。旅行社退购飞机票,则应按照民航部门的规定办理。

补票与机票变更。旅游者有时因各种原因将飞机票不慎丢失,旅行社采购人员应协助旅游者挂失,然后凭机票遗失证明在飞机离开前一天下午到航空公司售票处取票并交纳补票费。如果旅行社在飞机票购买之后,因旅行计划变更而需要变更航班、日期、舱位等级时,采购人员必须在原指定的航班飞机离站前48小时提出变更申请。每张客票只能变更一次。

旅游包机是旅行社因无法满足旅游者乘坐正常航班抵达目的地的要求而采取的一种弥补措施。这种情况多发生在旅游旺季的旅游热点地区或正常航班较少的地区。另外,旅行社在接待过程中发生误机事故后也会采取包机的方式将旅游者尽快送达目的地。

当出现需要包机的情况时,旅行社采购人员应立即设法同旅游包机公司或其他航空运输公司联系,通报乘机的人数、日期、前往地点等情况,并询问租赁飞机的费用、所能提供的飞机机型、起飞和降落的地点等信息。一旦条件合适,采购人员应该立即向旅行社有关领导请示,经批准后向所选择的旅游包机公司或其他航空运输公司提出包机申请。当包机申请被接受后,采购人员应该立即同对方签订包机协议。

(2)铁路交通服务采购。火车是旅游者旅行时经常乘坐的另一种交通工具。目前我国多数国内旅游者及部分海外旅游者选择火车作为主要的城市间交通工具。旅行社采购铁路交通服务的关键在于保证及时购买到旅游活动所需要的各种火车票。此外,旅行社采购人员还负责代旅游者或旅游团队办理因旅行计划变更造成的增购或减退火车票的业务。

火车票的采购业务包括火车票的预订与购买、退票、车票签证和变更路径。

火车票的预订与购买。旅行社采购人员在采购铁路交通服务时应首先向铁路售票处提出预订计划,包括订购火车票的数量、种类、抵达车站名称、车次等。然后采购人员持现金或支票到售票处购票。

退票。因旅游者的旅行计划变更或取消时,旅行社采购人员应根据铁路部门的规定办理退票手续,并交纳退票费。

车票签证。旅游者如不能按票面指定的日期和车次乘车时,在不延长客票和列车有能力的条件下,可办理一次提前或改晚乘车手续。

变更路径。旅游者在中途站或列车内,可要求变更一次路径,但变更路径时应在分歧站以前提出变更声明,并在客票有效期间内,能达到目的地站对方才可办理。办理变更路径手续时,由铁路有关方面收回原票,换发代用票,补收或退还从分歧站起算的新旧路径里程差额的票价。不足起码里程时，只补收不退还，并核收手续费。退还票价时注明“由到站退款”。

(3)公路交通服务采购。公路交通服务是旅游交通服务的第三种形式，主要用于市内游览和近距离旅游目的地之间的旅行。在一些航空交通服务和铁路交通服务欠发达的内陆地区，公路交通服务是主要的旅游交通方式。旅行社采购人员在采购公路交通服务时应对提供此项服务的旅游汽车公司及其他长途汽车公司进行调查，充分了解该公司所拥有的车辆数目、车型、性能、驾驶员的技术水平、公司的管理状况、租车的费用等情况。然后，采购人员将搜集到的有关信息加以整理和分析，从中选出汽车车型、驾驶员技术水平和价格均适合旅行社的需要且管理水平较高的旅游汽车公司或其他长途汽车公司作为公路交通服务的采购对象。最后，采购人员代表旅行社经过谈判同这些公司签订租车协议。

旅行社采购人员在每次接到旅游者或旅游团队用车计划之后，应根据旅游者的人数及收费标准向提供公路交通服务的汽车公司提出用车要求，并通报旅游者或旅游团队的旅游活动日程，以便使汽车公司在车型、驾驶员配备等方面做好准备。为了避免差错，采购人员应在旅游者或旅游团队抵达前的二至三天内再次与汽车公司联系，核实车辆落实情况，并将所用汽车的车型、驾驶员的姓名等情况通报旅行社的接待部门。

(4)水运交通服务。旅行社采购人员在采购水运交通服务时，应根据旅游者或旅游团队的旅行计划和要求，向轮船公司等水运交通部门预订船票，并将填写好的船票订票单在规定日期内送交船票预订处。采购人员在取票时应根据旅行计划逐项核对船票的日期、离港时间、航次、航向、乘客名单、船票数量及船票金额等内容。购票后，如因旅行计划变更造成乘船人数增加、减少、旅行计划取消等情况时，采购人员应及时办理增购或退票手续，保证旅游者能够按计划乘船，同时减少旅行社的经济损失。

2. 住宿服务采购。旅游住宿服务是旅行社产品的重要构成内容之一。旅行社能否通过旅游采购活动获得旅游者所需的住宿服务,从一个侧面反映了旅行社的接待能力。同时,采购人员还应该设法在保证住宿服务供给的前提下,尽量降低采购的成本和服务的价格。

旅游住宿服务采购业务一般包括选择住宿服务设施、选择预订渠道、确定客房租住价格和办理住宿服务预订手续四项内容。

(1)选择住宿服务设施。选择住宿服务设施是保证住宿服务质量的重要手段之一。旅行社采购人员必须严格考察饭店、旅馆、客栈等住宿服务设施,并从中选出一批质量好、价格公道、愿意为旅游者提供服务的住宿服务设施,以便能够确保旅游者在旅游过程中的住宿需要。旅行社采购人员应该从以下几个方面考察住宿服务设施。

坐落地点。不同类型旅游者对于住宿设施的坐落地点有着不同的要求和偏好。例如,商务旅游者、停留时间长的旅游者或喜欢购物的旅游者偏爱坐落在市区特别是市中心的饭店,短暂停留的过往旅游者则不大关心饭店的坐落位置。另外,对于那些坐落在城外的住宿设施,旅行社采购人员还应考察饭店附近是否有进城的交通服务。

经营方向。不同类型的住宿设施,其经营方向也不一致。有些饭店以散客旅游者为主要客源,有些饭店以会议旅游者为主要客源,还有些饭店以旅游团队为主要接待对象。采购人员通过调查,可以在住宿服务采购中做到心中有数,针对不同旅游者的特点为其安排下榻之所。

设施设备。考察饭店、旅馆等的设施和设备情况,了解它们拥有哪些设施和设备。例如,饭店是否配备会议室、商务中心、多功能厅、宴会厅、健身设施等。采购人员可以根据饭店所拥有的设施设备,安排适当类型的旅游者下榻。

服务类型。考察饭店所提供的服务类型,了解饭店是否提供本旅行社产品所要求必须具备的服务。例如,以团体包价旅游作为主要经营产品的旅行社采购人员应特别注重饭店的行李运送服务,以便当团体旅游者到达或离开饭店时,饭店能够及时将他们的行李送至下榻的房间或将他们的行李从其所下榻的房间取出,送至饭店行李处,交旅行社的行李员运走。

停车场地。采购人员还要考察饭店是否拥有一定面积的停车场地。以团体旅游产品为主要经营业务的旅行社对停车场地尤为重视,因为团体旅游者多乘坐大型客车旅行游览。饭店在其门前拥有较大面积的停车场能够为旅游者出入饭店提供方便。

(2)选择预订渠道。旅行社主要通过组团旅行社、饭店预订中心、饭店销售代表和地方接待社四个渠道预订饭店。

组团旅行社预订。组团旅行社预订,又称直接预订,是指组团旅行社直接向有关饭店提出预订要求。组团旅行社在直接预订饭店客房服务时,一般采用信函、传真等方式。这种预订渠道的优点是:第一,能够直接从饭店获得客房信息,及时掌握饭店客房的出租情况,并直接同饭店达成预订协议。组团旅行社既能够比较有把握地保证旅游者的住房,又能够免去中间环节的费用,降低采购成本;第二,能够与饭店建立起比较密切的合作关系,随着旅行社与饭店联系的增加,饭店方面对旅行社更加信任,有利于采购业务的进一步开展。

直接预订渠道的缺点是:第一,采购人员必须同所要预订的各家饭店逐一打交道,不仅在预订时要同它们联系,还要在随后寄送预订申请、确认住房人数及名单、付房费等占用大量时间和人力;第二,外地的饭店有时未必了解组团旅行社,因而不愿意向组团旅行社提供最优惠的价格,并可能在交纳租房预定金、付款期限、客房保留截止日期等方面不给予优惠。

第二,委托饭店预订中心预订。如果旅游者要求住在连锁饭店集团所属的饭店,旅行社在可以采取委托该饭店集团预订中心为其预订所需的客房。许多连锁饭店集团都提供这种服务,如希尔顿国际饭店集团、喜来登饭店集团、洲际饭店集团等。

旅行社委托饭店集团预订中心为其预订客房主要有以下优点:

方便。旅行社通过连锁饭店预订中心订房,能够比较方便地获得它所需要的饭店客房。例如,天津市的某国际旅行社经常与该市的假日饭店做生意,并建立了良好的合作关系。当该国际旅行社打算安排其组织的一个旅游团前往西藏拉萨市旅游时,尽管地处西藏拉萨市的假日饭店可能并不了解这家旅行社,但是由于假日饭店集团对这家旅行社比较了解,且有着良好的合作关系,所以该旅行社可以通过假日饭店集团的预订中心为其预订拉萨假日饭店的客房。这样,既保证该旅游团能够获得住房,也能够通过预订中心争取到比较优惠的房价。

可靠。旅行社通过连锁饭店预订中心订房可以获得可靠的饭店信息,有利于旅行社的产品销售。例如,旅行社可以从预订中心获得关于饭店的坐落地点、设施设备情况、目前的价格水平等信息。

通过连锁饭店预订中心订房的方法也存在某些不足之处:

首先,旅行社在作出通过连锁饭店预订中心订房的决定时,往往意味着旅行社将它对饭店的选择范围限制在拥有复杂的市场营销和预订系统的饭店圈内。也就是说,旅行社为了提高订房的便利和可靠,而放弃了一部分选择机会。其次,尽管旅行社最初的预订是通过预订中心进行的,但是在预订被确认之后,旅行社仍然必须同旅游者将要下榻的饭店联系,通过该饭店而不是预订中心办理客房预订状况报告、预交订房预定金等手续。

委托饭店销售代表预订。委托饭店销售代表订房是旅行社采购住宿服务时采用的第三种渠道。委托饭店销售代表订房的主要好处是饭店销售代表熟悉饭店的各种情况,能够向旅行社采购人员提供有关饭店设施设备、服务项目等详细信息,有利于旅行社采购人员进一步了解该饭店,从而为旅游者选择最佳住所。

委托饭店销售代表订房的缺点是许多饭店销售代表同时为多家饭店提供销售服务,难以对每一家饭店都十分熟悉。另外,饭店销售代表主要经营散客销售业务,对于旅游团队的订房程序比较陌生,有时不能胜任旅行社委托的团体客房预订任务。

委托地方接待社预订。许多组团旅行社认为最好委托旅游者前往地区的接待旅行社预订住宿设施,将住房和游览参观、交通、餐饮等服务组合在一起,构成全包价旅游产品。

旅行社委托接待社预订当地的住宿服务可以获得以下好处:

第一,当地的接待社比较熟悉该地区旅游住宿服务供应状况,并且同当地许多饭店建立了良好的合作关系。所以,它们能够根据旅游者的不同特点和要求,安排适当的饭店。

第二,当地的接待社比较容易察觉该地区旅游住宿设施的预订和出租情况。如果它发现向该地区饭店提出预订的旅行社及其他单位、企业比较集中,能够及时通知委托它进行预订的组团旅行社尽快交纳预定金,以确保本旅行社招徕的旅游者能够得到足够的客房。

第三,有些时候,地处异地的组团旅行社只能通过当地的旅行社才能预订到该地区的饭店客房。

然而,组团旅行社委托当地接待社预订饭店客房也有一些缺点,主要是:

第一,当地的接待社将把饭店因旅行社批量采购所给予的折扣留下一部分作为其代订饭店的报酬。

第二,组团旅行社必须选择到具有一定经济实力和信誉的接待社作为预订渠道。否则,一旦受委托的接待社违约,组团旅行社将陷入困境。

第三,有些接待社可能会设法迫使组团社接受一家它并不喜欢的饭店作为旅游者下榻之所。当地的接待社这样做可能是为了获得更多的折扣,或者该饭店与接待社有着某种特殊关系。这样,接待社以牺牲组团旅行社和旅游者的利益为它自己赢得好处。

从以上的分析可以看出,每种预订渠道都具有一定的优点,也都存在某些不足之处。组团旅行社在选择预定渠道时,必须慎重考虑,选择最恰当的渠道预订住宿服务。

(3)确定饭店客房租住价格。饭店客房租住价格是旅行社在采购住宿服务时必须认真考虑的重要因素。饭店客房租住的价格种类很多,有门市价格、团体价格、协商价格、净价格等,采购人员必须熟悉这些价格,以便根据旅游者的要求、旅行社同饭店的合作关系、当地住宿服务市场的供给状况、旅行社提出预订的日期、旅游者入住饭店的日期、在饭店的逗留时间等因素与饭店进行谈判,获得最优惠的价格。

(4)饭店预订程序。旅行社采购人员在确定了将为旅游者安排的饭店后,应该按照下列程序预订客房。

提出租房申请。旅行社采购人员应该向饭店预订部门或其选择的其他预订渠道提出租房申请。在申请时,采购人员应提供旅行社的名称、需要的客房数量和类型、入住饭店的时间、离开饭店退房的时间、结算的方式、旅游者的国籍(海外旅游者)或居住地(国内旅游者)、旅游者的姓名或旅游团队的代号、旅游者的性别、夫妇人数、随行儿童人数及年龄、旅游者在住房方面的特殊要求等信息。

饭店在接到旅行社的租房申请后,如果认为能够按照旅行社提出的要求提供客房,通常会向旅行社发出确认函。确认函里注明饭店发出的确认号码,即旅行社的预定号码。旅行社所接待的旅游者凭确认函入住饭店。

交纳预定金。饭店通常要求旅行社在接到饭店发出的预订确认函后的一定时间内,向饭店交纳预定金,以便确保饭店在规定时间内为旅行社保留其所预订的客房。每个饭店都有关于预定金交纳的时间、交纳预定金的比例、取消预订的退款比例等事项的规定。采购人员必须熟悉这些规定。如果旅行社未能在规定的时间里交纳预定金,饭店则认为旅行社取消预订,而将客房出租给其他客户或客人。

办理入住手续。旅游者在预定时间到达饭店后,即可凭旅行社转交的饭店确认函在饭店前厅接待处办理入住手续。

3. 餐饮服务采购。餐饮服务采购是指旅行社为满足旅游者在旅游过程中对餐饮方面的需要而进行采购的业务。旅行社采购人员在采购餐饮服务时应根据旅游者的口味、生活习惯、旅游等级等因素,安排旅游者到卫生条件好,餐饮产品质量高,餐厅服务规范、价格公道的餐厅、餐馆就餐。

旅行社采购人员在采购餐饮服务时,可以采用定点采购的办法。所谓定点采购是指旅行社经过对餐饮设施进行考察和筛选后,同被选择的餐厅或餐馆进行谈判,提出有关旅游者就餐的特点、各种旅游者、旅游团队的就餐标准,并要求对方提出详细的菜单。

通过谈判,双方达成协议,由这些餐厅和餐馆充当旅行社的定点餐厅。旅行社负责安排旅游者前往这些餐厅和餐馆用餐,有关的餐厅和餐馆负责按照协议的规定和旅行社的就餐标准向旅游者提供相应的餐饮产品和服务。

4. 游览景点和参观单位服务采购。游览和参观是旅游者在旅游目的地进行的最基本和最重要的旅游活动。做好游览景点和参观单位服务的采购工作对于保证旅游计划的顺利完成具有举足轻重的作用。除了少数特殊游览和参观景点外,绝大多数的游览和参观景点服务采购由各地的接待旅行社承担。

旅行社采购人员应该对本地区的重要游览景点和参观单位进

行考察和比较，并根据不同景点和单位的特点分别同这些景点、单位进行联系，保证旅游者的正常游览参观。如有可能，旅行社应在双方自愿的基础上同它们建立互惠的长期合作关系，争取获得价格上的优惠。

5.旅游购物和娱乐服务采购。旅游购物和娱乐活动是旅游活动的两个要素。旅行社组织好旅游者的购物和娱乐活动不仅能够满足旅游者在这两个方面的需求，提高他们对旅行社接待工作的满意程度，而且能够为当地的社会增加经济收益和就业机会。旅行社采购人员应该重视旅游购物和娱乐服务的采购业务，对当地的商店和娱乐场所进行详细的调查，筛选出一批信誉好、货色齐全、价格合理的商店和一批质量高、具有特色的娱乐场所，同它们建立长期合作关系。

6.旅行社接待服务采购。旅行社接待服务采购是指组团旅行社向旅游目的地旅行社采购接待服务的业务。组团旅行社应根据旅游客源市场的需求及其发展趋势，有针对性地在各旅游目的地旅行社中间进行挑选和比较，选择适当的旅行社作为接待社。接待旅行社应该具备以下条件，组团旅行社才能够选择它作为合作伙伴。

(1)信誉良好。作为提供接待职务的合作伙伴，接待旅行社必须具备良好的信誉。接待旅行社必须根据事先同组团旅行社达成的合作协议，严格地按照双方商定的接待标准和组团旅行社的旅游接待计划向旅游者提供接待服务。接待旅行社不得以任何借口拒绝履行合作协议，或者不按照双方商定的接待标准提供服务。接待旅行社如因特殊原因，无法落实旅游接待计划所要求的活动内容时，必须及时通知组团旅行社，并在征得组团旅行社的同意后，方可改变原先的接待计划。

(2)较强的接待能力。接待旅行社必须具有较强的接待能力，能够采购到组团旅行社委托其采购的各项旅游服务，并提供优质的导游服务。

(3)真诚的合作愿望。接待旅行社必须具有同组团旅行社真诚合作的愿望,积极主动地配合组团旅行社履行与旅游者达成的旅游合同。

(4)收费合理。接待旅行社的收费不能过高,超过旅游者和组团旅行社的承受能力。接待旅行社不能以各种借口违反事先达成的协议,擅自提高收费标准或增加收费项目,不得随意降低接待服务的标准,损害旅游者和组团旅行社的合法利益。

组团旅行社通过一段时间的考察与合作后,应该设法同那些在上述四个方面均有上乘表现的旅行社签订合作协议,建立长期合作关系。

总之,旅行社的采购业务涉及许多方面和企业、部门。旅行社应在确保服务质量的前提下,同相关的旅游服务供应企业和部门建立起互利互惠的协作关系,正确处理旅游服务采购中的各种关系,为旅行社的经营和发展建立起一个高效率、低成本、优质的旅游服务采购网络。

第二节 旅行社的价格策略

价格是愿意购买产品的顾客和希望卖出产品的生产者之间进行自愿交换的交易条件,是企业市场营销组合中不可缺少的重要内容。旅游产品的价格弹性高、不能储存、需求变动难以预见等特点使得旅游企业尤为重视价格。价格是否适当,往往直接关系到这种旅游产品在市场中的竞争地位和销售收入。价格也是影响消费者购买行为的最直接、最敏感的因素,因此价格竞争往往成为旅行社最常用的竞争手段之一。

一、影响旅行社产品定价的因素

旅行社在做出正确的价格决策之前,首先应该分析影响定价的一系列因素。如图6-3所示。

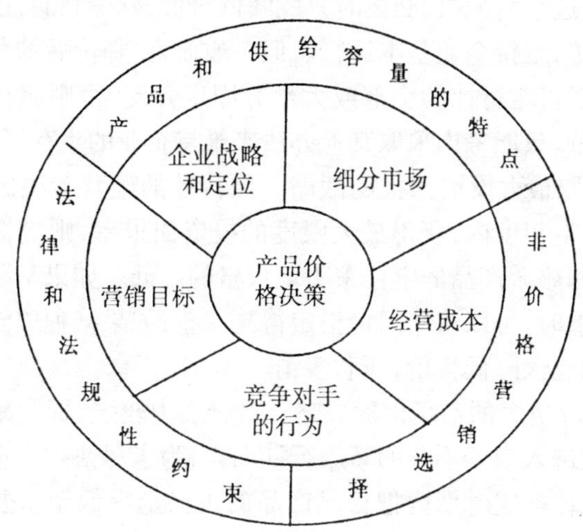

图6-3 价格决策的影响因素(据 Victor Middleton)

围绕定价决策有两层影响因素,内圈反映的是主要因素:①企业战略和定位;②定价期间的营销目标;③企业关注的细分市场;④制约经营成本的因素;⑤竞争对手的行为。

外圈反映的是更为宽泛的影响因素:① 产品和供给容量的特点;② 非价格营销选择;③ 法律和法规性约束。

(一) 企业战略和定位

影响产品定价的首要和支配性因素是关于形象和产品定位(如豪华型或经济型)的战略性决策,以及企业发展、市场份额和投资回报的战略。这些决策决定了 35 年或更长时期进行营销运作的背景,而且有效地确定了比较现实的产品价格变动的上限和下限。

1. 维持企业生存战略。当旅行社遇到客源大幅度下降、收入减少、资金周转困难等基本开支都有困难的情况时,为了维持企业的生存,度过经营危机,必要时只能降低售价,减少利润,以最大限度招徕客源,维持企业基本运行。但一般而言,降价后的营业收入应该能够偿付旅行社的全部或大部分固定开支,否则旅行社的亏损会更严重,只能考虑采取其他办法来维持企业的生存了。

2. 争取最大投资回报的战略。旅行社的经营者决定要在当前,例如在本年度内,获得最大限度的投资回报率,则应根据市场供求情况和旅游产品的定位来决定价格的高低。如果某种旅游产品供不应求时,可以将产品价格定得高一些;如果某种旅游产品供过于求,则应该降低售价,薄利多销。

3. 争取更大的市场份额战略。对于实力较强、资产雄厚的大旅行社,或进入市场不久的新旅行社而言,为了尽快扩大市场占有份额,往往在一定时期内把自己产品的价格定得低于主要竞争对手的同类产品价格,以增加自己产品的销售量,同时还可以迫使一些弱小旅行社退出市场,实现市场渗透。这种做法是减少眼前收益而获取长期利益的一种策略。

4. 品牌战略。为了树立产品品牌和企业的良好形象,在同行竞争中保持质量领先地位和在国际市场上保持良好的声誉,产品的定价可以高于一般企业的同类产品。当然这种高价必须以优质为基础,做到质价相符,使消费者感到物有所值。在目前我国旅游业因销价竞争而服务质量普遍不高的情况下,如果部分旅行社致力于提高产品质量并确实高人一筹,则他们的产品一定会受到消费者的欢迎,并可以提高售价和利润。

5. 新产品和新市场开发战略。旅行社开发的新旅游产品,投放市场初期可以把价格定得高一些。尽管别的旅行社可以仿效推出同样的产品，但他们仍然需要采购、谈判、签约、推销等等一系列的过程，这一过程要一定的时间。新产品的开发者在一定时期内就处于一定的垄断地位，在此时期就可以采用高价政策以获得厚利。如新、马、泰8日游推出之时曾达到8 000元，而随着市场竞争者的增多，现在的价格已经跌破2 000元。

同样，如果某旅行社致力于开辟新的市场，将其产品销售到其竞争对手还没有进入的新市场，则在别的企业跟进之前，也可以获得一段时期的厚利。

（二）营销目标

价格是营销组合中非常有影响力的要素，通过调节价格可以实现企业各个产品和市场部门的特定短期目标，具体营销行动的目标将成为定价决策的关键因素。

试举一例进行说明。一家中等规模的英国旅游经营商在前一年大约售出50万份包价旅游产品，其战略是借助市场渗透求发展。假如该经营商通过现状分析和预测认为市场环境较为有利，自己又处于有竞争力的有利位置，该经营商希望在下一年将总营业额提高15%，也就是销售575 000份产品。对这一目标的具体分解如下：

从4月到9月期间售出575 000份产品，使平均利用率达到95%，实现700万英镑的总收入，其中：① 在欧洲销售355 000份夏日阳光旅游（比前一年增加2%）；② 在欧洲销售115 000份湖光山色旅游（比前一年增加15%）；③ 在欧洲销售30 000份客车旅游（比前一年增加5%）；④ 在美国销售75 000份旅游（比前一年增加25%）。

根据这些量化的营销目标，可以制定促销或其他营销活动的计划，并做出相应的成本预算，并确定每种旅游产品的价格，以确保预计销售收入的实现。

(三)细分市场

由于营销在实践中是在对消费者行为和情况了解的前提下进行的,所以任何价格决策都必须是根据选定的细分市场的预期和感知及其支付能力和愿望而制定的,这样的价格决策才是有现实意义的决策。通过对消费者的调研和从以往的价格变化中获得的经验,营销管理者应该了解每个细分市场能承受的价格水平,了解价格在多大程度上标志着物有所值和产品质量。对细分市场的了解还揭示了如何使价格对一个顾客群起作用但对其他顾客群不起作用的实用方法,例如为推销通勤时间之外的铁路旅游而设计的老人低价铁路卡。按细分市场定价可以尽可能增大收益和尽可能减少收入漏损,而收入漏损是由于为有能力且愿意支付更高价格的细分市场提供了低价而导致的。

(四)经营成本

为了企业能长期生存下去,产品的平均价格必须要能够带来足够的收入以支付所有固定成本和可变成本,并给所用资产带来令人满意的回报。经营成本,即单位产品的平均成本,也因此成为影响价格决策的一个主要因素。

(五)竞争者的行为

在竞争激烈的旅行社业中,旅行社的产品定价常常不得不考虑竞争对手的因素,如果本企业的产品比其他企业的相同产品定价高,就有可能在激烈的竞争中失去一部分市场;反之,如果本企业的产品价格低于竞争者,就必须能够保证有更多的销售量以弥补由于降价而减少的利润。

(六)产品和供给量的特点

旅游产品的可替代性较高,导致了旅游产品的价格弹性也较高。在其他条件不变的情况下,一种产品价格的小幅度增长,就会引起需求向其他类似的产品显著转移,因为那些产品相对就便宜了。因此,旅行社在利用价格调节需求时,必须充分考虑到需求的价格弹性,避免价格决策的失误。

另外,有一些旅游产品,即使供给容量很大,也能在潜在顾客的心目中占据一个独一无二的位置或地位,这样就降低了顾客对替代产品的感知和对价格的敏感。如近年来兴起的赴海外修学旅游由于内容丰富、针对性强、参与性强,满足了家长对子女教育投资的需求和青年学生的求知欲,因而广受好评。消费者在选择这类旅游产品的时候更注重旅行社的日程安排和质量保证,价格是其次的,这就给旅行社的定价提供了一个广阔的定价空间。

(七)非价格选择性因素

在进行价格决策时,还可以考虑通过一些非价格因素来避免可替代产品之间进行正面的价格竞争。例如,通过扩大产品外延及所提供的服务增加价值,从而强化消费者根据产品品质而非最低价格进行选择的理由。或者进行隐形削价,如团队人数 15 人可免 1 人的旅游费用,每三天全价住宿可免费再住一天;旅行社还可以通过精心树立和推广一种服务好、效率高的特殊形象,这种特殊形象意味着省时、省事,使得消费者为了这种利益而愿意支付更高的价格。

(八)法律和法规性约束

尽管价格决策基本上是受商业性因素的影响而做出的,但旅游价格也经常要受到政府的管制。由于公众健康和安全的原因,也为了保证供应商之间的竞争,保护消费者,所有国家的政府经常都要干预或影响价格决策。例如,在许多固定国际航线上,航班票价仍要通过官方协议来确定,而且可能要接受调查以防止掠夺性价格。在一些国家,住宿设施是经官方注册和分类的,价格类型每年确定一次,单个企业只能在一定幅度内改变价格。

在我国,1989 年以前,旅行社产品的价格一直是由国家统一制定,实行计划管制。1989 年开始,国家对旅行社价格的管制才逐步放松,允许组团社在海外销售时,可将团队包价的各项内容进行自由拼装组合，提高了对外销售的灵活性。1992年，海外团队报价方式实行了重大改革，把过去由国家制定的对外报价标准和方式，改变为“管率不管价”，即允许旅行社在组团综合毛利率不低于国家考核指标的前提下，自行确定对外报价标准和报价方式。1993年，实行了“管基础价，不管对外售价”的方法，即只规定国内市场接待海外旅游团的餐费、车费、接团手续费的结算标准，开放了组团社在国际市场的对外报价标准。1994年，除强制执行旅游保险、收取宣传推广费和采用可自由兑换硬货币报价等价格管制政策外，国家全面放开了旅行社对外报价及对内结算的一切标准、方法和内容。至此，旅行社企业获得了较为宽松的市场经营环境，有了较大的价格决策权。

二、影响旅行社产品价格波动的因素

根据商品价值决定商品价格的基本原理，旅行社提供的旅游产品的价格也是由旅游产品本身包含的价值决定的。在现实的经济活动中，由于受多种因素变动的影响，旅游产品的价格总是围绕价值上下波动的。旅行社产品的销售是一种预约性交易，即旅行社销售产品在先，提供服务在后，这之间的时间较长，报价往往需要提前半年或更长时间。根据国际惯例，价格一旦报出，在执行年度内要保持相对稳定，以维护旅行社的声誉，保持稳定的合作关系。因此，旅行社在制定产品价格以前，还要注重研究影响价格变化的因素。这些因素主要有供求关系、产品成本、汇率等。

（一）供求关系变化

市场供给量和市场需求量之间的数量对比关系，在很大程度上影响着旅游价格的变动。

1. 在某一时期内，某一旅游市场在旅游产品的供给规模既定的前提下，对某一旅游产品的需求量的增加会导致该产品供给的短缺，旅行社为了赚取更多的利润，会提高该产品的价格，形成卖方市场；反之，需求量的减少会导致旅游产品供给的剩余，旅行社为出售产品而压价，使产品价格下降，形成买方市场。

2. 在某一时期内，某一旅游市场在旅游产品的需求规模既定的前提下，对某一旅游产品的供给量的增加会导致旅游产品供给的剩余，旅行社为出售产品而压价，导致产品价格的下跌；反之，供给量的减少将导致旅游产品的短缺，旅游者若争相购买，则会使旅游产品的价格上涨。

3. 如果旅游市场的需求量和供给量达到平衡状态 Q_e，旅游产品的价格就会趋于稳定，达到 P_e，但这种稳定只是暂时的，很快又会产生新的波动。如图 6－4 所示。

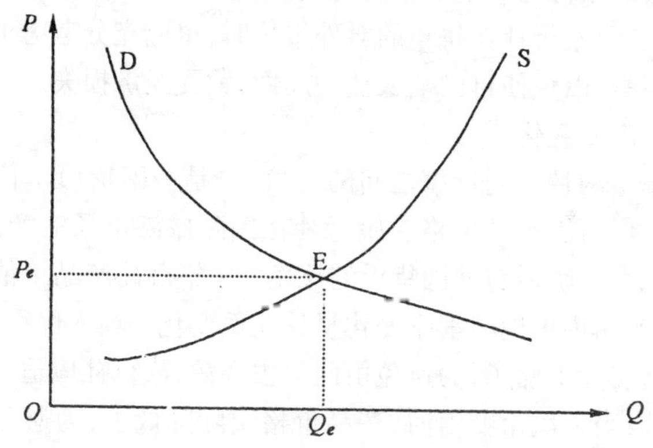

图 6－4 市场供给、市场需求和产品价格的关系

图中横轴表示旅游供给量和旅游需求量，纵轴表示旅游产品的价格。D 为旅游需求曲线，S 为旅游供给曲线。两者相交处 E 点表示旅游需求与旅游供给量 Q_e 在价格为 P_e 时达到均衡状态。

（二）产品成本变动

产品成本是影响旅游价格的最直接的因素，而旅行社产品的成本,在许多情况下,并非是旅行社单方面所能控制的。旅行社的产品具有较强的综合性,其中大部分服务项目和服务内容都是从旅游服务供应部门采购而来的。如果协作企业根据自身经营情况进行了价格调整,旅行社产品的成本就会发生相应的变化,这就必然会影响到旅行社产品的价格。如处于垄断地位的航空、铁路、水运等交通部门在旅游旺季时往往要提高票价,这是旅行社左右不了的。2000年4月1日,中国民航总局实行航线联营之后,机票价格的上涨就迫使不少旅行社在“五一”黄金周期间弃空就陆。

如前所述,按照国际惯例,旅行社产品的价格在本年度内原则上不能涨价,如果涨价是由目的地政府决定和公布的,则应给经营相关产品的旅行社一定的推迟执行期限,以实现旅行社和目的地的互惠互利;旅行社在每年的对外报价时,也应充分考虑可能的成本变动因素,以免使自己陷入被动局面,蒙受经济损失。

(三)汇率变化

汇率是两种不同货币之间的比价,也是一国货币单位用另一国货币单位所表示的价格。旅行社在国际旅游市场的产品售价,必须考虑本国货币与外国货币的比率。在旅行社产品价值不变的情况下,产品售价应与汇率变化呈反比例变化。当人民币升值时,产品价格实际上涨了,为避免由此失去客源,旅行社应适当降低产品的售价;当人民币贬值时,产品价格实际降低了,为避免由此带来的经济损失,旅行社应适当提高产品的售价。在实际经营中,旅行社还应该根据目标市场需求的汇率弹性(即需求对汇率变化的反应程度)的大小采取相应的措施。

1. 当人民币升值时,若需求的汇率弹性小于1,旅行社应以人民币或其他坚挺货币报价;若需求的汇率弹性大于1,旅行社则应降低价格或以疲软货币报价,也可考虑开发人民币汇率较高的客源国市场。

2. 当人民币贬值时,若需求的汇率弹性小于1,旅行社应以坚挺货币报价，或者考虑开发人民币汇率较高的客源国市场；若需求的汇率弹性大于1，旅行社则应以人民币或其他疲软货币报价。

同时，为减少报价和执行之间时间差所产生的汇率变动给旅行社带来的影响，一般可以采取四种外汇保值措施：选用硬通货币保值、价外加汇差、提前汇款和固定汇率。我国旅行社大都选用了固定汇率法。这一措施的核心是在对外报价时增加固定汇率的保值条款，即事先确定汇率，并以此作为对外结算的依据，不受政策性外汇调整的影响。

三、旅行社的定价策略

定价策略是旅行社制定价格的指导思想和行动方针，是市场营销策略中的重要组成部分，它决定着如何把价格同整个营销组合协调起来，形成一个整体的经营效果。常用的定价策略主要有新产品的定价策略、心理定价策略和折扣定价策略。

（一）新产品定价策略

新产品定价是新产品开发中的一个关键问题，定价得当，新产品就可能打开销路，占领市场，给企业带来利润，反之，就有可能受到消费者的抵制，甚至导致新产品的推广完全失败。同时，新产品定价时，市场上没有可供参考的价格，一般也没有政府的限价措施，因此可以较为灵活的进行，可以考虑弥补开发成本或限制竞争等因素。新产品定价策略主要有市场撇取定价和市场渗透定价两种。

1. 市场撇取策略（Price Skimming）。市场撇取定价策略是指旅行社在新产品投放市场时可以制定大大高于产品成本的价格，以后，再根据该线路的市场销售情况，逐步地降低价格。这种策略正如人们从鲜牛奶中撇取奶脂、奶酪，先提取牛奶的精华，再提取牛奶一样，所以也叫“撇脂定价法”。新的旅游线路推出初期，需求弹性小，市场上几乎没有竞争者，制定高价格，可以在一部分求新欲望强又有支付能力的消费者中，树立独特的、高价值和高质量的产品形象。例如中青旅推出的澳洲15日修学旅游线路,虽然价格高达16 600元,报名者仍络绎不绝。这种策略的优点还在于可以使企业迅速回收产品的开发费用,获取较高的销售利润,同时还可以使新产品有较高的价格调整空间,为与后来者的竞争留有较大的降价余地。当然,由于旅游线路很容易被模仿,竞争者很容易进入市场,这种策略不能长时间使用。

2. 市场渗透策略(Penetration Pricing)。市场渗透策略与市场撇取策略相反。这是一种以低价进入市场的策略,即在新产品进入市场初期,把价格定得很低,借以打开产品销路,迅速占领市场,取得较高的市场份额。较低的价格还能够有效地排斥竞争者进入市场,从而能够较长时间的占领市场。有时旅行社甚至采取"亏本"的定价,用其他线路的利润来补足这种"政策"亏本,以便在新的市场上站稳脚跟。

市场撇取策略和市场渗透策略都是旅行社在新产品定价时经常采用的策略。这两种定价策略各有特点,适合在不同的情况下使用,表6-3说明了旅行社应在什么情况下选取什么样的策略。

表6-3 旅行社新产品定价策略的选择标准

选择标准	市场撇取策略	市场渗透策略
市场需求	高	低
与竞争产品的差异性	小	不大
价格需求弹性	小	大
生产能力扩大的可能性	小	大
旅游者购买力水平	高	低
仿制难易程度	比较难	易
市场潜力	不大	大
投资回收方式	迅速	逐渐

资料来源:据李景泰《市场学》(南开大学出版社,1991,整理、改编)

(二)心理定价策略

旅行社的营销人员在制定价格时不仅要考虑旅游消费者的理性分析,还要重视其情绪上对价格的反应,运用适当的定价心理策略,来组织旅游产品的销售。心理定价策略主要有整数定价策略、尾数定价策略、习惯定价策略、声望定价策略及价格线定价策略,适合旅行社采用的策略主要是整数定价策略和尾数定价策略。

1.整数定价策略。整数定价策略也称为方便价格策略,一般是用于特别高价或者特别低价的商品。旅游产品是一种高档消费品,大多数旅游线路的价格都是整数,整数易于记忆,并给旅游产品以高贵的形象。另外,由于民族习惯、社会风俗、文化传统和价值观念等因素的影响,消费者往往对某些数字产生偏好或忌讳,比如,西方人忌讳"13",东方人喜欢"6"、"8"和"9"。所以,许多企业有意识的选择消费者偏爱的数字,如以下的重庆某旅行社旅游线路的对外报价的例子(见表6-4)。

表6-4 重庆某旅行社旅游线路对外报价

线路名称	价格(标准等)
长江三峡、张家界七日游	1 208
蜀南竹海、宜宾五粮液厂三日游	560
江津四面山森林公园三日游	480
贵州赤水、四洞沟、十丈洞三日游	480
重庆大足仙女山、芙蓉洞五日游	980

资料来源:中国旅游报2001年7月13日

2.尾数定价策略。这种定价策略也称为"非整数定价策略",它根据消费者认为小数较整数真实、准确的心理,给产品一个带有零头数结尾的价格。旅游线路虽然一般采用整数定价,但整数价格会给人留下定价粗糙、价格不准的感觉,所以个别旅行社也在尝试采用尾数定价策略。如北京某旅行社推出的暑期夏令营学生团接待计划,就采用了尾数定价策略,给人以价格透明、真实可信的感觉。如表6-5所示。

表6-5　北京某旅行社暑期夏令营学生团接待计划

D1	接站,天安门广场,纪念堂,故宫20元,景山1元,入住
D2	八达岭长城20元,中国科技馆20元,中华世纪坛外景
D3	军事博物馆2.5元,中央电视塔25元,太平洋海底世界30元
D4	颐和园15元,参观北大校园5元
D5	参观古观象台5元,自由活动,送站
门票	143.5元/人
车	105元/人(空调旅游车)
合计	475.5
导服	30元/人
房	15元/人天,4×15=60元/人(高等院校学生宿舍)
餐	35元/人天,,4×35=140元/人(四早八正,正餐八菜一汤)

资料来源:中国旅游报2001年7月13日

(三)折扣定价策略

这种策略是指旅行社在出售产品时,通过让价给海外旅行商、大客户或消费者,以达到吸引增加外联人数、稳住老客户、吸引新客户的目的。折扣定价策略主要有数量折扣、现金折扣和季节地区折扣。

1.数量折扣。这种策略也可称为“批量折扣策略”,以购买金额或购买数量为基础,累计达到一定的数量,则在价格上给予一定的折扣。可以采用累进办法,营业额或购买数量越大,折扣率越高;或者是非累进折扣,即一次性购买或订货达到一定的数量或金额,给予折扣优惠。这种折扣策略可以促使海外旅行商集中使用其购买力,不向自己的竞争对手送客。

2.现金折扣。这种策略是旅行社对及时付清账款的客户给予的一种折扣方式,目的是为了加快旅行社的资金周转率,减少因赊欠造成的利息损失和坏账损失。如在交易合同中的付款方式上经常有这样的字样"2/15 净 28 天",意思就是付清账款的期限是 28 天,如果在成交后 15 天内付款,可享受 2%的价格折扣。现金折扣率一般应稍高于客户所在地当期的银行存款利率,以吸引客户预付或及时付清账款。

3.季节和地区折扣。这种策略是旅行社对客户购买淡季旅游产品或冷点旅游线路时的一种折扣方式,又称之为季节差价。客流量在不同季节(淡、旺季)和不同地区(冷、热点)的不均衡是旅游业的一个普遍规律,也是影响旅游经营稳定性的一个不利因素,特别是旅游产品不可储存和不可转移的特性,使得问题更加突出。因此要尽可能采取措施加以缓解,用灵活的价格政策来调节客流量。旺季价高,淡季价低,热点价高,冷点价低。还有,在举行大型节庆或其他活动(如奥运会、世界博览会、我国的广交会等)时,客流量集中,也可临时提高旅游价格等等。可以根据情况,灵活运用。

四、旅行社产品的定价方法

旅行社在明确了定价目标,掌握了影响定价的因素和定价策略之后,就可以着手具体的定价工作,这是一项十分复杂的、涉及面较广的工作。在市场经济条件下,旅行社对价格有了自主权,但是不能仅凭直觉随意定价,而必须借助科学的、行之有效的定价方法。影响定价的最基本的因素是产品的成本、市场需求和竞争,因此，定价方法也有三类，即成本导向定价法、需求导向定价法和竞争导向定价法。

(一) 以成本为导向

以成本为导向的定价方法就是在旅游产品成本的基础上加上一定比例的利润来确定该产品的价格的方法，有时又称作“会计学定价法”。这种定价方法不考虑市场需求方面的因素，简单易行，是中外旅游企业目前最基本、最常用的一种定价方法。由于成本形态不同，该定价方法主要包括成本加成定价法、边际贡献定价法和投资回收定价法。

1.成本加成定价法。这种方法以旅游产品的单位成本为基础，再加上一定百分比的预期利润来定价，也就是说，计算产品的变动成本，合理分摊相应的固定成本(销售代理商佣金、营销费用、行政管理费、税金、各种费用和固定资产折旧等)，再按一定比例的目标利润来决定价格，这种定价方法又叫“加额法”或“成本基数法”。其计算公式如下：

单位产品价格＝单位产品成本×(1＋成本利润率)

在实际的定价过程中，旅行社往往根据当年估算的总成本和公司预计接待旅游者的总数来确定人均分担的固定成本。这样，每一个旅游团分担的固定成本是一样的，不管其目的地和价格如何，或者直接简单的以变动成本加上一定比例的费用用于支付固定成本和利润，作为产品的销售价。如表6－6是从英国出发，为期两周，旅游目的地为西班牙的包机旅游产品定价的例子。

成本加成定价法的关键，是确定一个合理的成本利润率，而成本利润率的确定，必须考虑市场环境、行业性质等多种因素。绝大多数旅行社采用的都是行业平均的利润率。

2.边际贡献定价法。这种定价法只计算成本，而不计算固定成本，以预期的边际贡献补偿固定成本并获得盈利。边际贡献是产品销售收入和变动成本的差额，若边际贡献大于固定成本，企业

就有盈利,反之,则亏本,若边际贡献等于固定成本,则企业保本。边际贡献定价法的计算公式为:

单位产品价格=单位变动成本+单位边际贡献

表6-6 包价旅游产品的定价方法

	英 镑	英 镑
每个机座成本		
波音737客机,148座,每次飞行成本14 750英镑		
飞行25次,共计成本	368 750	
旅游季节开始与结束时各空飞一次的附加成本	14 750	
总飞行成本	383 500	
平均每次航班成本(25次)	15 340	
按90%载客率(133座)折合每座成本		115.34
人均食宿成本(14天)		228.80
人均游览地代理商服务费和中转交通费		7.00
小费、行李搬运费		1.00
人均总成本		349.14
加收人均总成本30%的费用用于支付销售佣金、营销费、行政管理费用及利润		104.74
销售价格		453.88

资料来源:据 J. C. Holloway 1994

例如,某旅行社在旅游淡季推出一日游团体包价产品,每人市内交通费40元,正餐费30元,导游费15元,门票费26元,计111

元。由于市场竞争激烈，又时值旅游淡季，客源较少。因此，旅行社难以111元的价格招徕大量的旅游者。在这种情况下，旅行社采用边际贡献分析定价法将价格降为104元，即减少导游收入7元。这样，该项旅行社产品的单位售价高于变动成本(96元)，仍可获得边际贡献8元。

这种定价法能给企业提供衡量销售价格的客观标准，便于企业掌握降价幅度，开展价格竞争。只要边际贡献大于零，企业就可以在更大的范围内实行价格竞争，争取市场优势。

3.投资回收定价法。这种定价方法又称作"目标收益定价法"，是根据企业的总成本或投资总额、预期销量和目标收益额来确定价格。旅行社在确定目标利润额及预测全年外联人天数以后，先按外联总人天数计算出总成本，然后用总成本加预期总利润并除以外联人天数，就可以得出外联一人天的平均销售价。其基本公式为：

$$单位产品价格=\frac{总成本+目标收益额}{预期销售量}$$

例如，某旅行社以接待国内旅游团队为主营业务。该旅行社2002年的目标利润总额是570 000元，固定成本760 000元。根据预测，该旅行社2002年将接待38 000人天的国内团体包价旅游者。据调查，该旅行社所在地区适于接待国内旅游团队的饭店平均房价是180元/间夜；旅行社接待每一人天的综合变动成本为25元。那么，该旅行社接待国内旅游者的每人天收费是：

$$\frac{[760\ 000+38\ 000\times(90+25)]+\ 570\ 000}{38\ 000}=150(元)$$

在理论上，这种定价方法可以保证目标利润的实现，但由于此方法是以预计销售量来推算单价，而忽略了价格对销售量的直接影响，只有经营垄断性产品或具有很高市场占有率的企业才有可能依靠其垄断力量按此方法进行定价。

(二)以需求为导向

以需求为导向的定价方法强调价格应根据消费者对产品价值的认知和对产品的需求来确定价格,而不是以成本为中心制定价格。以需求为导向的定价方法主要有理解价值定价法和差别定价法。

1. 理解价值定价法。这种方法认为,顾客对某一产品和服务进行购买之前,基于产品的广告、宣传的信息及自身的想象,对产品价值有一个自己的认知和理解,只有产品和服务的价格符合顾客的理解价值时,他们才有可能接受这一价格。

当然,企业可以运用各种宣传促销活动来影响消费者对产品的认识,特别是对旅行社企业品牌的认知,使之形成对企业有利的理解价格,获取超额利润。

2. 差别定价法。差别定价法是指旅行社可以针对不同的顾客和不同的时间,依据基本价格而确定不同的价格。这种方法并不是基于成本的变化,而是基于不同的消费者收入水平的不同、偏好的不同和掌握市场信息的充分程度的不同,因而对同一旅游产品有不同的认知价值。在不同的时间或季节消费者的需求偏好和强度也有所不同,因而在认可程度高、需求强度高的地区和时间段就可以制定高价格,反之只有制定较低的价格以保持市场。

在国际旅游市场上,旅行社相同的线路产品对不同客源国的报价是有差别的,这就是利用不同客源国对相同线路的认知存在差别,采用差别定价法的定价结果。此外,还有儿童价与成人价的差别,国内游客和国外游客的差别,学生价与一般游客价的差别,淡季价与旺季价的差别等等。

(三)以竞争为导向

以竞争为导向的定价方法主要有随行就市法和率先定价法。

1. 随行就市法。随行就市法又称为通行价格定价法,是指企业参照行业中主要竞争者的价格,或跟随市场上的平均价格来确定自己产品的价格。这种方法既易于应付竞争,又可以保证企业获得平均利润,是一种较为稳妥的定价方法。

2.率先定价法。一些实力雄厚的旅行社或产品独具特色的旅行社可以采取这种主动竞争的定价方法。自行制定价格后,在对外报价时先于同行报出,可以在同行中取得"价格领袖"的地位,获取较高的利润。

第三节 旅行社销售渠道策略

销售渠道是指某种商品从生产者到消费者手中所经过的各个销售环节连结起来所形成的通道。销售渠道策略是指某一产品的生产者如何选择最有利的销售渠道并管理这一渠道。旅行社的产品是包价旅游产品,旅行社提供的单项服务,如订房、订票只是代理服务,因此旅行社产品的销售渠道实际上就是包价旅游产品的销售渠道,即旅行社把包价旅游产品提供给最终消费者的途径,又叫销售分配系统。

一、我国旅行社产品的销售渠道

旅行社产品的销售渠道主要包括两大类:即直接销售渠道和间接销售渠道。所谓直接销售渠道,是指旅行社直接将旅游产品销售给旅游者,没有任何中间环节;而间接销售渠道,则是指在旅行社和旅游者之间,介入了一个或多个中间环节。

目前,我国对外销售的国际包价旅游产品,采用的主要是间接销售渠道,即国际旅行社把产品销售给国外的旅游经营批发商,国外的旅游经营批发商将购得的旅游产品进一步完善(如增加往返目的国和客源国的国际航班机票的预定)或者重新组合(如增加亚洲其他旅游目的地以满足消费者的需求),再经过自己的零售系统或旅游零售商代理销售给海外旅游者,或者由旅游经营批发商直接销售给海外旅游者，如图6－5所示。其中经过2个中间环节的销售渠道，是最主要的销售渠道。

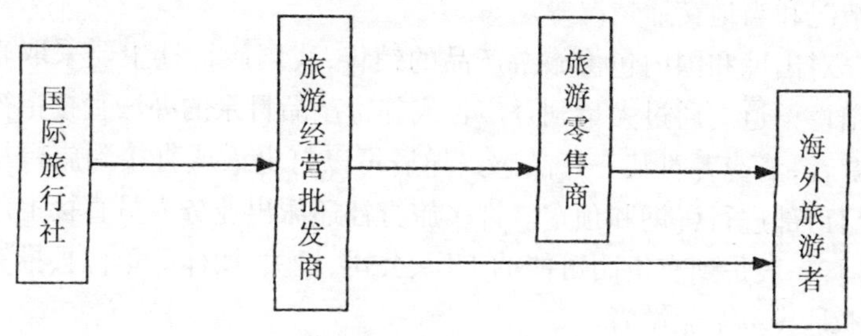

图6－5 国际包价旅游产品销售渠道

我国也有的旅行社开始尝试直接销售，在国外客源市场上设立自己的销售机构，越过国外的旅游经营批发商和零售商，直接面向海外旅游者销售旅游线路。直接销售可以获得中间环节的利润，从而提高经济效益。但是，直接到客源市场招揽顾客，会使自己和海外的旅游中间商处于竞争状态，他们有可能不再向你输送客源，转而同你的国内同行做生意，这样就会减少客源来源的渠道。在国外经营旅行社，要熟悉当地的经营环境，取得海外旅游者的信任，说服他们购买产品，建立招徕客源的渠道，是一项复杂而困难的工作，不仅直接销售成本高，而且效果差。因此，尽管采用间接销售渠道也存在一些不利之处，如加价或佣金导致我国对外旅游产品直观价格偏高等，我国绝大多数的国际旅行社还是选择了间接销售渠道。在海外设立的销售机构也主要是着眼于了解市场情况，或为当地客户提供信息，或主要经营散客等和当地旅游经销商没有利益冲突的业务。

除直接向海外客源地联系招徕客源外，许多国际旅行社还不断加强与其他组团社的联系。通过横向联系，招徕、接待旅游者，这种业务称为地联业务。为使外地组团社对本社有充分的了解，开展地联业务的旅行社应及时向相关组团社提供信息。这些信息包括本旅行社的接待能力、收费标准、当地饭店房价、当地旅游资源情况和当地交通情况等。

对出境和国内包价旅游产品的销售，我国旅行社主要采取直接销售渠道。通过大量刊登广告或邮寄产品目录的办法直接招徕旅游者，消费者对某一产品感兴趣后可以打电话或直接到旅行社的门市部进行咨询和预定。许多旅行社还派出业务人员直接上门推销，一般是到有组团可能的工厂、公司、机关、团体等单位去推销而不是找单个旅游者。

二、旅行社的间接销售渠道策略

如前所述，我国的入境旅游产品一般要经过一个或多个中间环节才能销售出去，而出境和国内旅游产品一般采用直销方式销售，因此我国旅行社的销售渠道策略主要就是如何选择、争取外国旅游批发商并通过他们尽可能多地销售我们的产品。

（一）三种销售渠道策略

1.专营性销售渠道策略。专营性销售渠道策略是指在一个客源市场上只找一家旅游批发商作为自己在那里的独家代理或总代理。建立这种关系后，双方都不能和对方的任何其他竞争对手做生意。这种策略的优点是建立起比较紧密的合作关系，利害关系一致，能够互相支持与配合，而且由于联系单一，可以降低销售成本；缺点是只靠一家批发商销售产品，销售面和销售量都可能受到限制，而且如果专营商经营失误或选择不当，还可能失去部分甚至全部市场。这种策略比较适用于开辟新市场之初或推销某些客源层不广泛的特殊旅游产品。

2.广泛性销售渠道策略。广泛性销售渠道策略是指在某一客源市场（国家或地区）上凡是愿意推销我们的产品的旅游批发商都可以同他们建立业务关系。我方不禁止对方购买自己竞争对手的产品,彼此都没有约束。这种策略可以扩大产品的销售面和销售量,缺点是联系面太广,将增加销售费用;其次是客户的流动性大,难以建立起一个稳定的销售网络。

3.选择性销售渠道策略。选择性销售渠道策略是指在一个客源市场上只选择几家信誉较好、推销能力较强、经营范围和自己的产品比较对口的旅游批发商,设法和他们建立起比较稳定的合作关系。这种策略的优点是选择少数几家批发商可以降低成本,业务关系较为稳固,是一种较理想的策略;缺点是如果选择不当,可能影响相关市场的产品销售,同时在买方市场上,更多的是买方挑选卖方,因此操作起来比较困难。

(二)两类海外旅游经营批发商的选择

海外经营中国旅游产品的经营批发商大致可以分为两类:一类是经营许多旅游目的地或者是兼营输出和输入客源业务的大旅行社。这类旅行社一般经济实力雄厚、商业信誉较好、经营方法正规、销售渠道广阔。但经营中国旅游只是他们业务的一小部分,他们一般不会花很大的力量去推销中国的旅游产品,对中国旅游业的情况也了解较少。因此,这类旅行社对华送客量不大,但和他们做生意一般较少发生欠款不还或倒闭等情况。

另一类是专营中国旅游业务的中、小旅行社。他们与我国旅行社合作紧密,对中国比较了解,对中国旅游产品的推销也很着力。如英国促进旅行社、日中旅行社、日中和平观光公司等,均属此类。但这些专营中国旅游业务的旅行社经济实力不强,销售渠道不够宽,抵御风险的能力差。近几年来因破产而给我们造成损失的主要是这类旅行社。

对这两类海外旅行社,我国旅行社应和它们都发展业务关系,但比较而言,中、小旅行社的发展潜力总不如大旅行社,因此开辟客户的重点应放在大旅行社上。通过加强宣传、保证产品质量、给予数量折扣等措施来引起和加强他们对开展中国业务的兴趣,使他们愿意比较稳定地向中国大批量输送游客。

三、旅行社的直接销售渠道策略

我国旅行社的出境旅游和国内旅游产品一般采用直销方式销售,即直接在旅行社的门市部面向广大消费者进行销售。因此,旅行社的直接销售渠道策略就包括了旅行社门市部的设立、销售人员的选择和销售工作的基本规范等内容。

(一)旅行社门市部的设立

旅行社门市部的设立是旅行社开展门市业务的第一步,涉及到选择门市部设立的地点和门市部内外的装饰及布局。

1. 旅行社门市部地址的选择。选择地址是旅行社设立门市部的开端。一般说来,旅行社在选择门市部坐落地点时主要考虑以下几个因素。

(1)目标市场。旅行社在选择门市部地点时应首先考虑其产品的目标市场,并根据目标市场来设立门市柜台。例如,以过往客人作为主要目标市场的旅行社应在飞机场、火车站、长途汽车站、水运码头等处设立门市柜台;以商务旅游者为主要目标市场的旅行社则通常把门市柜台设立在商务饭店内或附近地区;以当地居民为主要目标市场时,旅行社可以把门市部建立在人口稠密的居民区;而以大、中学校教师和学生为主要目标市场的旅行社则必须选择学校比较集中的地方。总之,门市部的地址应尽量选在距离其目标市场所在地较近的地点。

(2)方便顾客。方便顾客是旅行社选择门市部地点时需要考虑的第二个因素。一般来说,旅游者很少愿意到距离自己居所或工作单位较远的旅行社门市部进行旅游咨询,他们也不愿意为了解旅行社产品而爬楼梯。因此,旅行社应该设立在商业区、居民区、机关企业等较为集中的地方,而且一般都设在临街的门脸房或楼房的一楼。旅行社很少将门市柜台设在闹市区或商场里面,因为那里人群的流动速度太快，不利于旅游者停下脚步寻找旅行社的门市部。如果旅行社将门市设在饭店里，应设在前厅比较显眼的地方，最好能够有临街的单独出入的门，以方便旅游者的进出。

(3)位置醒目。旅行社在选择门市部地点时，还要考虑所选择的地点是否容易被旅游者所找到。通常，旅行社把门市柜台设在主要交通干线附近，而不会设在偏僻的小街。即使在交通干线上，也要选择适当的位置，使旅游者能够从较远的地方清楚地看到。

(4)旅行社门市部相对集中。在旅行社相对集中的地区设立门市部虽然会使旅行社在经营方面经受较大的压力，但是这种压力却往往有利于它的发展。由于地处同行相对集中的地区，旅行社门市部可以借鉴同行们的经营经验，变压力为动力，促使旅行社在改善产品质量、降低经营成本、提高服务水平等方面下大力气，以吸引更多的旅游者。同时，旅行社相对集中的地区本身就是吸引旅游者前来咨询和购买旅行社产品的一个重要因素，例如，我国上海市的西藏路是旅行社门市部相对集中的地方，上海市民要出外旅游时，往往首先想到那里，会到西藏路的各家旅行社进行咨询和报名。

2.旅行社门市部的布局设计。据联合国援华的旅行社经营管理专家路易·沙维兹先生的看法，新设立的旅行社门市部的规模最好在500～700平方英尺之间。这个占地面积不仅能够满足旅行社门市部在初创期间的业务需要，也为日后的发展留下一定的余地。旅行社在设计门市部的布局时，最重要的是要考虑吸引旅游者和提高门市部的工作效率。为了解决好这两个问题，旅行社经营管理人员必须认真作好布局设计。

旅行社门市部的布局应分为门市入口及等候区、接待与咨询服务区和后勤工作区。

(1) 门市入口及等候区。门市入口及等候区是旅游者走进旅行社门市部后所见到的第一个区域。这个区域应该让人看上去感到十分舒服,能够立即对旅游者产生强烈的吸引力。与此同时,这个区域又应该具有较强的实用性。通常,旅行社应在这个区域摆放下列设备:①一套供旅游者在等候门市人员接待时坐的沙发或几把椅子;②一张小圆桌或茶几,上面摆放最近一二期的旅游期刊、登载旅游信息或文章的当地报纸、旅游指南等可供旅游者在等候时阅读的刊物;③一个小期刊架,上面摆放最近一期有关最受旅游者欢迎的旅游目的地介绍材料;④一只废纸篓和一个烟灰缸。

在这个区域进行布局设计时,应保证门市部进出通道畅通,等候接待的旅游者所坐的位置不应处在顾客过往的通道上。另外,桌椅不能摆放在刚进门的旅游者前方视线落点,以免让他们产生杂乱无章的感觉。

(2)接待与咨询服务区。接待与咨询服务区是旅行社门市部的核心区域,必须让顾客看上去感到心情愉快,并且产生这里工作效率极高的印象。这个区域的布局设计特点是:①工作人员的座位不能过于拥挤,否则无法保证较高的工作效率。应该为每一位接待员提供一小块各自使用的工作区域,如有可能,应在各个接待员的工作区域之间设置隔断板或隔断玻璃,以保证他们在工作时不会受到来自其他接待员的干扰。②接待员的办公桌可以沿房间的墙壁摆放,使接待员面对门市部的门口,随时能够看到走进来的旅游者。办公桌的对面应摆放一至两把椅子,供旅游者咨询时坐。③区域内应整齐地摆放一些期刊架,上面摆放最近一期的旅游杂志、报纸、旅游目的地介绍、旅游宣传小册子等。

(3)后勤工作区。后勤工作区一般不对外开放,除了特殊情况外,不应让旅游者进入这个区域。后勤工作区一般由三部分构成:部门经理办公室、库房和卫生间。①部门经理办公室。在该办公室里,部门经理可以接待特殊顾客(如提出投诉的旅游者、要求组织人数较多的散客旅游活动的外单位有关人员等),出纳人员和会计人员处理账务,部门后勤人员处理文件存档、复印、打印等事项。

通常,部门经理办公室内除了有关人员的办公桌椅外,还应设有复印机、打字机、计算机、传真机、档案柜及接待旅游者的椅子等设备。②库房。库房主要用于存放旅行社散客旅游产品目录、宣传小册子、导游图等资料。这一区域里还应配置文件柜等家具。③卫生间。旅行社门市部应设有卫生间,并经常清扫和消毒,以保证其干净、卫生,没有异味。

2. 旅行社门市部的装饰。旅行社应精心设计其门市部的内部装饰,给门市部的工作人员和前来咨询和洽谈业务的顾客营造一种温馨愉快的工作气氛。旅行社门市部进行内部装饰时,应重点考虑采光、声音、色调、墙壁、地面、家具与设备等因素的搭配和协调。

(1)采光。良好的采光对于提高门市部的工作效率至关重要。门市部工作人员,特别是旅游咨询人员每天需要进行大量的文字工作并花费大量时间从事咨询和市场研究。因此,在接待与咨询服务区域可安装比较明亮的吸顶灯,而在入口处则可安装一盏与门市部装饰相协调的吊灯。

(2)声音。当门市部的业务繁忙时,整个接待与咨询服务区域会充满各种噪声,容易使旅游者和工作人员感到烦躁,心情压抑。为了消除噪声,可以采取铺地毯、摆放木制家具和安装布幔等措施。另外,适当的音乐既能够使旅游者感到惬意,又能够适当调节工作人员的情绪,使其从紧张乏味的工作中得到松弛。所以,旅行社可以在等候区域播放怡人的轻音乐。

(3)色调。旅行社门市部的面积一般不大,应该选配那些能够使人感到房间的面积比实际面积更大的颜色。在旅行社门市部装饰方面,选择颜色的原则应是“淡妆胜于浓抹”,即尽量保持简洁明快的基调,而避免使用浓重的颜色。因为浓重的色调会使人产生一种压抑感,并使房间看上去比实际面积要小。门市部装饰通常以中性色调为宜,如乳白色、米黄色等。这些颜色能够同任何家具、灯具相匹配。

(4)墙壁。墙壁的装饰十分重要,它能给房间增添某种情趣。能够用于旅行社门市部墙壁的装饰物很多,如油画、大幅地图、布幔、彩色挂毯、异域风光图片等。这些饰物既可以起到美化室内环境的作用,又可以充当旅游者同接待人员谈话的话题。有时候,通过对这些装饰物的评价可以在不知不觉中缩短双方的距离,加速相互之间的感情交流,有利于产品的促销。另外,有些墙壁上的装饰物还能够起到吸收部分噪音的作用。

(5)地面。地面装饰对门市部经营环境的重要性超过普通人的想象。有些旅行社的门市部在地面上铺木制地板或瓷砖,这是一种不当的地面处理方法,因为这些材料具有反射声音的功能,会使本来就很嘈杂的房间变的更加令人烦躁。因此,在地面铺地毯是最佳选择。厚厚的地毯不仅给人以华贵的感觉,更重要的是能够吸收由于繁忙的业务而产生的大量噪声,使房间变得静谧和谐。但是,临街的门市部不应在进口处铺地毯。因为旅游者从街道上走进门市部时会带进大量的泥土或灰尘,使地毯变得肮脏不堪。在进口处可以用瓷砖装饰地面,既容易清扫,又比较耐磨损。

(6)家具。门市部的家具主要是办公用的桌椅和文件柜、期刊架等。旅行社在选配家具时应注意使其同房间的整体色调相匹配。一般来说,木制家具的色调比较好,但是价格比较贵。不少旅行社采用金属制作的家具,效果也不错。

(7)其他装饰物。除了上述室内装饰物外,旅行社还应该为门市部配置一些精心挑选的装饰物,以烘托房间的气氛。例如,在门市入口及等候区,可以安装一盏精致的吊灯,在室内摆放一些绿色植物、花草等。

(二)门市销售人员的选择

旅行社门市部是旅行社一个重要的对外窗口,其销售人员不仅仅是按照程序认真地接待顾客,而且还要使顾客在门市部产生一种“熟悉”而不是“陌生”的感觉。一个素质不高的销售人员可能在与顾客接触的几秒钟之内便把顾客赶走,或给下面的会谈打下不好的基础,致使销售会谈失败。因为顾客往往从销售人员的素质表现来判断旅行社的可信度和旅游产品的质量。

1.门市销售人员的业务素质。旅行社在选择门市销售人员时,除了要求他们应具备同旅行社其他岗位上的人员一样的职业道德水准和身体健康条件外,还应要求他们具有以下业务素质:

(1)精通旅游产品知识。门市销售人员首先应具备的业务素质是精通旅游产品知识,熟悉产品的内容及在什么时候、以什么价格能够获得这些旅游产品。另外,门市接待人员还应该能够准确地判断各种散客旅游产品的质量并能够清楚地了解产品的哪些特色能够满足旅游者的需要。

(2)理解旅游者的需求。门市销售人员必须能够深刻地理解旅游者的需求。为了能够做到这一点,门市销售人员必须具备良好的提问能力和倾听能力,能够从旅游者的回答中抓住问题的实质,发现旅游者的真正旅游需求。销售人员不但要了解顾客对产品的需求,还要了解并满足顾客对服务的“心理需求”。销售人员不得体的语言或行为会使顾客产生反感而离开。

(3)善于推销旅游产品。门市销售人员必须具备较强的产品推销能力,在旅游者的咨询过程中,积极主动向旅游者介绍本旅行社的旅游产品,当顾客最好的参谋,并善于抓住稍纵即逝的机会引导旅游者购买。

(4)具有较高的文字水平。在旅行社门市接待过程中,销售人员除了回答旅游者提出的各种问题并提供咨询意见和建议外,还要填写各种表册和起草各种业务文件。因此,门市接待人员应具有较高的文字水平。

2.门市销售人员的岗位职责。门市接待人员的岗位职责包括介绍旅行社各种旅游产品、提供各种旅游咨询、办理各种旅游产品销售业务和处理各种文件。

(1)介绍旅游产品。门市接待人员的岗位职责是向到访的旅游者介绍旅行社的各种旅游产品。为了做好这项工作,门市接待人员必须能够做到:①熟悉主要旅游目的地的有关情况;②掌握本旅行社的主要旅游产品情况。

(2)提供旅游咨询服务。门市接待人员的第二项岗位职责是向旅游者提供旅游咨询服务。在提供咨询服务时,接待人员应做到:①热情接待,注意倾听旅游者提出的问题;②运用自己所掌握的业务知识,耐心细致地回答旅游者的提问;③根据旅游者的具体情况,因势利导地向旅游者推荐本旅行社的散客旅游产品;④当旅游者流露出购买某种旅游产品的愿望时,要积极引导其作出购买的决定;⑤如果旅游者未表示购买本旅行社产品,仍要热情为其解答各种问题,不得流露出不满的情绪。

(3)销售旅游产品。当旅游者决定购买时,门市接待人员应抓住时机,及时为旅游者办理有关手续并相机向旅游者推荐其他相关产品,以扩大旅行社的销售收入。

(三)销售工作的基本规范

服务产品是无形的,但质量是有标准的。旅游销售是旅游产品的组成部分,而且是重要的组成部分。旅游质量管理的第一步应该"从销售柜台做起"。

1. 目光接触。人与人相见第一个接触的就是目光。在两个陌生人相遇开始的几秒钟之内,肯定都是在打量和寻找对方的"基本语言和行为特点",由此可以得出对对方的总体印象。

2. 微笑。一个合格的销售人员,他的微笑作为一种身体语言应当给顾客传去这样的积极信息:您在这里是受欢迎的。因为几乎所有的人都不会躲避微笑。

3. 起立。销售人员在与顾客接触时起立,不仅是表达友好平等的关系,而且应努力显示出销售人员权威性和自信心。起立时要注意身体形象端正,行动稳重协调,手要放松自然。

4.请坐。如果旅行社里的销售人员都在忙而无法马上接待刚进来的客人,就应该请客人谅解并请他暂时在室内的公共等候区就座,耐心等待一会儿。旅行社的销售部门应当在公共等候区里设足够的座位。除摆几个舒适的沙发外,还应备些饮用水、咖啡及各种糖果点心招待客人,这样不但可以免除客人等待的寂寞,还可以使客人在公共等候区就会感受到:如果预订该旅行社的旅游产品,在旅游途中将会享受到什么样的优质服务。

5.自我介绍。销售人员与顾客互相做自我介绍将会增加双方的亲切感和信任感。但是要注意方法和尺度。只有在与顾客接触的"开始阶段"(开场白)结束之后和客人已经同意接受您的业务咨询的情况下,才可以向客人介绍"有关的个人情况"。比较规范的介绍内容是:姓名、职务、职责及联络方式。

6.打开话题。在销售人员与顾客互致问候之后便可进行下一个内容——打开正式会谈的话题。尽量使用"职业语言"进入咨询会谈,它所起的作用是:不使客人产生勉强生硬的感觉;我是专门为您服务的并随时为您做事;我们之间存在着朋友似的友好关系。

7.咨询会谈。"业务咨询会谈"是旅行社销售人员接待顾客的核心内容。在一般的情况下,想只凭产品的说明书赢得顾客是远远不够的。在会谈中,要使顾客产生"信任感",有一点十分重要,那就是在同顾客接触时,从一开始销售人员就要充分表现出"权威性",尽可能地向客人介绍高层次的业务知识,甚至"超出顾客的愿望"。

作为旅行社销售人员应当懂得,如果在咨询会谈中顾客对产品的问题在这里得不到回答,就会失去对旅行社的信任和对产品的购买欲望,从而另寻旅行社。

第四节　旅行社的促销策略

旅行社的促销就是通过与市场进行信息沟通来引起顾客的注意、了解和购买兴趣，树立旅行社及其产品的良好形象，从而促进销售。旅行社的促销策略是指旅行社在促销目标、促销预算、促销方法和促销效果上进行科学的选择、配置、控制和评价。

一、旅行社的促销目标

客源地旅行社直接面对消费者销售旅游产品，因此广大公众是他们的促销对象，促销的目标是将旅游产品的信息传递给潜在的旅游者，吸引他们的注意并激发他们的购买欲望。这种促销的内容主要是旅游产品和旅行社的信息，如旅游线路的日程，参观游览的景点，文娱节目、住房、膳食和交通工具的情况，旅行社的名称以及订购办法等等。促销的方式主要是印制和散发旅游产品手册，刊登广告，参加旅游展销会，或者是由推销人员直接进行，所需费用摊入旅行社的营业成本。

旅游目的地的旅行社，如我国经营入境旅游产品的国际旅行社，销售的只是部分的旅游产品，销售对象不是海外的直接消费者而是客源地的旅游经营批发商。对于最终的消费者来说，目的地旅行社产品的促销工作主要是通过海外的旅行商间接进行的。

目的地旅行社的促销工作有两个方面。一是促使更多的外国旅行商了解本企业并愿意和自己建立业务关系；二是促使他们更多的采购自己的产品。前者是企业形象宣传，目的是开辟客户关系；后者是产品促销，目的是扩大产品销售。这两者是相互联系、密不可分的，但又各有侧重。

（一）开辟客户关系

为了达到开辟客户关系的目的，应尽可能提高本企业在国际旅游市场上的知名度,结识更多的对经营中国旅游业务感兴趣的外国旅游批发商。促销的内容应包括本企业的商业信誉、经营能力、经营方针、经营范围、旅游工作经验、服务水平、办事效率以及与本国各旅游企业的密切关系等等。促销的方式可以采用刊登广告,参加国内外的旅游博览会和展销会,参加国际性的旅游组织及外国旅行商的行业组织召开的有关会议,向国外旅行商分发企业宣传材料,邀请海外旅游商前来考察和洽谈生意等等。

(二)产品促销

目的地旅行社为了扩大产品销量,要尽可能使客户了解自己的产品,包括品种、内容、档次、特色等信息,尤其要宣传产品的独特之处及优于竞争对手的长处所在,对产品开发和改进方面的信息要及时向客户通报。促销的方式主要是印制和分发产品目录,参加客源地旅游批发商的促销工作,如联合参加面向公众的旅游展销会,或一起召集旅游零售商召开产品介绍或说明会等等。

二、旅行社的促销预算

旅行社的促销工作需要花费相当的人力和财力,特别是到海外去促销,费用很高,还需要支付外汇,因此在促销工作实施之前,必须进行促销预算,以免促销费用过高导致成本增高或促销费用过低影响促销效果。

(一)影响促销预算的因素

旅行社的营销人员在确定促销预算时通常要考虑以下因素:

1. 促销目标。预算应该保证促销目标的实现,目标大则预算必然大,目标小则预算也相应要小一些。

2. 竞争因素。在高度竞争的市场环境中,旅行社的促销预算必然要以保证或扩大自己的市场份额为重要目的。因此,主要竞争对手的促销预算必然会影响旅游者自身的预算大小。

3. 可利用的资金。旅行社在特定时期内的财力状况,自身拓展业务所需的人力、财力的可能性,当然也会直接影响到预算经费的多少。

(二)促销预算的方法

1.销售额百分比法。销售额百分比法,即旅行社根据一定时期内销售额的一定比例来确定促销预算。根据计算标准不同,有四种计算方法:计划销售额百分比法(以下年度的计划销售额为标准)、上年度销售额百分比法(以上年度或过去数年的平均销售额为标准)、平均折中销售额百分比法(以计划销售额和上年度销售额的平均值为标准)和计划销售增加百分比法(以上年度促销预算为基础,加上下年度计划销售增加比例确定促销预算)。

这种方法的优点是计算简单方便,能够与旅行社的财务能力保持一致。其不足是颠倒了销售与促销的因果关系,即如果销售量下降应该减少促销预算,而事实上应该扩大促销预算,以防止销售量的进一步下降。因此,在销售额下降时,不宜采用此方法。

2.利润额百分比法。利润额百分比法,即旅行社根据一定时期内利润额的一定比例来确定促销预算。同样根据计算标准不同,有四种计算方法:计划利润额百分比法、上年度利润额百分比法、平均折中利润额百分比法和计划利润额增加百分比法。

这种方法和销售额百分比法具有相同的特点,同时又使促销预算和利润直接挂钩,适用于不同产品之间的促销预算分配。这种分配比例也不应绝对化,如新产品在推广期内的促销预算比例就应该高于一般产品。

3.竞争对等法。竞争对等法,又叫竞争对抗法,即旅行社根据竞争对手的促销预算,来确定本企业的促销预算。在实际运用中可以采取市场占有率法和增减百分比法进行计算。其计算公式如下:

市场占有率法:

$$促销预算 = \frac{竞争对手特定时期促销费用}{竞争对手市场占有率} \times 本旅行社预计市场占有率$$

增减百分比法：

促销预算 =（1 + 竞争对手促销预算增减率）× 本旅行社上年促销预算

在竞争激烈，旅行社之间势均力敌的情况下，竞争对抗法是一种有效的促销预算方法。但这种方法对旅行社的财力要求较高，适用于财力雄厚的大旅行社，资金不足的中、小旅行社若盲目跟随竞争对手的促销预算，则有一定的风险性，因为各旅行社的市场营销策略、产品和目标市场未必完全一致。

4. 量入为出法。量入为出法，又叫支出可能法，即按照旅行社财力可能支付的金额来确定促销预算。可以根据旅行社的财务状况，量入为出，灵活的调整促销预算，是一种较适应旅行社财务支出状况的方法，但其局限性是不能保证促销目标的实现。

5. 目标任务预算法。目标任务预算法，又叫目标达成法，即旅行社首先确定某一时期的具体促销目标，然后确定为实现这一目标所应进行的促销活动，并具体测算每项促销活动所需要的经费，然后把这些费用汇总，就可以得出总的促销预算。

这种方法以促销目标决定促销预算，具有较高的科学性。只要促销目标明确，就可以制定出较准确的促销预算，不仅在总额上可以控制，也可以在促销的各步骤上对达成各子目标所需的费用进行控制，同时还可以在促销活动实施后有效地检验促销效果。虽然在这种方法中经验的影响较大，但它仍是目前惟一的试图找到某种促销目标需要的确切费用的方法。下面是使用这种方法来进行预算的一个例子：

某旅行社推广某条观光线路，测定从某客源地 10 万名外出旅游者中争取 8% 的市场份额所需的广告预算。

(1)确定市场份额目标。占有8%的市场份额就意味着客源地10万名外出旅游者中的8 000人购买本旅行社的该项旅游产品。

(2)计算广告的触及面。广告的触及面是指接触到广告的人数占目标市场总人数的百分比。假如根据广告商的历史经验,如果广告触及者、态度转变者、购买者之间存在一个10:5:1的比例,也就是说,要使目标市场8%的顾客产生购买行为,必须使目标市场40%(8%×5)的消费者在接触广告后产生态度偏好的有利转变,而要做到这一点,必须使目标市场80%(8%×10)的消费者接触到广告,那么100 000×80%=80 000(人)就是广告所要触及的人数。

(3)决定80%的触及率条件和40%态度转变率条件所需要发布或登载广告的次数。同样,根据广告商的历史经验,假设需要20次。

(4)确定广告触及每人一次的成本。不同的媒介触及面不同,收费水平不同,触及每人一次的成本不同,同一媒介在不同的时间、不同的版面位置收费标准也不同,计算触及成本应根据事先既定的媒介计划。假定这个计算出来的触及成本为0.01元/人。

(5)计算广告的发布费用:

100 000×80%×20×0.01=16 000(元)

(6)计算广告总预算:

广告总预算=广告制作费用+广告发布费用。

假设制作费用占总预算的两成,那么旅行社为使该线路获得8%的市场份额应投入的广告费为:16 000÷80%=20 000元。

三、旅行社的促销方式

旅游手册、媒体广告、销售促进、公关营销、直接推销和网络营销是旅行社促销活动的主要方式。旅行社可以单独使用某一种方式，或是将几种方式结合起来使用。

（一）旅游手册

旅游手册是旅游经营商最关键的营销工具，对顾客是否决定购买影响最大。旅游产品是一种无形产品，顾客购买时无法看到实物，因此，手册是向顾客介绍并引导顾客购买产品的最主要的工具。各个旅行社都不惜工本印刷旅游手册并通过广告引导顾客到零售商处索取手册。手册的印制费用占整个年度市场营销费用预算的很大一部分。在英国，最大的旅游经营商的旅游手册的印制数量达数千万份，每份的成本达1英镑以上。

1.旅游手册的设计制作。在设计旅游手册或印刷品前，必须首先明确手册的使用对象是哪些人，他们对你的旅游产品和服务了解多少，通过手册要表达的主要信息是什么，分发方式对印刷品尺寸的影响等等。

在撰稿时，应尽量从游客的角度考虑，如回答他们想要了解的问题；使用游客们喜欢的词句，如父母亲可能喜欢“兴趣”、“教育”、“安全”、“舒适”等词语，而新婚夫妇或年轻人则对“浪漫”、“放松”、“惊险”、“刺激”等词语感兴趣；使用具体的描述，如“新鲜的空气”、“鲜花飘香”要比一般性的描述，如“条件舒适”、“包您满意”等词语更好；词语精练，段落要小，避免长篇大论使人失去阅读的兴趣。

手册的首要功能是吸引注意力，因此封面设计尤为重要。封面上常见的形象是旅游目的地典型照片或是漂亮的模特，顶端是引人注目的标志和商号名称，在旅行社的书架上可让人一眼就认出来。

在决定手册的样式与大小时，要考虑它适合什么样的用途，是放在架上自由拿取，还是装入信封邮寄给目标顾客。原则就是要便于分发。样式独特的单页印刷品（如方形或顶端为不规则的波浪形）可以吸引人的注意，但由于需要特殊裁切和特别的信封，成本会较高。

除了文字外，旅游手册上大都有一些彩色照片，如风景区或度假区的风光照片、饭店外观照片、客房餐厅的照片等等。避免使用与推销的产品没有关系的照片，如总经理办公的照片、几名员工交谈场面的照片等。

大多数旅行社都经营种类繁多的旅游产品，如度假旅游、观光旅游、修学旅游等等。如果将这些项目的宣传都放到一本手册中，将会有几十页甚至上百页之多，不但成本昂贵，而且造成严重浪费，因为有些顾客只想了解度假旅游的项目，却拿走了整整一本书。因此，旅行社应按不同路线或是针对不同的目标市场来分册印制。这样做不但可以解决浪费的问题，还能利用多册的优势占据旅游零售商的书架空间，挤走竞争对手的宣传材料。

2. 旅游手册中应包含的信息。为了满足旅游者了解一般旅游项目信息的需要，旅行社应在旅游手册中注明以下信息：

(1) 旅行社的名称、经营项目、经营规模等；

(2) 产品目录；

(3) 目的地、活动日程和旅行时间的详细情况；

(4) 旅游线路图；

(5) 所使用的交通工具。乘飞机要说明承运人、机型、舱位等级，是定期航班还是包租航班；乘火车要说明是旅游列车还是普通车型、座位等级；乘汽车要说明是空调旅游车还是普通车型；乘轮船要说明是游轮还是一般客轮、舱位等级等；

(6) 食宿(包括每餐)地点和类型的详细情况；

(7) 特殊安排方面的详细介绍，如饭店中是否有游艺室，游艺室是否24小时开放，是否收费等；

(8) 每个项目的明确报价，如有附加费应同时注明；

(9) 预订的所有细则，包括取消预订的详细规定、预订表格、预订方式等；

(10) 任何可选择或强制性保险的详细情况；

(11) 前往目的地所需证件的详细情况,任何危及健康的因素或防疫建议;

(12) 旅行社的通讯地址、联系人姓名、销售电话、投诉电话、传真号码、网站地址和电子邮件地址。

如果此手册是目的地的接待社分发给组团社的,则在手册中一般还要注明淡季、平季、旺季不同的报价,以及各季的具体划分;目的地各种档次宾馆的房价,以便组团社比较价格;火车时刻表及票价,航班时刻表,以便组团社安排往返交通;接待细则,包括费用的结算及有关事项的说明。

3. 旅游手册的分发和控制。只有使旅游手册到达目标顾客的手中,宣传才会起作用,但过多的分发,会增加成本,造成浪费。国外的旅游经营商往往按一定的标准来监督零售商的表现,以减少浪费现象。主要是根据发出手册的数量与收回订单数量的一定比例来决定手册分发的数量,一般每发出 3~4 份手册应收回一份订单。专项旅游经营商可能要发出 25~30 份手册才能获得一份订单。如果哪家零售商的预订情况总是低于这个数字,经营商就会请该零售商做出解释。经营商还将根据零售商的业绩来决定给零售商以什么的支持。优秀的零售商想要多少手册便可得到多少,而对最差的零售商,经营商可能只愿意提供一个文件副本或 2~3 份手册。

(二)媒体广告

媒体广告主要包括电视广告、杂志广告、报纸广告、广播广告、户外广告和因特网网络广告等,表 6-7 显示了主要的广告媒体及其优缺点的比较。

目前,我国大部分旅行社主要采用报纸广告和杂志广告,也有一些旅行社开始利用因特网,在大型的综合门户网站,如 www.yahoo.com、www.sohu.com、www.263.net 上,或是专业的旅游网站,如 www.ctrip.com、www.ctn.com.cn、www.chinaholiday.com

上,发布企业和产品信息的广告。

表 6-7 广告媒体及其特点

广告媒体	优 点	缺 点
电视	综合视觉、听觉和动作,富有感染力,能引起高度注意,触及面广,及时,地域可选性强。	费用高,时间短,观众选择性差。
杂志	地域、人群可选性强,阅读和保存时间长,印刷效果好,可提供精美图画。	发行量较少,价格偏高,时效性差。
报纸	灵活、及时,地域可选性强,覆盖面大,费用较低。	保存性差,干扰多,缺少形象表达手段。
广播	地域可选性强,覆盖面大,及时。	不能保存,听众选择性差,表现力差。
户外广告	可直接针对目标市场,醒目、灵活,展示时间长。	内容受局限,摆放地点观众选择性差,费用较高。
因特网	覆盖面大,传播迅速,费用低廉,高度交互性,表现力强,信息可及时反馈。	广告点击率低。
车身广告	地域选择性强,费用低,直观,触及面大。	人群选择性弱,表现内容有限。

(三)销售促进

销售促进,也称作销售推广,它是对同业或消费者提供带有馈赠性质或奖励性质的促销方法。旅行社销售促进的对象有三个:消费者、零售商和产品推销人员。与之相应,销售促进也分为三类。

1.针对消费者的销售促进活动。针对旅游者的销售促进活动,目的在于吸引新顾客,抓住老顾客。其手段通常有赠送纪念品、宣传品、礼品,或赠送折价券,以及减价和进行抽奖。例如,为推销某条线路,旅行社向旅游者赠送旅游地画册、纪念品,以及在这条线路上的定点商店享受购物折扣的折价券。事后还可以根据回收的折价券副券进行抽奖,把奖品邮寄给旅游者。

2.针对零售商的销售促进活动。针对零售商的销售促进活动,目的在于扩大和增加经营商的产品同顾客之间的渠道。其手段主要有提供额外的佣金和超额奖励、邀请考察旅行、给予推广津贴、提供宣传品、联合开展广告活动、提供广告津贴等。

3.针对推销人员的销售促进活动。针对推销人员的销售促进活动,目的是调动推销人员的促销积极性。常用的方法有奖金奖励、销售集会(通常在娱乐场所和餐桌上举行)、礼品奖励、旅行奖励和销售竞赛等。

(四)公关营销

公关营销是通过发展企业与公众、社会之间的良好关系,建立、维护、改善或改变企业和产品形象,以此来营造有利于企业的经营环境和经营态势。旅行社的公关营销活动主要包括两个方面。

1.针对新闻界的公关活动。新闻报道具有可信度高、迅速扩大知名度和宣传成本低的优越性,因此要充分利用新闻媒体开展宣传促销活动,不断地寻找新闻和制造新闻。例如定期向新闻界提供新闻通稿、邀请电视台新闻记者进行线路考察和全程报道、在展销会的同时召开记者招待会。

2.针对公众的公关活动。旅游业是向顾客提供面对面服务的行业,所以旅游企业的员工在向顾客提供服务的同时,也带有某种公关性质。通常可以采用资助公益事业、赞助社区活动、出版杂志刊物等方式与公众沟通。

(五)直接推销

直接推销包括三种主要形式:

1.人员推销。人员推销是通过销售人员与顾客的直接沟通来达成销售的一种推销方式。人员推销是成本最高的推销工具,必须有限度地使用。旅行社的人员推销工作包括销售人员联系和走访在各地的代理人、零售商、各机关团体、企事业单位及零散顾客;聘请专家为潜在的顾客介绍旅游目的地风土人情;在销售柜台前直接向客人推销等等。推销人员在同客户洽谈时应该掌握语言技巧、人际交往和社交技巧、推销技巧。销售柜台工作人员的着装、个人卫生、行为举止,甚至连回答电话的方式都会影响到公司的形象和顾客购买的意向。

2.现场环境推销。现场环境推销是指通过旅行社营业环境的总体效应,如位置、建筑、室内设计和装饰、宣传品展示、柜台布置等要素,向旅游者传递企业和产品信息,以促成其购买行为的完成。对顾客来说,地点方便是他们选择旅行社的一个主要标准。顾客往往会被宽敞而又有许多搁架的厅堂所吸引,明亮、欢乐和令人向往的气氛会把他们带入其中。灯光明亮、色彩温和、舒适的椅子和桌子,全都影响着顾客对旅行社的感性认识以及他们走进旅行社的动机。

3.直接联络推销。直接联络推销是指通过电话、邮寄印刷品直接和顾客联系的推销方式。旅行社通过800等免费电话系统,吸引旅游者使用电话查询或预订产品,或者是销售人员主动打电话给顾客推荐和介绍旅游产品。旅行社还可以直接邮寄旅游产品目录和宣传品。电话推销和邮寄之前,必须通过各种渠道了解目标顾客群的各种信息,做到有的放矢,以保证推销效果。

(六)网络营销

互联网作为信息双向交流和通信的工具,已经成为众多商家青睐的传播媒介,被称为继报纸杂志、广播、电视之后的第四种媒体——数字媒体。旅行社不仅可以利用网络广告传播范围广、交互性强、成本低(一般每年几千元)的特点为企业和产品作宣传,还可以在因特网上建立起自己的网站,开展网络营销和电子商务。目前我国已有300多家旅行社在网上开设了自己的网站,其中一些大的旅行社集团往往自行开办,自行维护网站。如中国青旅控股股份有限公司的青旅在线(www.cytsonline.com)、中国国际旅行社总社的(www.cits.com.cn)、中国旅行社总社的(www.ctsho.com)等等,一些中、小旅行社则委托网络服务供应商建立并维护自己的网站。

网络营销具有以下的一些特点:

1.无形化。互联网有跨时空,覆盖全球,以多媒体形式双向传送信息和信息实时更新等特点,是其他媒介所无法比拟的。信息时代给传统市场营销带来了发展的契机,其无形化的特点尤为突出,主要表现在书写数字化、传递数字化、经营场所不受地点限制和支付手段高度电子化等。

2.标准化。网络营销行为的标准化包括商品信息标准化、商品交易标准化、市场建设标准化和市场监督标准化。

3.个性化。Internet不仅仅是一种新的销售渠道,网上销售还正向一对一的个性化发展。国外的许多旅游网站,如Expedis、PreviewTravel、Travelocity等都提供个性化的定制服务。用户登陆网站后,网站会提供一些功能选项,纪录客户的基本信息、信用卡信息和旅游需求,如用户最希望何时开始旅游;最想搭乘哪个航空公司的哪个航班,经常飞行的次数;最喜欢租用哪种类型的汽车;最愿意住什么饭店等。这些信息反映了旅游线路的选择标准,服务器在储存了这些信息后,就会根据这些信息帮助客户寻找相关的服务信息,并且这些信息可以随时修改和删除。当没有找到满意的解决方案时,客户还可以委托服务器监视和跟踪,当有符合标准的信息出现时,及时用电子邮件告知客户。

4. 低成本。网络营销给交易者双方带来的经济利益上的好处是显而易见的，主要表现在降低了搜寻成本、谈判成本、广告成本、顾客咨询成本和结算成本。

此外，网络营销还可以使企业及时得到顾客的意见反馈，掌握顾客的需求；及时提供企业最新消息和新闻，打开国际市场，提供 24 小时服务，开发潜力无穷的新顾客群等等。

四、旅行社促销效果的评估

促销效果的评估主要是通过促销反馈信息来衡量某种促销组合或具体促销方案的效果。衡量的标准主要是促销实施之后旅行社产品销量的增减幅度。衡量的方法主要有：

1. 比值法。这种方法是以促销前后产品销售量的变化来进行测定，由于简便易行，较为通用，其公式为：

$$R=\frac{S_2-S_1}{P}$$

R 表示促销效益，S_2 表示本期促销后的平均销售量(一月或一年)，S_1 表示未促销前的平均销售量(一月或一年)，P 表示促销费用。

例如，某旅行社 1998 年上半年的国内旅游平均销售收入为 150 万元。6 月底，该旅行社领导决定从 7 月 1 日起，在当地的晚报上连续刊登介绍该旅行社国内旅游产品的广告。广告刊登时间为一个月，共支出广告费 5 000 元。到 1998 年底，该旅行社发现，下半年的国内旅游销售收入达到 180 万元。根据比值法可以测定的该次广告效益为：

$$\frac{180-150}{0.5}=60(\text{元})$$

即每元广告费产生了 60 元的广告效益。

由于促销效益和促销量之间并非绝对的呈正比关系，因而运用这种方法评价促销效果时，要注意排除促销以外的其他因素的影响，如市场的变化，竞争对手的促销活动，以及各种突发性偶然事件等等。

2. 增长速度比较法。这种方法是将几个时期的销售额与促销费用的平均增长速度相比较，了解促销活动在一个较长时间内的销售效果。如果销售额增长的速度大于促销费用的增长速度，则说明促销效果比较好。

3. 媒体刊载衡量法。这种方法是统计有关报道在媒体上的登载数量，加上媒体的触及率、发布频率和影响力来判断有多少人认识、了解了旅行社的产品。

案例 1：

时运假日旅行社的经营之道

历史背景

时运假日旅行社的前身是麦昂旅行社，办事处设在英国中部的汉普郡，专营欧洲乡村别墅短程旅游业务。当时，欧洲短程旅游市场竞争激烈，各旅行社可得的经营利润极低，交通费用昂贵、货币兑换率低以及国内居民存款利率高等因素严重冲击着短程旅游市场。从 1983 年以来，世界远程度假旅游市场看好，英国经营这方面旅游业务的旅行社逐渐增多。1984—1985 年间，英国去西欧和地中海国家旅游的人数的增长率为 7.8%，而同期去世界其他国家进行远程度假旅游的人数的增长率为 12.9%。经营远程度假旅游价格高，利润大，可以专门满足那些高收入、高消费阶层旅游者的需求。远程度假包价旅游的日程安排复杂，活动范围较广，机动性强，旅游经营者可以比较灵活地调整线路价格内包含的各项费用。即使是经营散客的远程包价旅游,也会使旅行社获得较好的利润。经营远程度假包价旅游的优势和对这一市场需求的不断增长,对当时麦昂旅行社改变经营方向和项目产品的类型有着极大的影响。1984 年 1 月,麦昂旅行社做出决定,与英国时运烟草公司签订联营合同,以时运烟草公司作为后盾,开辟远程度假包价旅游新市场,开始经营去世界各地的远程度假旅游,并将原来麦昂旅行社的名字改为时运假日旅行社。

新旅行社成立后采取的第一个措施,就是聘任工作经验丰富的格雷厄姆·菲力普为总经理。在这之前,他正受雇于世界有名的托马斯·库克旅行社。1984 年 1 月 3 日,菲力普先生走马上任,并决定在 1984—1985 年的旅游旺季到来时首次推出远程度假旅游线路。

市场调研与分析

时运旅行社成立后,首先对远程度假旅游市场进行调查分析,调研的主要内容是:

哪些远程度假线路有较大的潜在市场?

哪些类型的客人愿意参加远程度假旅游?

3 个月后,调研结果表明:

1. 客人对各类远程度假旅游的偏好比重不同:

喜欢海边度假的客人 17%;

喜欢海边度假加购物的客人 33%;

喜欢文化旅游的客人 19%;

喜欢参加各种兴趣度假的客人 16%;

喜欢在度假中“体验新的经历”的客人 15%。

2. 市场调研的结果还表明,喜欢参加远程度假的客人大多数是地位和收入较高的客人;客人的年龄并不受限制,远程度假既适合于度蜜月的年轻人，又适合直到退休老人的各年龄段的客人。

3. 主要竞争对手在远程度假旅游市场中所占的份额是：

库克旅行社：占有20%，并且一直具有很好的信誉，已经牢固地确立了在这一市场的领先地位；

信诚旅行社：占有20%；

速鸟旅行社：占有10%（该社归英国航空公司所有）；

康肯·库恩旅行社：占有5%，它是托马斯·库克旅行社专门经营远程旅游业务的分社；

飞翼旅行社：占有5%。

通过市场调研，时运旅行社确定了目标市场和经营目标。

对旅游目的地的调查

当目标市场和产品类型确定后，时运旅行社紧接着对旅游目的地的设施和旅游资源进行调研，以弄清哪些目的地能满足客人的需求。1984年1月～5月间，菲力普先生走访了20多个国家的100多家饭店，寻找和确定适应不同客人需求的不同类型的旅游目的地。同时，他与有关目的地的部门重点协商了度假价格、住宿和交通三方面的问题。

1. 住宿情况。对时运旅行社来说，一个非常重要的问题是，如何在度假目的地以合理的价格向远程旅游度假的客人提供能满足他们要求的食宿设施。菲力普亲自进行调研，一边旅行，一边住饭店，仔细考察了各饭店的服务标准、设备设施和到度假活动区的距离等。考察的结果令他非常满意。其后，他与各饭店的销售经理协商了房价问题，最终达成的协议是：时运旅行社将这些饭店编印在旅行社出版的旅游宣传品上，散发给顾客。这既为旅行社本身宣传促销，也为各饭店做了广告。这种形式的宣传广告发放面广，数量多，针对性强，影响大，时运旅行社还可以从这些饭店获得

30%的房价折扣。

2. 交通情况。远程度假费用中，有很大比例用于支付从出发地到目的地之间的国际航运费和目的地国内的航运费。为了保证旅行社能获得较好的机票折扣，时运旅行社决定全部使用目的地国家的航空公司。这些航空公司可以保证向时运旅行社长期提供60%以上的机票折扣。

3. 目的地旅游资源情况。为实现旅行社准备开辟的“求新和体验不同经历”的客源市场目标，菲力普先生考察了竞争对手所提供的线路中从未涉及的目的地。必须以新的目的地、新的旅游资源来满足客人求新和体验不同经历的需要，时运旅行社才能扩大影响，占有足够的市场份额。

旅游宣传品的编制

市场和目的地的调研工作结束之后，时运旅行社开始编制下一个旅游季节的旅游线路，并把这些线路都鲜明地囊括在宣传品中。时运旅行社特聘了一家专业广告公司承担宣传品的设计工作，设计制作费高达25万英镑。宣传品的封面突出了海边度假、文化访问、兴趣活动和探险旅行四个主题，并附有四幅主题照片，以吸引那些喜欢单独探险、求奇活动的旅游者。宣传品共84页，总体质量高，编入了能够吸引潜在客人的全部信息资料。

分销渠道的建立

宣传品制成后，另一项重要的工作是选择合适的旅行社作为代理商，确保宣传品能够展放在这些旅行社陈列架最显眼的位置上。由于时运旅行社刚开始经营远程度假业务，在那些为它散发宣传品的旅游代理商中取得信誉是非常重要的。时运旅行社选择了知名度较高，受游客欢迎的霍格·罗宾逊连锁旅行社。经过协商，这家旅行社同意将时运旅行社的宣传品放在其所辖的旅行社中试展一个时期，然后选择并确定合适的分销渠道。时运旅行社希望自己的宣传品能够摆放在明显的位置以引起客人的注意，但事不如愿，双方为宣传品的摆放发生了争论，协议中止。

为此，时运旅行社采取其他措施，将自己的宣传品大量发给附近的各个独立的小旅行社和一些小型的连锁旅行社。时运旅行社还在办事处内培训了自己的推销人员，规定了推销数量与报酬发放相当的原则。

在发放宣传品的同时，时运旅行社还针对其客源目标市场，在一些报刊杂志上登广告。到 1984 年 12 月，时运旅行社为迎接一年旅游旺季的到来而做的促销工作全部就绪，并期望自己所提供的产品能够吸引和满足那些具有特别需求的远程度假客人。

困难与问题

时运旅行社刚刚进入新市场，便碰到了下述问题：

1. 汤普森假日集团也同时进入了远程度假旅游市场。时运旅行社散发宣传品几个星期后，得到了一个信息：英国最大的旅游经营商汤普森假日集团也意识到远程度假市场看好，有较大的利益可图，故而决定经营这方面的业务，并预计在世界上更广的范围、更多的目的地出售远程度假产品。汤普森假日集团是一家世界公认的组织严密、财力和专业技术力量雄厚的大型旅行社，在市场上有很好的声誉，在旅游行业中有极强的竞争能力。汤普森假日集团的目标客源市场是那些愿意进行海边度假活动的客人，这与汤普森假日集团正在经营的欧洲海边假日产品基本相同，所不同的只是度假的目的地从欧洲延伸到更遥远的世界其他地方。汤普森假日集团使用航空公司包机，降低度假的交通费用，以吸引客源市场中低收入阶层的客人。汤普森假日集团的优势还在于其具有较大的经济规模,可以向各种客人提供不同类型的产品,以低廉的价格占领大众旅游客源市场。汤普森假日集团的这些优势很容易在客人和目的地旅游供给商中建立信誉,稳固住自己的地位。

2. 货币兑换率的波动。在1984—1985年旅游旺季到来时,货币兑换率的波动严重影响着时运旅行社的经营效益。一般情况下,旅游经营商是以美元支付航空公司、饭店和旅游零售商费用的。当英镑对美元的汇率下跌时,旅行社支付上述费用不可避免地要增加,应得的利润会大大减少。1985年2月,当时运旅行社正进行第一个远程度假产品预订时,英镑对美元的汇率忽然跌到了1:1.05。

3. 旅游零售商和宣传品分销。时运旅行社与其他旅游经营商一样,也是通过地方、区域和国家级的旅行社销售自己的包价线路。对旅游经营商来说,这种分销方式往往不甚理想,潜在的客人常常在无引导的情况下从宣传品中进行错误的选择,有时客人也会在旅行社职员的引导下,选择那些熟悉的产品。旅行社要想搞好产品推销,需要有一批业务能力很强的推销员进行销售引导,在每个关键的销售点摆放足够数量的宣传品,并保证这些宣传品被摆放在突出的位置上。由于旅行社一般职员缺少专业训练,有时职员对客人会做错误的引导和解释。时运旅行社就遇到了这方面的问题。因此,该社认为,这种分销渠道和方式不能真正代表旅行社的利益,不能进行有效的产品促销。

4. 同时运烟草公司的联营。旅游行业与烟草行业在市场、产品和员工等方面完全不同,因此两家联营从一开始就有许多争论和异议。由于政府部门严格控制烟草行业,不允许它们大张旗鼓地做广告和推销活动,因而烟草行业使用间接广告的宣传方式越来越流行。时运烟草公司认为,时运旅行社在旅游宣传品封面上应该印有鲜明的烟草产品彩色商标,从而扩大烟草产品的影响和销售,使烟草公司获得更多、更稳定的收益。然而,烟对身体健康的不良影响已逐渐被人们所认识,这就迫使时运旅行社在与烟草公司联营后,不得不进行市场调研,以预测与烟草公司联营究竟会给旅行社带来多大的副作用。调查结果表明,有5%的客人不愿购买由烟草公司资助的旅行社的产品;有5%的旅行社不愿展示和散发封面上印有鲜明彩色烟草商标的旅游宣传品。几年来,时运旅行社的经营证明了这个调研结果是符合实际的。在过去的5年中,时运旅行社想方设法使烟草的副作用减少,才使各旅行社把自己看做一家正规的、有权威的旅游经营商,在旅游市场上逐渐树立了信誉。如今,时运旅行社宣传品的封面上已不再印有彩色烟草产品的商标了。

结论与市场战略

时运旅行社在进入远程度假旅游市场的第一年,销售了900人次的旅游产品,其平均价格为1 200英镑。在1988—1989年旅游季节中,旅行社销售的产品数量上升为3 500人次,平均价格为1 440英镑。大约占整个远程度假市场10%的份额。5年中,时运旅行社累计销售产品为1.2万人次。

在旅行社最早印制的宣传品上,对所有年龄段的客人提供的海滨、文化、兴趣、探险四种产品,现在已细分为对两个年龄段的客人提供两种类型的度假产品。

两个年龄段:

旅行社发现,参加远程度假的客人大多为两个年龄段上的人:

一是25岁~34岁的客人,占28%;二是35岁~45岁的客人,占22%。年龄较轻的一组客人均属于年轻的富有阶层,他们大多数是年轻夫妇,两人都有较好的职业和较高的收入,没有子女。年龄较大的一组中,大多数客人的子女已长大成人,离开家庭,夫妇两人有较高的收入和较多的余暇时间,人们把这类客人称为空巢的鸟。

两种度假形式:

海边度假和文化旅游是两种主要的度假形式。时运旅行社原来制定的让客人“体验新的经历”的市场策略没有产生很大的效果,因为人们对度假旅游市场的需求仍然是以海边度假活动为主。

在经营中,时运旅行社为了适应上述趋势,对原来的经营战略进行了调整,变换了产品类型,使之更加适合市场的需求。具体的做法是:

1. 探险求新旅行者对度假目的地的住宿设施,主要着眼于地处偏僻、新奇而小型的饭店、宾馆,旅行社的宣传品中相应增加了这种类型饭店的介绍,而由此增加的部分费用由这些被介绍的饭店分摊。

2. 传统的度假目的地已经不能够满足“独立的旅游者”的需求,如埃及、印度等已被从原有的线路中抽掉,在1989—1990年新线路中增加了南美洲的危地马拉、马来西亚的沙巴和非洲科摩罗群岛等目的地国家或地区。

3. 根据客源市场的变化,在新宣传品的封面上只刊登两幅代表两种最流行度假活动的照片:一幅是海滩,一幅是文化遗址。

问题和应采取的策略

时运旅行社几年来遇到的主要麻烦是宣传品的分发渠道和处理与各旅行社的关系。时运旅行社每年用于宣传品设计、制作的费用相当大,但这些宣传品被某些旅行社积压造成浪费,而有些旅行社却短缺。为了提高宣传品的促销效果,时运旅行社采取了如下措施:

1. 将旅游代理商从2 000多个减少到1 200个,保留了那些真正为产品促销作出努力和贡献的旅行社。

2. 加强对社内人员及后备推销人员的业务培训,培训的主题是:为使顾客更加愉快地度过假日。

3. 将每一份宣传品的售价增加1英镑。对各旅行社的销售佣金采取更灵活的政策,销售数量不同,支付佣金的比例也就不同,以鼓励各旅行社销售的积极性。(改编自张俐俐《中外旅游业经营管理案例》,旅游教育出版社,2000年)

讨论题:

1. 时运旅行社成立后,首先对远程度假市场进行了调查分析,根据调查结果,你认为时运旅行社会确定了什么样的目标市场和产品类型?

2. 时运旅行社在宣传品的编制上,应注意哪些问题。

3. 时运旅行社为什么会和霍格·罗宾逊连锁旅行社为宣传品的摆放发生了争论并中止协议?

4. 面对汤普森假日集团也同时进入了远程度假旅游市场的消息,时运旅行社应该改变产品经营方向和促销策略吗?

5. 在推销新产品的第一年,面对英镑对美元的汇率下跌,时运旅行社应该怎么办?

6. 在刚刚进入新市场的初期,时运旅行社应如何解决分销渠道问题。

7. 时运旅行社成功的经验有哪些?

思考题:

1. 旅行社产品包括那些类型?
2. 旅行社新产品的设计开发过程是什么,包括那些阶段?
3. 旅游产品组合有哪几种策略?
4. 旅游服务的采购应该遵循什么样的原则?

5. 如何进行住宿服务的采购?
6. 影响旅行社定价的因素有哪些?
7. 旅行社的定价策略有哪些?
8. 旅行社产品的定价可以采取哪些方法?
9. 我国旅行社的产品通过哪些渠道进行销售?
10. 间接销售渠道策略有哪几类,各自的优缺点是什么?
11. 旅行社门市部的选址应考虑哪些因素?
12. 旅行社门市部的销售人员应该具备什么样的业务素质?
13. 旅行社的促销预算可以采取哪些方法,各自的优缺点是什么?
14. 旅行社促销活动的主要方式有哪些?
15. 网络营销具有哪些特点?

第七章 旅行社的接待管理

旅游接待是旅行社的基本业务之一,旅游接待过程既是旅行社生产产品的过程,也是旅游者消费旅游产品的过程。接待管理水平的高低直接关系着旅游产品的质量和企业声誉,进而影响到企业的经济效益。接待管理工作主要包含接待计划管理、接待质量管理、接待成本管理和接待安全管理四个方面的内容,而接待人员素质的高低将直接影响着接待工作的质量。从接待业务上来看,接待管理又可分为团体旅游的接待管理和散客旅游的接待管理。

第一节 旅行社接待管理概述

旅行社的接待工作是旅行社为已经预订了旅游产品的旅游者,到达本地后提供实地旅游服务的一系列工作。做好接待工作必须要抓住这样几个环节:接待工作的计划管理、接待工作的质量管理、接待工作的成本管理和接待工作的安全管理。

一、接待工作的计划管理

接待工作环节众多、首尾相连,要把这些环节科学地组织起来,必须要有一个统一的严密的计划,作为各个岗位员工的行动纲领。

中国国家旅游局规定各地旅行社不能经营异地旅游业务,因而旅行社接待工作的计划编制就包含了两个方面的内容:一是地方旅行社根据组团社的客源预报计划，编制相应的接待服务计划；二是制定组团接待服务计划，即根据自己编制的销售计划组织客源，然后根据日程安排，向各地接待社通报客源情况，由地方接待社接待。组团社向地方接待社预报接待计划一般分为年度、季度、月度预报，该预报时间越长，其准确性越低。全程导游在抵达下一个城市前一天，还会再次向地方接待社通报团队情况。制定接待计划应着重接待人员的安排、餐厅用餐、饭店住宿、景点游览、行程交通、安全对策等等。

接待计划的管理应从客流量的管理做起，要做到尽早从销售部门获得销售信息，并密切注视今后数天、数周以及数月内的客流量变化，据此安排好有关接待的准备工作。由于种种原因，接待计划常常会发生变动，为此，必须建立一套严格的制度，保证变动的信息能及时传达到接待、采购等相关部门，并立即调整接待计划，以免造成漏接、误接、住房及机票不够或虚耗等事故。

二、接待工作的质量管理

旅行社接待服务的质量，就是旅行社在接待过程中满足旅游者需求程度的总和，包括物质的和精神的两个方面。满足旅游者的物质需求，就是在食、宿、行、游、娱、购等项目供应标准要符合合同条款，保证产品质量。旅行社还要通过热情周到、谦和礼貌、舒适方便和迅速及时的服务来满足旅游者精神上的要求。接待工作的质量管理，就是旅行社为了保证接待服务质量，综合运用的一系列手段和方法。旅行社可以采取以下的措施来进行接待服务质量管理。

(一)质量控制

接待服务的质量控制，主要内容是抓住质量教育的方法，加强思想工作，提高员工的责任心和事业心，使员工努力做好本职工作。质量控制工作的程序，一是制定各个接待岗位的工作规范和程序，同时制定必要的纪律，并把这两者和分配及奖惩制度相结合；二是督促员工按工作规范和程序要求进行服务；三是按规范要求进行检查。

（二）质量检查

旅行社服务质量的检查必须采取内部监督与社会监督相结合的办法。在内部，以严格和完善的规章制度为依据，对服务质量进行长期、全面的监督检查，坚持原则，不讲情面。在外部，依靠旅游者进行监督评议，可以采取发放"评议意见表"、设置"评议意见箱"、公布旅游服务质量投诉电话、信访等方式。一些旅行社经过探索比较，还采取了在国际游客出境前和国内游客旅游结束回到本地后，派出质检人员上门直接听取意见的方法，由此征询游客的感受、意见和建议，获取质量信息。

（三）设立质量管理机构

质量管理是一项经常性工作，需要有专人收集质量信息、制定质量条例、处理游客反馈意见、推行质量管理等。应该根据旅行社的大小，设立专职质检干部或质检机构。为了保持公正性和提高责任心，质检机构应该独立于接待、采购、计调等业务部门之外，并可由总经理直接领导。

三、接待工作的成本管理

在同行竞争日趋激烈和利润率逐渐下降的情况下，在旅行社的经营管理中，如何控制接待成本已变得越来越重要。接待成本的控制，可以从三个方面努力：首先是采购部门应在保证供应和保证服务质量的前提下，尽量从各个旅游服务供应单位争取更优惠的价格；其次是财务部门要把好结算关，严格审查各接待社及饭店、餐馆、汽车公司等供应单位的报账单，发现和剔除虚报冒领；第三是接待部门要精打细算，杜绝虚耗和浪费。

此外，旅行社还应实行单团接待成本预算和决算制度，使控制接待成本的工作落到实处。在编制接待成本预算时,直接成本按旅游团接待计划的实际需要计算;间接成本,即接待部门本身的费用支出,则可以根据占直接成本的百分之几来计算。在每个团队接待和结算完毕后计算出实际接待支出,再与接待预算相比较。如果出现大的超支,应寻找超支原因,采取改进措施,并扣奖或处罚,对节约成本的则给予奖励。当然在强调控制接待成本的同时,必须注意不能因此而降低接待质量,以免得不偿失。

四、接待工作的安全管理

安全是旅游的前提,没有安全就没有旅游和旅游业。如果发生重大的旅游安全事故,将会使一定时期内接待国(地区)的旅游业遭受重大的打击,特别是发生接待方的重大责任事故,其后果更为严重。因此,应该把接待工作的安全管理放在一个重要的位置,特别是在节假日客流高峰时期,更应该坚持"安全第一、秩序第二、效益第三",尽可能减少以至杜绝旅游安全事故的发生。保障旅游者生命财产安全是旅行社接待安全管理的首要原则。

凡涉及旅游者人身、财物安全的事故均为旅游安全事故。旅游安全事故分为轻微、一般、重大和特大事故四个等级:轻微事故是指一次事故造成旅游者轻伤,或经济损失在1万元以下者;一般事故是指一次事故造成旅游者重伤,或经济损失在1万~10万(含1万)元者;重大事故是指一次事故造成旅游者死亡或旅游者重伤致残,或经济损失在10万~100万(含10万)元者;特大事故是指一次事故造成旅游者死亡多名,或经济损失在100万元以上,或性质特别严重,产生重大影响者。

为了预防旅游安全事故发生,旅行社安全管理工作应负起以下职责:①设立安全管理机构,配备安全管理人员;②建立安全规章制度,并组织实施;③建立安全管理责任制,将安全管理的责任落实到每个部门、每个岗位、每个职工;④接受当地旅游行政管理部门对旅游安全管理工作的行业管理和检查、监督；⑤把安全教育、职工培训制度化，经常化，培养职工的安全意识，普及安全常识，提高安全技能。新招聘的职工，必须经过安全培训，合格后才能上岗；⑥坚持日常的安全检查工作，重点检查安全规章制度的落实情况和安全管理漏洞，及时消除不安全隐患；⑦对旅游者的行李要有完备的交接手续，明确责任，防止损坏或丢失；⑧在安排旅游团队的游览活动时，要认真考虑可能影响安全的诸项因素，制定周密的行程计划，并注意避免司机处于过分疲劳状态；⑨负责为旅游者投保。旅行社在与旅游者订立旅游合同时，应当推荐旅游者购买相关的旅游者个人保险；⑩投保旅行社责任保险；⑪直接参与处理涉及单位的旅游安全事故，包括事故处理、善后处理及赔偿事项等；⑫开展登山、汽车、狩猎、探险等特殊旅游项目时，要事先制定周密的安全保护预案和急救措施，重要团队需按规定报有关部门审批。

旅游安全事故发生后，现场有关人员应立即向本单位和当地旅游行政管理部门报告，和公安、救护、交通取得联系并请求帮助，组织对旅游者进行紧急救援，并负责和海外旅行商、外国使馆、旅游者家属取得联系，妥善处理善后事宜。

关于事故赔偿问题，如果按规定为旅游者办理了旅游意外保险，应由保险公司理赔；如系空难、车祸，民航、铁道等部门还要负责处理；如果事故责任在接待社，而旅行社又投保了“旅行社责任保险”，则由保险公司承担赔偿保险金责任。2001 年 4 月 25 日国家旅游局局长办公会议审议通过了《旅行社投保旅行社责任保险规定》，自 2001 年 9 月 1 日起施行。该规定要求旅行社必须投保旅行社责任保险，以减少旅游者和旅行社的损失，促进旅游业的健康发展。

第二节 接待人员的管理

旅行社的接待人员主要是指导游人员和领队,他们是旅行社的一线工作人员,代表着旅行社的对外形象,并具体实施旅行社的接待计划,为旅游者提供安排旅游活动、讲解、翻译、协调、陪同等服务。对接待人员的管理主要包括对接待人员的选聘、培训和使用等方面。对接待人员的管理水平,直接关系着旅行社的服务质量、声誉形象甚至经济效益,因此是旅行社接待管理中的一项重要工作。

一、导游人员的管理

导游人员是指持有中华人民共和国导游资格证书,受旅行社委派,按照接待计划,从事陪同旅游团(者)参观、游览等工作的人员。

(一)导游人员的选聘

具有良好素质和工作态度的导游人员,是旅行社接待工作成功的重要保证,也是旅行社接待水平和服务质量的体现。因此,旅行社在选聘导游人员时,应该考虑以下标准。

1. 持有导游资格证书。我国的导游人员必须持有中华人民共和国导游资格证书才能上岗,这种"持证上岗"制度的实施是旅行社行业保证导游队伍素质的一条主要措施。因此,旅行社在选聘导游人员时,必须首先核查应聘人员是否持有导游资格证书及证书的真伪。

2. 具有良好的思想品质。导游人员不但代表着旅行社的形象,更代表着一个城市、一个地区甚至国家的形象。因此,导游人员应该遵纪守法,廉洁奉公,具有较强的事业心和高度责任感,具有良好的社会公德和职业道德。旅行社可以通过应聘者的人事档案初步了解其思想道德素质，剔除有不良纪录的人员。

3. 具有较高的文化素质。导游人员是旅游文化和知识的传播者，应该具有较好的文化修养才能在导游讲解中，自觉传播科学思想、科学文化和精神文明，使游客在游览观光、休闲娱乐中受到教育，得到提高。应聘者的文化素质，可以通过笔试成绩和应聘者的受教育程度来衡量。

4. 具有良好的身体素质和心理素质。导游人员只有具有健康的体魄、良好的身体素质和心理素质，才能胜任导游这一脑力劳动和体力劳动高度结合的繁重工作。对应聘者身体素质和心理素质的考察，可以通过体检、面试、心理测试的方式进行。

(二)导游人员的培训

导游员的培训是旅行社加强对导游人员管理的又一重要措施。旅行社的管理者应通过各种方式对导游人员在基本素质、业务知识和工作能力等方面进行经常性的培训，以提高他们的素质和接待能力，更好地完成旅游接待任务。旅行社对导游人员的培训方式包括岗前培训、岗上培训、业务集训和脱产深造等。

1. 岗前培训。岗前培训，是指旅行社在新招聘的导游员上岗从事接待工作前，对他们进行旅行社接待业务知识和各种接待程序的培训。岗前培训多由旅行社人力资源开发部门和接待部门负责，通常由经验丰富的在岗导游员或接待部经理充当教员，对新员工进行旅行社各项接待程序，接待过程中的各个环节，接待工作中涉及的各种规章制度，接待工作的特点等方面的培训。新员工在培训过程中不仅要认真听讲，熟悉和掌握接待工作的各项要求和接待工作的特点，还要进行模拟训练(如模拟导游)，以提高他们对旅行社接待工作的认识和了解，尽快熟悉接待业务，争取早日上岗。

2. 岗上培训。岗上培训，是指旅行社对导游员在接待过程中随时加以指导和培训，使其在实际接待过程中加深对旅行社接待业务知识的理解和掌握。岗上培训多由旅行社接待部负责人或接待经验比较丰富的导游员充当教员,在接待过程中通过发现新导游员出现的问题,对其进行指导。岗上培训比较切合实际,是一种理论联系实际的培训方式。

3.业务集训。业务集训,是指旅行社有关部门利用旅游淡季接待任务较少的时机,将导游员集中起来,进行系统业务培训的方式。在业务集训时,旅行社可以请总经理、有关部门经理或经验丰富的业务骨干担任教员,也可以从旅游院校邀请有关专家、学者前来讲课,使导游人员能够比较系统地学习旅行社的业务知识及相关知识,提高他们的业务水平。

4.脱产深造。脱产深造是旅行社培养业务骨干的最佳途径之一。旅行社应从导游员中间发现具有培养前途的青年导游员,送他们去旅游院校学习,使他们受到高水平和系统化的旅游专业教育,从而提高业务素质和知识水平。

(三)导游人员的报酬

导游人员的报酬问题既关系着导游人员本身的合法利益,也影响着导游服务质量、旅行社的利益和整个旅游市场的秩序,因此旅行社的管理者必须高度重视这一问题。

目前,关于导游人员的报酬问题,国家旅游局没有出台专门的管理办法,而一些地方旅游行政机关出台了一些地方性的管理办法。例如,海南省旅游局于2000年9月19日公布了《关于导游人员劳动报酬、福利保障及服务中介费分配暂行办法》,该《办法》中明确规定:导游员劳动报酬由基本工资、出团津贴和服务中介费构成。导游员的基本工资可按导游人员资格等级、服务质量制定相应的发放标准,但基本工资部分,不得低于省人事劳动部门规定的350元/月最低平均水平。导游服务公司兼职导游员按出勤天数计发劳动报酬。

但在实际操作中,许多旅行社都不给导游人员发放基本工资,一些旅行社甚至还要求导游带团要向旅行社上缴“人头费”或垫付团费。这样一来,尽管国家旅游局于1987年就发布《关于严格禁止在旅游业务中私自收授回扣和收取小费的规定》,但导游人员收取回扣和小费问题却屡禁不止。回扣和小费成为导游收入的一部分并占很大的比例,这已经成为旅游行业内外公开的秘密。回扣已经让旅游品商店、旅行社与导游三者之间形成一个“死结”。商店要靠导游带游客来购物,只得付给高额回扣;旅行社要靠从导游和商店那里收来“人头费”,才能把旅游线路的报价降下来(有时甚至低于成本,这就是“零团费 ”),否则游客就会被同行抢跑。这样的恶性循环损害了旅游者的利益,加剧了旅行社之间的无序竞争,严重扰乱了市场秩序。为了解决这一问题,旅行社应该采取以下措施:

1. 将旅行社从商店收取的中介费合法化、公开化。旅行社为定点旅游商店输送客源,理应从商店收取佣金,但目前这份本来合理的佣金却以不合理的形式——“回扣”出现,而且没有全部支付给中间商旅行社。因此,解决回扣问题的关键在于使回扣转化为佣金,便于社会和政府监督。根据《中华人民共和国反不正当竞争法》的规定,只要“旅行社与定点接待单位事先签订合同,确定佣金比例,支付方式,并报旅游行政管理部门备案”即是合法行为。定点单位提计的佣金必须计入销售成本,旅行社则将其列入营业收入。旅行社每月可从佣金中提出一定比例作为导游收入的一部分。同时,严禁司机、导游个人私自收受回扣。

在此,韩国的做法值得借鉴。在韩国,任何商店不会直接给导游回扣,而是按导游所带客人购物金额的15%~20%向导游所在的旅行社结算,再由旅行社按比例发给导游佣金。

2. 建立合理的导游员报酬体制。如前所述,现行的导游人员(回扣加小费)报酬体制有诸多的弊端,旅行社必须建立合理的导游员报酬体制。这一体制应该实现导游的工资与客人计划外消费回扣的彻底脱钩，全面反映导游的工作质量与工作量。各旅行社在确保导游人员的稳定收入的同时，还应为专职导游人员投保养老保险、医疗保险、失业保险及工伤保险，使专职导游人员最基本的福利、社会保险得到保障。导游的全年收入应高于社会平均水平，由于旅游淡旺季明显，旺季的高收入应弥补淡季的低收入。

在此，旅行社可以参考如前所述的海南省旅游局公布的《关于导游人员劳动报酬、福利保障及服务中介费分配暂行办法》的规定，制定导游人员的报酬制度。同时在基本工资、出团津贴和服务中介费的构成比例上，基本工资和出团津贴应大大提高，构成导游收入的主体，否则如果导游收入大部分仍然来自于服务中介费的话，导游仍将把注意力放在购物上。旅行团的购物佣金应该像旅行社的其他佣金一样统一纳入旅行社利润，最终在导游的工资中体现。

二、领队的管理

领队是指由旅行社派出，为出境旅游者提供协助、服务，同境外旅行社接洽，督促其履行接待计划，调解纠纷，协助出境旅游者和境外接待社处理意外事件的人员。领队与导游在业务性质、特点上存在明显差异，讲解和导游服务不是其主要职责。随着出境旅游的发展，我国领队人员数量迅速增长，领队的作用日显重要，其素质、服务质量问题也日渐突出。因此，规范和强化对领队人员的管理工作，是保证出境旅游者及旅游企业合法权益的迫切需要，是维护行业声誉和国家利益、形象的迫切需要，也是加强出境旅游市场管理的迫切需要。

（一）加强领队人员管理的必要性和目的

加强领队人员管理的必要性和紧迫性都很强，具体表现在以下几个方面：

1. 领队在出境旅游组织、接待服务中发挥着重要作用。领队是接受从事出境旅游业务的旅行社委派，带领旅游者出入境和在境外旅游，监督旅游计划的执行，并为旅游者提供出入境等服务的一线工作人员。因此，领队人员的素质和服务质量对出境旅游服务质量起着十分重要的作用。从此角度看，领队的作用与国内旅游、入境旅游全陪导游的作用基本相同。

2. 领队在维护旅游行业和国家在海外的形象、声誉，促进国际交往方面有着重要作用。领队人员要代表我国的旅行社和出境旅游者的利益，监督旅游计划的执行，抵制并引导、督促旅游者抵制境外有关方面危害我国国家利益、形象和民族尊严的言论与行为，引导、要求旅游者在境外注意维护国家形象和国格、人格，同时领队及其带领的旅游者的素质、行为、精神面貌也直接代表着我国的国民形象。领队人员尽职尽责，对通过出境旅游促进我国的国际交往有重要促进作用。

3. 我国领队人员队伍不断壮大，素质和服务质量状况需要进一步提高。我国从 1997 年正式在出境旅游中实行领队制度，后逐步扩大到边境旅游和港澳旅游中。目前领队人员已达约 2 万人。在队伍迅速壮大的同时，领队人员的素质和服务质量也存在一些问题。如，不尽职责，听任境外接待旅行社和导游擅自改变旅游计划，减少参观游览时间和景点数量，为捞取佣金增加自费项目和购物次数、时间，甚至为了个人私利与外方共同欺诈旅游者，如增加收费、帮导游索取小费、诱导旅游者购买质次价高甚至假冒伪劣商品，以及放任甚至诱导、带领旅游者涉足黄、赌、毒场所等。此外，领队人员思想道德水平、政策法规水平、外语水平和业务技能也都有待进一步提高。

因此，为了保证旅游者的合法权益，维护国家和行业的形象与声誉，促进出境旅游的健康、适度发展，旅行社必须要规范和强化领队管理。

(二)领队人员管理的主要措施

1. 制定本企业的领队人员管理制度。目前,国家旅游局还没有制定专门的《领队人员管理办法》,但旅行社可以参考现有的旅游行政法规,即参照国务院发布的《旅行社管理条例》和《导游人员管理条例》,经国务院批准,国家旅游局和公安部联合发布的《中国公民自费出国旅游管理办法》,制定本企业领队人员的管理办法,规范对领队人员的管理。

2. 开展有针对性的培训。领队人员必须取得资格并领取领队证后才能上岗。领队人员和导游人员一样也要进行各种培训,但领队人员培训的重点不一样。在工作职责方面,领队人员与导游人员基本是相同的,主要是带领团队完成旅游计划,并提供相应的搬运行李和必要的翻译服务。不同之处,一是领队要监督境外接待旅行社和导游执行旅游计划,尽管自始至终都要陪伴旅游者旅游,但翻译、解说、导游的任务基本是由导游来承担的;二是领队要承担协助、带领旅游者出入境及办理相关手续,要讲解,目的地国家的法律和民族宗教、生活习俗,并督促旅游者遵守或尊重。当发生旅游者滞留、失踪等特殊情况时要报告和协助、督促有关方面查找、遣送等。因此,对领队人员的培训内容还要侧重于外事外交纪律、出境旅游政策、中国公民出入境手续的办理、目的地国家的法律法规等。通过针对性的培训,促进领队人员不断改进服务水平和提高素质,更好地保障出国境旅游者和旅游企业的合法利益。

第三节　团体旅游的接待管理

一、团体旅游接待的原则

团体旅游接待,即接团,是指地方接待旅行社根据同组团旅行社达成的销售合同所规定的内容,向其招徕的旅游团提供服务的过程。接团服务的过程,是旅行社对团队食、宿、行、游、购、娱的具体组织过程,也是旅游者对购买的旅游产品的具体消费过程。

接团工作是旅行社业务的重要组成部分,为了保证接待服务的质量,一方面,旅行社应对接待服务的作业实行规范化管理;另一方面,由于每一个旅游团队都不一样,具有不同的文化背景,即使来源相同,文化背景一样,旅游团内部成员的生活习惯、个人偏好也不一致,旅行社在强调规范化的基础上,还应注意接待服务的个性化,以满足不同团队,不同旅游者的需求。因此,旅行社在接团过程中要坚持规范化与个性化相结合的原则。

(一)规范化原则

接团服务应有规范化的质量标准和接待程序,这是接待服务质量的基础和保障。

1.标准化。接团服务的标准化,是指旅行社按照一定的标准向旅游团提供旅游过程中的各种相关服务。旅行社服务的标准化是适应国际发展潮流的一种作法。近年来,国际标准化组织(International Standardization Organization,ISO)在全球80多个国家和地区推广标准化。中国加入WTO后,便真正进入了国际旅行服务贸易领域,要参与国际竞争,必须抓紧制定和实施旅游业国际标准制度,与国际惯例接轨。

为了加快旅游业标准化步伐,国家技术监督局和国家旅游局先后发布了《中华人民共和国国家标准——导游服务质量》、《中华人民共和国旅游行业标准——旅行社国内旅游服务质量要求》、《旅游行业对客人服务的基本标准》及《旅游标准化工作管理暂行办法》。根据这些规定,旅行社在接待服务过程中必须坚持下列标准:

(1)实行“三定”,即安排旅游者到定点旅馆住宿、定点餐馆就餐、定点商店购物,并确保向旅游者提供符合合同规定的服务。

(2)采取必要措施以保证旅游者人身财产安全。完善行李交接手续,保证旅游者行李运输安全和准确无误。

(3)旅行社委派接待的导游人员必须通过全国导游人员资格考试,取得国家旅游局颁发的导游员证书,并在接待前做好一切相关的准备工作。

(4)旅行社应将文娱活动作为固定节目安排。

(5)对不同国别、肤色、职业、性别、年龄的旅游者要一视同仁,热情接待。

2.程序化。接团服务的程序化,是指旅行社根据接待服务的特点,对接待服务的每一个环节和每道程序都做出详细规定,并据此向旅游团提供接待服务。对不同活动范围的团队,旅行社还应该根据其不同的工作特点,制定相应的作业程序,如一地团作业程序、自联团作业程序、大区域中转团作业程序。

接团服务的程序化是旅行社保证接团服务质量的有效措施。按照一定的程序进行规范化作业,可以使旅行社在接待过程中减少事故隐患,保证各项工作的落实,从而保证接待服务质量。同时,接团服务程序化还有利于旅行社对接待服务质量的监督和管理,使得接团服务和接团管理有章可循。

(二)个性化

旅行社接待的旅游者来自不同的国家和地区,他们的年龄、性别、习惯、爱好、宗教信仰、价值观念和健康状况各不相同,对接待服务的要求就会有所不同。旅行社应针对不同的旅游团,针对旅游团成员的不同特点,在可能的范围内充分照顾旅游者个人的不同需求,提供个性化的、富有人情味的服务,使旅游者感到温馨愉快,从而提高对旅游服务质量的评价。

二、团体旅游接待的特点

(一)计划性强

接团工作的第一个显著特点就是计划性强。在旅游团队出发之前,组团社就要同旅游者及各地接待社签订旅游合同及旅游接待协议。这种合同或协议是旅行社同旅游者之间,组团社和接待社之间的契约性文件。团队每天的日程安排、食宿地点、娱乐活动、上下站之间的衔接,都必须事先按接待协议拟定计划。计划中的每个环节都是环环相扣、相互联系的,一个环节出现纰漏,就有可能影响整个旅游活动的正常进行,甚至给旅游者带来经济损失和心理挫伤。因此,严格地按照旅游接待计划安排每一次旅游接待工作,是旅游接待社的职责。

但是,团队的计划往往会受到各种各样因素的干扰而发生变更,如政治原因、气候问题、交通问题等多种原因迫使团队不能按原计划正常运行,或者是所订机票、车票发生变化,与原计划不符。这时需要及时通知下一站接待社,避免发生团队漏接,或者征得旅游者同意后建议组团社更改车次或航班,以免造成重大损失。

(二)综合性强

接团工作是一项综合性很强的工作。接待一个旅游团队常常要在几天之内,由好几个城市的数家旅行社及几十家提供食、住、行、游、购、娱等服务的企业,按预定程序提供相应的服务才能完成。接待社需要和组团社、各供应单位协同工作,地方导游员需要和领队、全程陪同人员相互沟通、现场联络,才能顺利完成接待工作。此外,在实际的接待过程中还常常会发生预计不到的变化(如航班延误)或者旅游者本身的意外(如伤病),也可能发生由于上站旅行社的工作失误打乱接待计划的情况。因此,要做好这项综合性和协调性都很强的接待工作,必须有一套科学而严密的制度,如岗位责任制、信息传递制度、上下班及上下站交接制度以及发生事故的应变处理方法。

(三)技能要求高

团队旅游接待对旅行社接待人员,特别是导游人员的接待技能要求比较高。导游人员每天不但要提供大量的讲解翻译服务,安排好游客的饮食起居,还要随时协调各方面的关系,解决各种预料不到的问题,调解各种纠纷,这对导游的独立工作能力、组织协调能力及应变能力都提出了较高的要求。

三、团体旅游接待的运行与管理

接团管理按团队活动范围,可分为一地团、自联团以及大区域中转团,应按其不同的工作特点进行管理。

(一)一地团业务管理

所谓一地团,就是旅行社接待的由国内其他某一家旅行社所组的国内或海外团队,由本旅行社安排好团队在本地的全方位服务的接待工作。一地团可以是入境旅游团和国内旅游团。接团社的接待工作一般分为三个阶段,即准备阶段、接待阶段和总结阶段。

1.准备阶段。准备工作周密、充分,才能使接待工作顺利进行。可以从以下几方面做好准备工作:

(1)制定接待计划。接待部门从外联部门拿到要接待的旅行团材料后,首先要研究团队的基本情况和旅游者的要求,有针对性地制定接待计划。接待计划一般必须包括该团的基本情况和要求、日程安排、成员名单三部分。基本情况和要求必须写明团名、什么旅行社组织、旅行团人数(男、女、儿童各几人)、在各地住何饭店、有何要求、结算方式、旅行团的类别等级,如参观团、考察团、专业团、重点团或豪华团、经济团等等。日程安排必须写明出入境日期、航班(车次)、抵离各城市所乘交通工具、航班(车次),以及在各地的主要参观项目、特殊要求等。成员名单要有姓名、性别、年龄、职业等,如果是重点团,还要注明客人身份。

(2)配备合适的接待人员。针对不同团队配备相应的全程陪同。地方陪同是非常重要的,人选不当,有可能造成工作失误,或达不到旅游者要求。重点团要安排经验丰富、反应灵活的导游;专业团要安排外语水平高,又有一定专业知识的导游;学习、参观团要安排知识丰富的导游;游览团的导游则性格一定要开朗活泼。

(3)其他准备工作。还有一些具体的准备工作,包括领取参观券、行李单、全赔签单、费用报销单、情况汇报单、借款等。接团当天还要进一步确认团队抵达的交通情况,时间有无变化,以免误接或不必要的长时间等待。

2.接待阶段。导游要提前半小时抵达接团地点,如按规定时间车未到,应告知后台,并设法补救。接团时导游要带胸牌,持导游旗,携带导游员证书。接到团后须确认团号、人数,若有变化应告知后台。必须严格按照接待计划执行,不得随意增减计划内容。导游讲解要求做到车不停,讲解不停。

团队在当地活动结束后送团,如果是早班飞机或早班车,要提前一天出行李。非早班机、车离开的团队,可在上午离饭店前出行李。出行李后,应填写行李单,按规定交接行李。送团必须提前半小时抵达车站、码头,国内航班提前1小时抵达机场,国际航班提前1.5小时或2小时抵达机场。团队离开前,要请全陪签单,团队离开后,与驾驶员结算车费。

3.总结阶段。接待工作结束后,导游要填写接团汇报单、团费报销单(包括现金支出和签单转账的),并做好账单的审核、报销。团队接待中若发生重大事件,要写专题报告上报。有关团队资料要及时整理,编号归档。

(二)自联团业务管理

自联团是由旅行社自行招徕的游客组成,交由国外旅行社或国内各地旅行社接待的旅游团队。自联团可以是入境旅游团、出境旅游团和国内旅游团。自联团接待工作具体的操作规范如下:

1.报价。根据招徕客人的要求,作业人员以国家旅游局、物价局的规定为依据,同时参照各地接待社发来的价格,按综合服务费、房费、交通费、附加费等项目向各地方接待社报价。

2. 作业。团队在交给各地接待社前，组团社必须综合考虑四个因素：接待质量、合理价格、团队交换和是否抵账，寻找最佳合作伙伴。收到接待社的确认后，便可编制团队计划，开出收款通知。团队若有更改，一律以电报、电传发出书面通知，紧急情况可用传真和电话。

3. 派陪同。接待部根据计划要求和语种选派全陪或地陪。陪同出发前要仔细察看团队计划，了解团队作业的全过程，以便带团过程中应变各种情况，保证团队接待工作的顺利进行。

4. 收款。团款必须一团一清。一般在团队入境后付现或预汇全部团款。个别团队也可以在出境前全部付清。途经本地的团队，有作业人员和财务人员按最后确认团款数开具发票向领队收取；不经本地的团队，应委托全陪带上发票向领队收取现金，下团后速交财务部。

5. 结算归档。团队游览结束后，除了在接待质量上、导游服务上需要总结外，还需进行成本结算，最后将收到的团款和所有资料完整无缺地交给财务部门和档案部门。

(三)大区域中转团业务管理

大区域中转团的业务形成是随着旅行社业务量的增长及旅行社本身规模的扩大而相应形成的。例如华东团，就是全国各省市的旅行社组到的客源，交给华东地区某家旅行社，负责整个华东大区域旅游的行程安排。其具体作业程序基本与一地团的作业规范一致，只是在食宿、交通安排上有所不同。中转团由于活动范围较大，应注意合理使用交通工具。

1. 使用飞机可以节约旅游者的时间，使他们在有限的时间里观看到更多的景点。

2. 合理使用短途火车。要选用设备较好，直达目地的旅游专列。尽量避免在火车上用餐，因为火车上用餐条件有限，很难保证质量。若沿途风光较好，可以安排白天程车，否则可安排晚上乘车,以节约游客时间,减少安排住宿的环节。

3. 使用汽车代替短途火车,一是可以在旅游旺季减轻票务部门的压力;二是可以直达景区,减少上下站交接的环节。

4. 利用游船旅游。游船既是交通工具,又是水上旅馆,集游、购、娱、食、住、行为一体,可以减少许多采购、联络、交接工作。

接待中转团的业务人员必须熟悉本社经营的旅游项目各个环节的主要情况,直接或间接地沟通各地的交通、食宿等环节,做好旅游团生活服务方面的具体安排。对指派的导游,要明确、具体地交待工作线路,避免脱节和差错。与各地的本社常驻代表定时沟通信息,了解旅游业务进行情况,及时处理有关重要事件。

四、特殊团队的接待

特殊团队是指有别于一般旅游、观光团队,具有其自身特点的旅游团队。在作业安排时,不能等同于一般观光团的操作,应根据他们的自身特点,有针对性地组织操作和接待。

(一)海外旅游商或新闻记者邀请团

旅行社为了对外推销旅游线路,特别是新的旅游产品,常常会邀请海外旅游商或新闻记者前来考察,使他们通过实地观察,了解本地区旅游业的情况,并产生组团来本地区旅游的愿望。这种邀请考察团的组织接待情况,将直接影响到旅行社是否能够开辟海外或外地旅游客源市场。因此,旅行社应该注意以下一些方面的问题:

1. 邀请对象要有针对性。要根据推出线路的目标市场,选择目标市场实力强、潜力大、信誉好并有合作意愿的海外旅游商。新闻记者则要选择目标市场上对旅游者有较强影响力的电视、杂志和报刊的文字记者和摄影记者,以便得到理想的推广效果。为了便于旅行社组织接待和考察人员的便利,考察团规模一般以 20～30 人为宜。

2. 精心设计最佳的旅游线路,还要派专人预先按路线具体落实各地的准备工作,每个地方突出什么,活动、交通、住宿、膳食怎么安排,要反复检查确认。

3. 配备最佳导游。选择好导游,是邀请团活动成功与否的关键。要选择有经验而又学识丰富的导游,讲解既深入浅出,又妙趣横生,给旅游商或记者留下深刻的印象。

4. 邀请团在考察过程中的活动,尤其是交通、住宿、参观游览、文娱活动等的安排,应与将来旅行社组团的活动基本一致。

(二)会议旅游团

会议旅游是利用召开各种会议的机会,在会前、会中或会后,组织与会者参加的一种旅游考察活动。

1. 会议旅游的特点。

(1) 消费较大。会议参加者为了学术交流或某些业务目的而来,旅行的开支多由公司或国家负担,因而他们对住宿、饮食的要求高、花费大。

(2) 时间较长。参加会议旅游的人,既要参加会议,又要旅游,所以比一般旅游者所逗留的时间要长。

(3) 计划性强。每次会议旅游需要多少房间、交通工具、服务力量等,均需事先做出切实的计划和安排,以提高各种服务的效率,保证会议旅游的接待质量。

(4) 补充淡季客源。会议旅游多在旅游淡季举行,因而这种旅游能弥补淡、旺季的收入差异,提高经济效益。

2. 旅行社提供会议旅游的业务范围。旅行社能为会议旅游提供的服务范围一般是:

(1) 代订会场、住房、餐饮、酒会、风味品尝、文娱演出等;

(2) 提供机场、车站、码头接送及会议期间的用车;

(3) 在饭店和机场设服务台,为参会者提供报到、会议和旅游咨询服务;

(4) 组织会议期间代表们的观光游览；

(5) 为外国代表确认回程机票；

(6) 编印各类通知、文件、画册及论文集等；

(7) 安排路线不同、时间长短相间的会前会后旅游；

(8) 根据会议主题或与会者的要求安排专业参观。

3. 会议旅游的推销和招徕。

(1) 寻找市场，获取信息。要主动出击，有意识地、逐步地与国际上的某些专业集团和学术组织建立联系，努力争取会议旅游的承办权。同时还要深入到本地及其他主要城市的各种科技机构、学术团体、外办等去了解信息，掌握各类专题国际会议召开的动态。

(2) 突出旅行社的优势。在争取会议旅游接待的承办权时，除了介绍旅行社的基本规模外，要着重介绍旅行社的接待能力。一方面是物力，包括为会议旅游服务的专门设备、车辆、票务以及与当地各部门的关系；另一方面是人力，包括提供服务人员的语种、专业技术知识，以及举办各种大型国际会议的经验等。

4. 会议旅游的组织实施。旅行社接到会议服务的委托后，应立即组织业务人员开展下列工作：

(1) 拟订工作步骤、细则，与饭店、会场或展览场地所属单位签订合同，同时向各有关部门传递信息、预报计划。

(2) 尽快将会议服务的有关价格及旅游价格报海外代理商，并与海外代理商签订合同。

(3) 各项具体工作都要落实到具体人员，到会议报名截止时应将会议的落实情况向海外旅游代理商通报。

(4) 核对有关事项，做到万无一失。要组织安排会议用车，提前派人住进饭店，与饭店前台人员协商住房、用餐安排，并落实会议及展览场地。

(5) 要安排经验丰富、精通会议接待业务的导游担任会议期间的导游工作。

(三)修学旅游团

修学旅游是通过旅游活动接受教育、学习语言、增加对不同国家文化的了解的一种旅游活动。修学旅游团成员人数众多,一般在300～500人之间,但人员构成比较单一,多由教师和学生构成,平均年龄较小。他们停留时间一般较长,在一个星期以上。因此,基于修学旅游团人数多、时间长、活动范围大、内容多的特点,在接待的具体操作上、安排上必须谨慎、细心,从宏观调控到微观调节一步不漏。为此,安排、接待修学旅游团这样的大型团队,必须注意以下一些问题:

1. 制定完整的书面计划书。书面计划一般由以下几部分组成:

(1) 接待体制图,包括一般事故对策与紧急事故对策;

(2) 与各有关接待单位的联络事项、要求、时间,以及配合细则;

(3) 团队的详细信息;

(4) 团队的行程示意图;

(5) 团队每日的活动内容,包括参观游览活动,与当地大中小学生的联谊活动,晚上的文娱活动等;

(6) 目的地的概况,包括风俗、气候、交通、饮食、住宿、特产、节庆活动及注意事项等。

2. 召开动员会。团队到达前,应召开参加本次接待工作人员的动员会。会议内容包括:

(1) 强调做好接待服务的重要性;

(2) 要求每个导游员根据日程安排计划,事先准备有针对性的导游词;

(3) 要求统一服装、标牌、胸卡,准备好导游旗、话筒、对讲机等途中用品;

(4) 配备一名随团医生,准备好各种药品。

3. 旅游团抵达前夕的准备工作。

(1) 仔细研究确认各游览点停留时间及各车辆如何调度;

(2) 确定客人就餐时的桌号,重点客人和我方领导应放置桌签;

(3) 与各有关单位再次确认活动日程和确切的时间;

(4) 检查接待人员的精神准备和物质准备,通知每人的车号、客人数、房号;

(5) 部门经理亲自到机场或码头察看迎接团队的场地,乐队站立的位置以及停车点;

(6) 安排专人提前入住饭店,与客房部经理等共同检查房间内各种设施是否完好可用;

(7) 与车队联系,安排好出车顺序,车上贴好醒目车号和标志。

一个旅行社接待的组织能力和指挥能力是非常重要的,如果没有精心周密的设计和踏实的组织工作,将难以顺利、圆满地完成大型团的接待任务。

(四)专业交流团

专业交流团是指为了某项专业活动,如医疗保健、文化研习、商业考察、体育活动等,具有交流和旅游双重目的的旅游团队。专业旅游的特点是专业性强,旅游者往往是某一领域的专家,所以接待专业旅游团,除了一般性的服务外,还要有专业人员衔接好专业活动与一般性旅游活动,从而提高旅游接待的服务质量。

(五)残疾人旅游团

接待残疾人旅游团,最重要的是细心热忱。在生活服务方面,一定要细致周到,想方设法为他们提供方便,如安排随团医生、护士、按摩师等;在导游工作方面,应尽量满足他们的要求,如果团员有聋哑人,导游应该能用手语解说;在日程安排方面,要考虑到残疾人的身体条件和特殊需要,时间应较为宽松,所去景点应便于残疾人行动。

五、行李业务的管理

行李运送和托运工作是团队接待工作的一个重要组成部分,是指旅行社在旅游团乘坐飞机、火车、轮船等长途交通工具进行城市间旅行时,代其办理行李托运手续的业务。行李运送和托运中某一个环节的疏忽,如行李丢失、损坏或未及时送达,都会影响旅游者的情绪,并最终影响团队接待质量,故必须重视行李业务的管理。

(一) 行李员的职责

旅行社一般在接待部门设立行李员岗位,专门负责这项业务。行李员的职责主要是:

1. 遵纪守法,遵守旅游职业道德,热情为旅行者服务;
2. 熟悉旅游行李业务,有单独作业能力;
3. 严格按照接待计划,安排行李交接托运工作;
4. 负责向旅行者提供快速、方便、安全交运行李的服务;
5. 协助处理旅游者行李运送中出现的问题。

(二) 行李的托运

1. 民航部门行李托运。旅游团在境内或境外旅行时经常选择飞机作为交通工具,其行李也同时交给有关的民航部门承运。旅行社的行李员应熟悉民航部门就旅客行李托运按照国内航线或国际航线作出的不同规定,及时为旅游团办理行李托运手续。

2. 铁路部门行李托运。旅游团乘坐火车进行城市间旅行时,一般将行李随身带上所乘坐的车厢,按照铁路部门的规定整齐地放在车厢内的行李架上。有时候,由于所带的行李过多或过重,旅行社行李员应提供代办行李托运手续的服务,由铁路部门按照规定将旅游团交运的行李放到其所乘列车的行李车上随旅游团一同运往目的地。

办理列车行李托运手续时,旅行社行李员应将旅游团交运的行李提前运到火车站,并持旅游团的火车票到行李托运处办理行李托运手续。其主要步骤为:

(1) 向火车站行李托运处的有关人员出示旅游团的火车票,并提出托运行李的申请;

(2) 经同意后,将交运的行李交行李托运处人员过磅;

(3) 按照交运行李的重量向行李托运处交纳托运费;

(4) 向行李托运处有关人员索取行李托运票。

(三)行李的交接程序

交接行李是旅行社行李员同旅游团的领队、全程导游员和地方导游员之间的运送和清点旅游团的行李方面的一项重要工作。旅游团行李交接的程序分为接受行李和运送行李两个部分。

1. 接受行李程序。旅行社行李员按照旅游活动日程的安排,准时到达旅游团即将抵达的飞机场(火车站或码头),主动与接待该旅游团的导游员进行联系,准备接受行李。接受行李程序分为接受乘坐国际航班入境的旅游团行李和接受乘坐国内航班的旅游团行李两种程序。

(1)接受入境旅游团行李。旅行社行李员在接受乘坐国际航班入境的旅游团行李时,应等旅游者将行李领出集中后,与领队、全程导游员和地方导游员一起清点行李件数。地方导游员在行李卡上签字后,由行李员将行李装上行李车,及时送到旅游团下榻的饭店或旅馆。

(2)接受国内航班旅游团行李。在接受乘坐国内航班抵达的旅游团行李时,行李员应主动向陪同该旅游团的领队或全程导游员索要行李卡,并持行李卡向机场行李处领取行李。领出行李后,行李员应对照行李卡认真清点行李。清点无误后,行李员应将行李全部装上行李车,并及时运送到旅游团下榻的饭店或旅馆。

旅行社行李员在将旅游团行李送到饭店或旅馆后,必须与饭店、旅馆的行李员办理行李清点和交接手续。

2. 运送行李程序。旅游团离开本地前往外地或境外旅行时,负责接待的旅行社应提供运送行李的服务。运送行李的程序包括下列内容:

(1) 旅行社行李员到接待部或计调部领取工作任务单;

(2) 行李员按照任务单上规定的时间准时乘行李车到达旅游团下榻的饭店或旅馆;

(3) 同饭店或旅馆的行李员或总服务台有关人员办理行李交接手续,并在行李清点无误后,在行李卡上签名;

(4) 将行李全部装上行李车,运往飞机场(火车站或码头);

(5) 如果运送乘坐国内航班旅行的旅游团行李,行李员应在飞机预定起飞时间前一个半小时将行李运到飞机场,办理行李托运手续;

(6) 如果运送乘坐国际航班旅行的旅游团行李,行李员应在飞机预定起飞时间前两个小时将行李运到飞机场,并协助旅游者办理行李托运和过磅事宜。

(四)行李差错的处理

旅行社行李员应协助接待旅游团的导游员妥善处理旅游接待过程中发生的行李差错。这是提高旅行社接待工作质量的一个重要方面,同时也是行李员义不容辞的责任。

行李差错主要包括行李丢失、行李漏接或错送和行李破损等几种情况。

1. 行李丢失的处理。行李丢失是指旅游团托运的行李在运输途中或交接过程中出现的丢失现象。造成行李丢失的原因主要是:

(1)承运旅游团行李的航空公司、铁路、公路、水运等部门未能将行李及时运到目的地或在途中将行李丢失;

(2)旅行社行李员在运送行李时将行李丢失;

(3) 饭店行李员在把行李送往旅游者下榻的房间途中将行李丢失。

在上述三种情况中,第二种情况属于旅行社方面的责任。如果无法将丢失的行李找回,则应由旅行社负责赔偿旅游者的损失。第二种和第三种情况较少发生。较为常见的是第一种情况。无论旅游者行李丢失的原因如何,旅行社行李员应该积极主动协助旅行社的接待人员和有关部门进行查找。

2.行李漏接或错送的处理。造成旅游团行李漏接或错送的原因有三个:

(1)旅行社行李员因工作疏忽,未能按时接送行李或因未按有关规定进行行李交接而造成行李漏接或错送;

(2)由于航班、车次等发生变化造成行李漏接;

(3)由于行李车发生意外事故造成行李漏接。

行李漏接或错送会给旅游者的旅游活动造成不便。因此,无论事故是由哪一种原因造成的,旅行社行李员都应该积极设法找回行李,并向旅游者致歉以取得旅游者的谅解。

3.行李破损的处理。旅行社行李员在交接行李或运送行李时如果发现破损的行李,应立即设法予以解决。如果由于交通部门或饭店方面在托运或搬运行李的过程中造成行李破损,旅行社行李员应协助旅游者和导游人员及时同这些部门交涉,要求予以修理或赔偿。如果由于旅行社方面在运送行李时不慎造成行李破损,则应向旅游者道歉并负责修理或赔偿。

第四节 散客旅游的接待管理

散客,相对团队而言,是指根据自己的兴趣、爱好,进行独自旅行的游客。旅游者心理需求个性化、旅行经验日趋丰富和信息技术的推动等因素，促使近年来散客旅游迅速发展，许多旅行社也纷纷开始涉足散客旅游市场，经营散客旅游业务。

一、散客旅游业务的种类

旅行社为散客提供的单项服务，又称委托代办业务，其内容主要是为零散旅游者（散客）提供导游服务，交通集散地接送服务，代订交通票据和文娱票据，代订饭店客房及餐饮服务，代客联系参观游览项目，代办出国签证和入境签证，代办旅游保险等单项服务。根据委托业务的性质不同，单项委托服务又可以分为受理散客来本地旅游的委托，办理散客赴外地旅游的委托和受理散客在本地旅游的委托。

（一）受理散客来本地旅游的委托

这项业务是指旅游者在外地委托当地的旅行社办理前来本地旅游的业务，并要求本地的旅行社提供该旅游者在本地旅游活动的接待或其他旅游服务。旅行社散客部工作人员在接到外地旅行社的委托通知后，应立即按照通知的要求办理旅游者所委托的有关服务项目。如果旅行社认为无法提供旅游者所委托的服务项目，应在接到外地旅行社委托后 24 内发出不能接受委托的通知。

（二）办理散客赴外地旅游的委托

多数旅行社规定，散客旅游者委托本地旅行社办理赴外地旅游的申请手续，应提前 3 天到旅行社办理。委托办理出境旅游业务，则需提前 2 个月办理。

旅行社散客部在接到旅游者提出的委托申请后，首先要认真检查旅游者的有关证件，如果旅游者委托他人代办委托手续，受托人在办理委托时必须出示委托人的委托信函及受托人的身份证件。然后，必须耐心询问旅游者的旅游要求，逐项填写“委托代办支付券”（见表 7－1）。将第一联和第二联交给旅游者，将第三联和第四联留存。最后，将委托通知发给外地旅行社，并请外地旅行社给予确认。

旅游者要求取消或变更旅游委托时,国内旅游应至少提前一天,出境旅游应至少提前一个月,到旅行社办理取消或变更手续,承担由此可能造成的损失。同时,旅行社经办人员应收回“委托代办支付券”,将其存档,并通知外地旅行社取消或变更委托。

表7-1　　××旅行社委托代办支付券

致:　　　　　　　　　　　　　　　　　　　　　编号:

姓名　性别　国籍	预定　　月　　日　　乘　　　航班/火车/轮船　赴		
	机/车/船　票　　张	金额	手续费
	住房　　单/双人间　　夜		
	接/送　　机场/车站/码头		
	导游　　天		
成人 2~11岁儿童	合计　　外汇:　　人民币:		
备注			
承办旅行社	盖章　　　经办人:　　　电话:		

出售日期:

(三)受理散客在本地旅游的委托

有些散客在到达本地前并未办理任何旅游委托手续,而是到了本地后要求旅行社办理在本地的旅游委托。旅行社在接待这类旅游者时,应首先问清旅游者的要求,说明旅行社能够提供的服务项目及收费标准,并根据旅游者的要求,向其提供相应的服务。

二、散客旅游业务的特点

(一) 批量小

散客旅游多为旅游者本人单独外出或与其家人亲友结伴而行,每次可能只订两张机票、一间客房或半日游、一日游等。因此,同团体旅游相比,散客每次预定的服务数量较少。

(二) 批次多

散客旅游的批量虽然较小,但是散客旅游者日趋增多,加上许多旅行社大力开展散客旅游业务,促进了散客旅游的发展,所以散客旅游者的总人数在迅速增加。散客市场规模的日益扩大及其批量小的特征使得散客旅游形式呈现批次多的特点。

(三) 预定期短

散客不像团体旅游者那样在来到目的地以前就已经预定了大部分或全部旅游服务,他们往往在出发前只订购了交通票及第一站的住房等少量服务项目,其他则是到达目的地后才现购,因此预订期一般很短(例如一二天后去某地的机票)。

(四) 变化多

散客旅游不受旅游时间、活动范围的限制,行程安排比较自由,因此常常可能在旅行过程中临时变更旅行计划,提出各种新的要求甚至临时取消预订或旅行计划。

三、散客旅游接待的措施

散客旅游的出现是旅游市场成熟的标志之一,说明旅游者的旅游消费观念日趋成熟。散客旅游者对旅行社提供的接待服务的要求不同于团体旅游者,对于服务的效率和质量更为注重。为此,散客旅游接待应做好以下几方面的工作:

1. 在当地机场、车站、码头、各大旅游饭店及市中区设立销售点或委托代理点为上门散客提供服务;

2. 和其他城市的旅行社、饭店建立相互代理关系,代销对方的服务项目,如订房、订车票等,互送客源;

3. 和海外经营出境散客旅游的旅行社建立代理关系,委托它们销售自己的服务并输送客源;

4. 和当地的交通部门、饭店、餐馆、文娱场所、保险公司等建立代理关系,代销它们的产品;

5. 建立以计算机技术和网络技术为基础的网络化预订系统,保证散客能够自由、便利地进行旅游预订和委托;

6. 备有导游员对散客提供短期服务。

案例2:

杭州导游自爆回扣内幕

2001年2月2日下午1时,45岁的庄小兵腰间藏着一把20厘米长的蒙古匕首,怀揣5 000元人民币走进《都市快报》值班室。

争回扣被人打《导游报》社揭秘

"我曾经是导游,这钱是我春节带旅行团得来的部分回扣,希望报社能够将钱还给游客。为这钱我已经被打了,所以带着匕首防身。"庄小兵说:"从今以后我不干导游了。"

庄小兵这么形容自己的导游生涯:"在游客面前,我觉得像贼,偷了他们的钱还大模大样讲解;在旅行社面前,我觉得自己像鱼鹰——抓回了大鱼给主人,主人再赏我小鱼小虾。"

庄小兵是挂靠某旅行社的一名导游。2001年1月26日,他作为"地陪"接待了广州某旅行社发团的华东5日游的18名游客,开始了他杭州、苏州、无锡、南京、上海的5天导游经历。

"干导游压力太大,内幕太黑。"据庄小兵称,在接这批18位客人的旅游团前,他已萌生退意,导游证和胸牌也上交了,但由于旅行社春节期间的人手不够,他答应接最后一次。直接促成他退还回扣的还是这次带团发生的一场纠纷。

游程结束再次回到杭州时，庄小兵和广州某旅行社的全陪导游刘某因为回扣问题发生争执。“刘要求我出示所有回扣证明，她想多分，我没有同意。”庄小兵说，带这趟团自己和司机的回扣一共有5 500多元，主要是带游客在名景点的商场购物所得，还有商场春节送的红包。

打破游戏规则分钱闹出事端

据庄介绍，按这条线路上导游们默认的“游戏规则”，“地陪”、“全陪”和司机的回扣分配有这几种方式：一般“全陪”可以得到的回扣是一天100元，如果对方的全陪是旅行社的部门经理，或是双方合作得愉快，那地陪、全陪、司机的回扣分配也可以达到3:3:3或4:4:2。“按行规，这些钱由我和司机平分，”庄小兵说：“因为我们已经付给刘每天100元的回扣。”

“刘嫌不够，就打电话给我们旅行社副总经理。惹恼了对方的全陪，两家旅行社的关系可能恶化，所以我的头儿是不会替我说话的。”庄小兵说。

记者见到庄小兵时，他脸部有点浮肿，手上有伤。他说2月1日在杭州大酒店，他公司的领导要他交出回扣，他不肯，遂遭受了殴打。

回扣交给报社如数退还游客

“反正我不想再干导游了，我和司机应得的这笔回扣谁也别想拿走，我交给报社，还给游客。”庄小兵掏出了一叠钱。

记者联系了该旅行社的总经理陈某，他否认打过庄小兵，说公司在庄小兵接团时给了他9 500元费用，庄至今没有回旅行社结账，还擅自甩团。至于这笔回扣，他表示愿意和广州的这家旅行社联系，将钱还给游客。记者还电话采访了参加该团旅游的广州增城的湛先生,湛先生感到非常的吃惊——他没有想到明码标价的旅游商品会有那么高的利润,因为他所在的团总共才买了1万元左右的商品,光导游就从中拿了5 000元的回扣,可见旅游商品的利润有多高,从中也可以看出游客们的消费权益并没有得到切实的保障。(改编自《南方都市报》2001年2月5日)

讨论题:

1. 此次事件的发生,暴露了旅行社业中的哪些问题?

2. 导游该不该拿回扣,请你分别站在旅行社经理、游客和导游的立场上分析这一问题。

案例3:

超级旅行团的旅行

四川某旅行社承办的由成都发往昆明的"蓝叶号旅游专列五日游",组团人数逾千人,是旅行团里的"巨无霸"。由于此团是一个超级旅行团,抵达昆明后,仅来火车站接客的大客车就达20多辆,因交通拥挤不堪,光编队过程便多耗费了游客一个多小时。而且,大型车队行驶起来比正常行车多花半个小时,导致游览景点的时间大大缩短。团队客人在"七彩云南"吃自助餐时,因人太多分两轮轮换吃,由于旅行社负责人安排不当,吃饭场面混乱,浪费惊人,气氛紧张,以致最后一批客人吃饭时无碗可拿、无饭可吃、无菜可夹,只有乱哄哄地乱抢。团队下榻滇池边的福保文化城时,居然有二三百人安排不上铺位,第二天又因双方接待单位闹矛盾,大队人马被迫搬出福保文化城,被安置在荒郊野外并非二星级标准的疗养院。在"世博会"吉鑫园大宴会厅里集体进餐时,组团社竟要求游客以不进餐方式向接待方施压,游客成了双方纠纷的筹码。而且,因人太多导游已形同虚设,几乎见不到导游的身影了。(选编自张红、李天顺《旅行社经营管理实例评析》,南开大学出版社,2000年)

讨论题:

1. 四川这家旅行社在这个大型旅游团的组织接待工作中存在哪些问题?

2. 如果你是这家旅行社的总经理,你怎样安排这次旅游活动的组织接待工作?

案例4:

误机事件谁负责?

1997年,北京某旅游团通知是乘8月30日1301班机于14:05离京飞广州,9月1日晨离广州飞香港。7月26日有关人员预订飞机票时,该航班已满员,便改订了同日3102班机的票(12:05起飞)。订票人当即在订票单上注明"注意航班变化,12:05起飞",并将订票单附在通知单上送到接待部门。但接待部门的有关工作人员没有注意航班的变化,仍按原通知中的航班起飞时间安排活动日程,并预订了起飞当日的午饭。日程表送到饭店内勤处后,内勤也没有核对把关,错误地认为有关的导游应该知道航班的变化。因此内勤只通知了行李员航班变化的时间而没有通知导游。8月30日上午9时,行李员发现导游留言条上写的时间与他的任务单上的时间不符,经过提醒也没有引起导游的注意。结果造成误机的重大责任事故。(选编自张红、李天顺《旅行社经营管理实例评析》,南开大学出版社,2000年)

讨论题:

1. 此次误机事件的发生,哪些人负有责任?

2. 误机事件发生后,旅行社应采取哪些补救措施?

3. 在接待工作的管理上,旅行社应如何加强管理,防止类似事件的发生?

思考题：

1. 旅行社怎样才能做好接待工作？

2. 旅行社如何做好导游人员的管理工作？

3. 领队人员的管理有什么重要的意义和目的，旅行社如何加强领队人员的管理工作？

4. 团体旅游接待应遵循什么样的原则？

5. 团体旅游接待具有什么样的特点？

6. 什么是一地团？一地团接待工作的基本程序是什么？

7. 什么是自联团？自联团接待工作的操作规范是什么？

8. 旅行社行李员应如何办理旅游团体的行李列车托运手续？

9. 旅游团行李的交接程序包括哪些内容？

10. 旅游者交运的行李发生破损、丢失、漏接或错送时应如何处理？

11. 旅行社提供的散客服务有哪几种类型？

12. 散客旅游业务具有什么样的特点？

13. 如何做好散客旅游的接待工作？

第八章 旅行社组织管理

为了使旅行社的员工能为实现企业目标而有效地工作,必须根据工作的要求和人员的特点,设计岗位,通过授权和分工,将适当的人员放在适当的岗位上,用制度规定各个成员的职责和各个岗位之间的关系,形成一个有机的组织结构,使整个旅行社组织协调地运转,这就是旅行社组织管理职能的根本目的,也是旅行社其他一切管理活动的保证和依托。

第一节 旅行社的组织设计与组织管理

组织的高效率运行,首先要求设计合理的组织机构和结构,其次要有科学的组织管理方式,使各个部门能够正常运转,从而保证组织目标的实现。

一、影响旅行社组织设计的因素

一旦某一组织成立而且其目标得以确立,就要通过设计任务结构和权力关系来协调各方面人员的行动,以确保组织目标的实现,这就是组织设计。组织设计属于管理中的组织职能,它的实质是通过对管理劳动的分工,将不同的人员安排在不同的岗位和部门中,通过他们在特定环境、特定相互关系中的管理作业来使整个系统有机地运转起来。旅行社的组织设计也是基于这一思想来进行的。影响旅行社组织设计的因素是多方面的,但主要包括以下几个方面。

(一)旅行社的发展战略

组织结构必须服从于组织所选择的战略的需要。适应战略要求的组织结构,为战略的实施,为组织目标的实现,提供了必要的前提。

战略是实现组织目标的各种行动方案、方针和方向选择的总称。为实现统一目标,企业可以在多种战略中进行挑选。例如,为了实现利润,求得成长的目标,旅行社可以生产销售低成本的旅游产品,以廉价去争取众多的低收入的消费者,以求得数量的优势,也可生产销售高成本的旅游产品,推出豪华旅游甚至是超豪华旅游线路,争取高收入消费者,以求得高质量的优势;在产品的组合上,既可以推出适合各类消费者需求的大众旅游线路,也可以推出适应某一类消费者需求的特种旅游线路;在产品的销售市场上,遇到无力抗争的竞争对手时,旅行社既可以通过开发新的旅游线路来躲避,也可以通过市场转移来寻求生机。此外,关系到企业全局并有长远重大影响的战略性决策,还包括企业的增资、合营和兼并,企业集团的组建,管理体制的改革以及重要的人事更迭等等。

战略选择的不同,在两个层次上影响着组织结构。不同的战略要求不同的业务活动,从而影响管理职务的设计;战略重点的改变,会引起旅行社的工作重点的改变,从而引起各部门与职务在企业中重要程度的改变,要求各管理职务以及部门之间的关系作相应的调整。例如在国旅总社 1986 年时的组织机构设置中,综合业务部的地位并不突出,反映了当时旅行社的经营战略重点侧重于计划性较强的团队包价旅游业务。此后随着市场的变化,原来隶属于综合业务部的三块业务——散客、国际会议与出境旅游业务量日益扩大,综合业务部的重要性也不断加强。以后又成立了中国公民部,专门从事中国公民国内与海外旅游业务,致使该社组织机构设置再次发生变化。在北京国旅 1994 年的组织机构设置中,自设独立公司和合营、参股联营公司取得了与该社管理部门、经营部门、接待部门同等的地位，成为该社总经理直属的五大部门的组成部分，反映了该社经营战略重点向“以旅游主业为依托，努力开展其他相关业务，实行多元化经营”的转移。

(二)旅行社的规模和所处的发展阶段

规模是影响组织结构的一个不容忽视的因素。适用于在某个区域目标市场上生产和销售产品的旅行社的组织结构形态不可能也同样适用于在国际经济舞台上从事经营活动的跨国旅游集团。

旅行社的规模往往与旅行社的发展阶段相联系。伴随着旅行社的发展，旅行社活动的内容会日趋复杂，人数会逐渐增多，活动的规模会越来越大，旅行社的组织结构也需要随之而经常调整。

以国外小型旅行社发展的四个阶段为例，可以看出旅行社的组织结构和规模同组织发展阶段之间的关系。如图 8-1 所示。

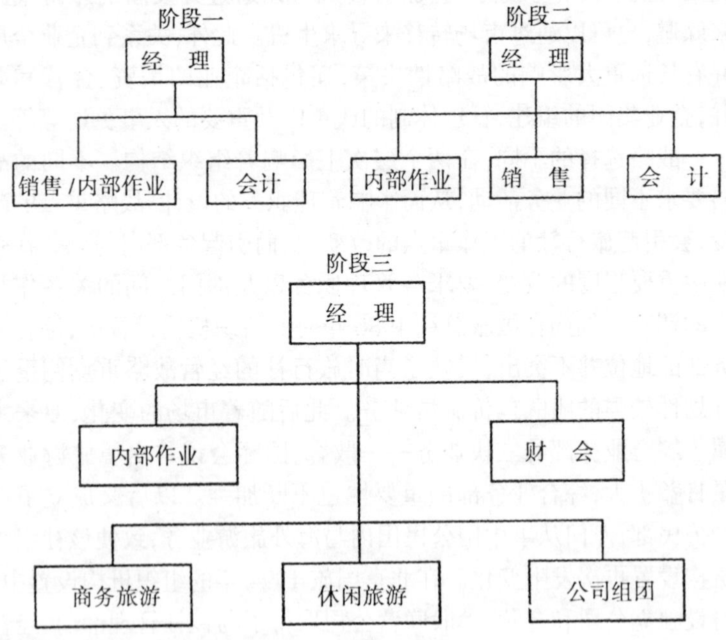

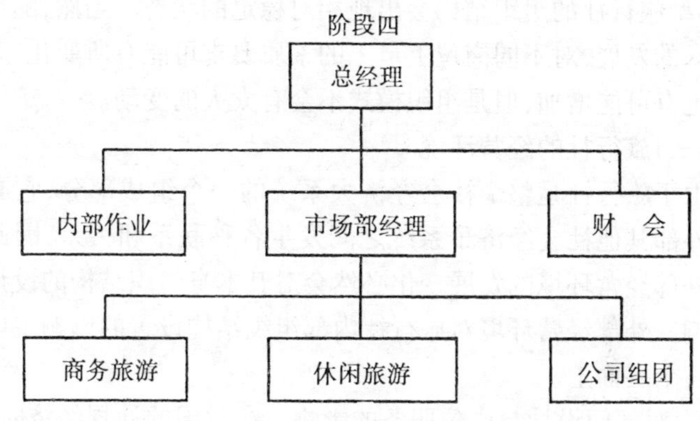

图 8-1 国外小型旅行社组织结构模式的发展

从以上国外小旅行社发展阶段来看,第一阶段为小旅行社最初建立时期的简单结构的组织,职员人数为 3 人:经理 1 名,为专职全日工作,销售与内部作业人员 1 名;兼职会计人员 1 名。这种旅行社在规模扩大以后,往往会在组织结构上开始进行职能的分工:销售与内部作业工作分别由不同的员工承担。不少小旅行社发展到第二阶段后就会停留在这一规模。再经过 3~5 年的发展,旅行社的组织结构可能会过渡到更为复杂的第三阶段:这时旅行社的内部分工更加明细化,人员也会增加到 6 人以上。其中专职工作人员有:经理 1 名,内部作业人员 1 名,商务旅游业务人员 1 名,休闲旅游业务人员 2 名;兼职人员有财务人员和公司组团业务人员各 1 名。随着旅行社业务的进一步发展,其组织结构便会发展到第四个阶段。在这一阶段,由于旅行社的业务量增大,销售工作需要设立专门的市场部加以协调,公司业务一般也可以实现计算机自动预订和出票。此时,旅行社的员工数量可能会增加到 8 人以上:总经理、市场部经理、内部作业人员、财务人员、商务旅游业务人员、公司组团业务人员各 1 名,休闲旅游业务人员 2 名。至此,小型旅行社的组织结构会出现相对稳定的状态。当然,随着信息技术的发展,对不同岗位上员工的素质要求可能有所变化,人员数量也有可能增加,但是组织模式不会有太大的变动。

(三)旅行社的经营环境

由于旅行社是整个社会经济大系统的一个组成部分,它必然要与外部其他社会经济子系统之间发生各种联系和关系,因此旅行社外部经营环境的发展变化必然会对其本身组织结构的设计产生影响。外部经营环境对旅行社内部组织结构设置的影响主要反映在三个层面上。

1. 对部门设计与岗位职务的影响。在我国的计划经济时代,旅行社是直属政府的行政或事业单位的,其业务以政治接待为主,旅行社不需要考虑客源的招徕、产品的开发,其机构主要是围绕旅游接待来设置的。随着经济体制的改革,国家逐步把旅行社推向市场,旅行社成为自主经营、自负盈亏的企业。企业内部增加了组织招徕、产品开发和市场营销的工作,相应地也要求增设或强化组织招徕、产品开发和市场营销的部门设置。例如在北京国际旅行社 1994 年的组织机构设置中,就专门设立了市场开发部,主管国内外旅游市场的开发和调研,大型旅游活动的策划与旅游线路的设计,对外宣传企业形象,收集和掌握各种旅游信息和资料,这一部门是在计划经济时代所没有的。

2. 对各部门关系的影响。环境不同,组织中各项工作完成的难易程度以及对组织目标实现的影响程度亦不相同。同样在市场经济的体制中,当旅游市场供小于求时,旅行社关心的是如何采购到更多的旅游服务,如何增强接待力量,从而票务部门、接待部门会显得非常重要,相对就要冷落销售部门和销售人员;而一旦旅游市场供过于求,从卖方市场转变为买方市场,则营销职能会得到强化,营销部门则会受到重视。

3. 对组织结构总体特征的影响。外部环境是否稳定,对组织结构的要求也不一样。在稳定环境中的经营,要求设计出稳固的组织结构,管理部门与人员的职责界限分明,工作内容和程序经过仔细的规定,各部门的权责关系固定,等级结构严密;而多变的环境则要求组织结构灵活,各部门的权责关系和工作内容需要作经常的适应性的调整,等级关系不甚严密,组织设计中强调的是部门间的横向沟通而不是纵向的等级控制。

由于中国内地社会经济发展程度和多年来传统做法的影响,国内各个旅行社的组织机构设置几乎全都包括销售、计调、接待等业务部门和人事、财务等职能部门以及保障一线部门业务顺利开展的后勤行政部门。但是,随着我国改革开放和社会主义市场经济的发展,公众生活水平将继续提高,国外散客、中国公民自费旅游的比例将会持续增长,旅行社经营机制逐渐灵活,经营风险也会相应增加,更多的旅行社还将会进入多元化发展阶段。可以预计,我国旅行社的组织结构中将会出现相应的业务部门,旅行社的组织结构及旅行社内部各部门之间的关系也将呈现出新的特征。

二、旅行社的组织设计

(一)国外旅行社的组织设计

1. 国外小型旅行社的组织设计。国外小型旅行社的组织结构模式前文已有介绍,从图 8-1 中可以看出,其业务运作一般不设专职导游人员,旅行社的主要职能侧重于销售,从而使争取客源成为核心任务。第一阶段模式属于简单结构的组织形式,由于此时旅行社规模太小,业务单一,业务活动没有明确细致分工的需要和能力,所以旅行社一线工作人员直接受业主或经理的指挥。此后各个阶段的组织模式随着旅行社规模的业务量的增加而不断细化分工,职员人数也在不断增加,组织结构趋于相对复杂;第二阶段模式按照业务职能分成了内部作业与销售两大块;第三阶段模式下的财务工作日显重要,销售业务也细化为商务、休闲和公司组团三部分,业务人员数量明显增加;第四阶段模式增设了市场销售部经理,业务工作所使用的技术装备也更加现代化。随着旅行社业务的扩大和业务活动内容的增多,小型旅行社的规模和员工数量不断增加,其组织结构也随之进行动态调整。

2.国外大型旅行社的组织设计。在较大规模的旅行社中,组织结构较为复杂,以美国的大型旅行社为例,其设置大体上可以归为以下四种情况:

(1)按职能设部。采取这种部门划分方法的旅行代理商一般设有三类职能部门:行政部门(包括最高管理层和会计部门)、销售部门和运营部门,如图8-2所示。

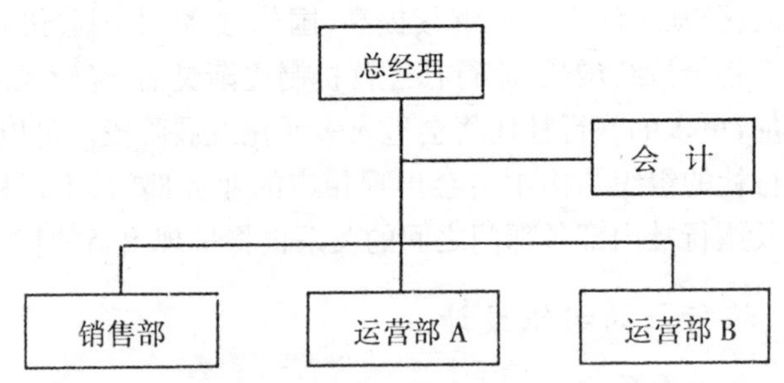

图8-2 按职能划分的美国旅行社组织结构示意图

运营部门负责常规业务运作,如只要求标准的航空、住宿和租车安排的销售;顾客较复杂的要求和非常规的销售工作则由销售部门负责;在预订工作完成之后,所有剩下的工作都由行政部门负责;总经理除了督导企业的整体运作与销售之外,还负责处理所有其他与旅行社正常运作相关的业务活动,如融资、人事、公关等。这种组织结构的意图是想通过形成类似于“生产线”的操作,以提高工作效率。但是,企业有了足够的业务量,这种组织方式才能体现出提高生产效率的优势。在企业并不能保证有足够数量的预订业务时,这种组织方式则必须进行调整。

(2)按区域设部。这是有地区分支机构的旅行代理商所采用的一种组织方式,其组织结构如图 8-3 所示。

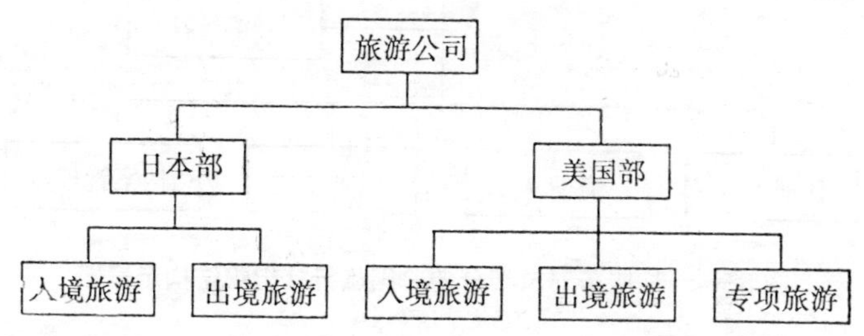

图 8-3 按区域划分的美国旅行社组织结构示意图

(3)按服务对象设部。这是目前为止美国旅行代理商中最为常见的组织结构设置方式,其典型形式如图 8-4 所示。这种结构可以保证向顾客提供个性化的服务。在这种结构下的各个代理人通常分别负责某一特定的细分市场。细分市场的划分方式,或按旅游类型分为商务旅游市场和度假旅游市场等,或按客源市场地域分为国内市场和国际市场,或按顾客特征分为老年市场、青年市场、残疾人市场等。划分的主要目的在于避免企业内各代理人之间无谓的竞争,以及便于各代理人能成为各自细分市场上的专家。代理商必须要能比对手拥有更多的专业知识和能提供更专业化的服务,才能保持住老顾客并赢得生存和发展的机会。

但是,在这种结构下,每个代理人需要亲自处理顾客所要求的冗繁工作,以至于耗费时间与精力,造成低效率。另一个缺点是,由于某类需求的季节性特点、各类需求的不平均、旅游时尚与潮流的变动以及其他一些因素,这种划分方法会在企业内部造成工作量分布不均,出现企业资源配置不合理的局面。

(4)按产品设部。旅游批发经营商往往按其所经营的产品类型进行部门划分,其机构设置情况如图 8-5所示。

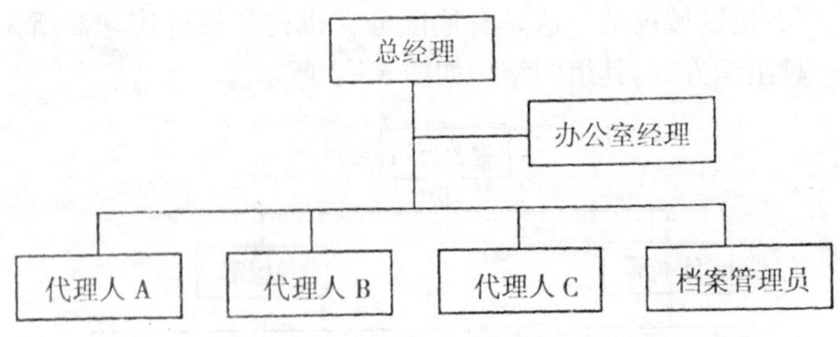

图 8-4　按服务对象划分的美国旅行社组织结构示意图

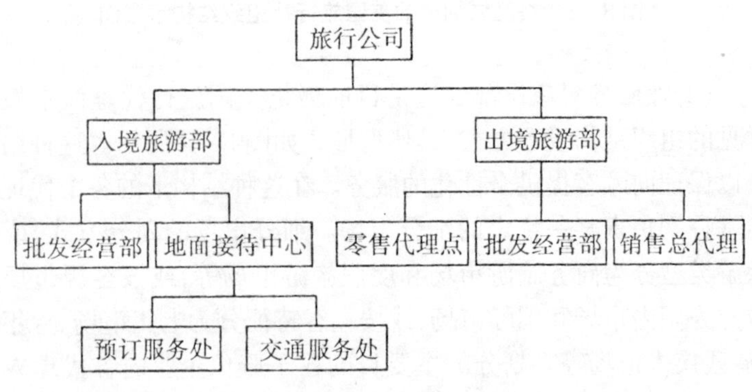

图 8-5　按产品划分的美国旅行社组织结构示意图

(二)我国旅行社的组织结构

1.我国大型旅行社的组织结构。我国旅行社传统的组织机构模式是按内部生产过程进行部门划分的,其业务经营部门主要包括外联、计调、接待和综合业务部等,并在此基础上根据职能和自身的规模等因素,设置办公室、财务和人事培训等管理部门,其具体的机构设置情况如图 8-6所示。这种传统模式目前主要见于少数外联人数 50 000 人次以上的大型旅行社。这种组织结构的优点是遵循了职业专门化的原则,可以简化训练工作,维护主要职能的威信与权力等。其缺点在于人为地将相对简单的工作复杂化,主要人员过分专业化,各部门之间利益不均,协调困难,增加了管理中协调的难度,只有总经理对盈利情况负责,不利于全局性主管人员的培训等。

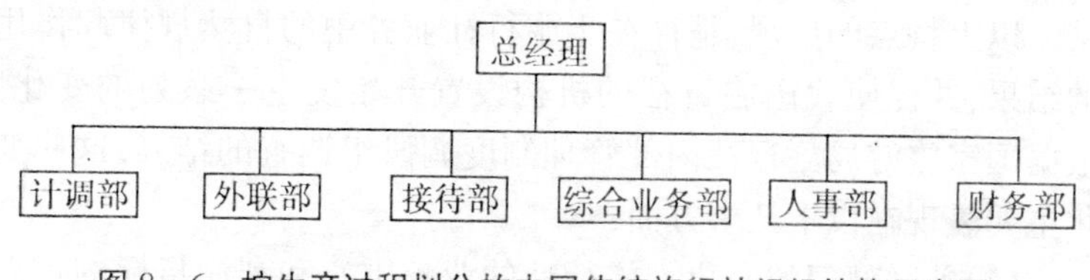

图8-6 按生产过程划分的中国传统旅行社组织结构示意图

我国旅行社传统组织机构模式运作机制的具体特征有以下几个方面:

(1)根据旅行社的业务特点,从销售到计调再到接待是一个密不可分的过程,高质量的旅游服务需要这三个环节之间的密切配合。然而在它们分别成为独立的部门之后,彼此之间的协调会因为部门界线的存在而发生困难,这种困难将因各部门规模的扩大而增加。各部门的职员也可能因为部门利益而忽视企业的整体利益。不仅如此,在发生责任事故的时候,企业通常也容易因为这种密不可分的关系而难以追查责任承担者。与之相关的是,总经理对各部门的业绩考核也很难做到公正。

(2)传统模式下的外联、计调、接待和综合业务四部门之间往往存在职能的重复。例如,接待部通常是兼有外联和接待双重职能,计调部也具有对外联络的职能,综合业务部更是集外联、接待和后勤等业务于一身,故而被称为是旅行社中的"小旅行社"。这说明我国旅行社传统的机构设置模式未能充分发挥组织的分工协作优势。

(3)在卖方市场条件产生的传统模式中,接待部门是旅行社的业务重心和利润指标的重头所在,因此使得接待部门在其他部门中居于突出重要的地位，破坏了部门之间的平衡，而各部门之间的失衡将不利于部门之间的协调。尤其对于像旅行社这样的企业，它必须依靠各服务环节的相互协调与配合提供服务和保证质量，某一环节的过度被重视容易造成部门之间的不满与不合作情绪。

以上特点的出现，是存在于旅行社业务中的自然规律起作用的结果，并促使我国旅行社的机构设置开始发生一系列的变化。根据国家旅游局旅行社内部管理制度调研组调查的结果，这些变化主要表现在以下几个方面：

(1)外联部门的变化。旅行社的业务重心和利润指标的重点逐步由接待部门转移到外联部门。与此同时，外联部门本身也按照市场情况划分为数个专业外联部门，如日本部、欧美部和东南亚部等，并以此与接待部门遥相呼应。

(2)接待部门的变化。接待部门依然是旅行社的利润中心，与外联部对应设部，专事接待。有的旅行社接待部门因自身业务较少而加强地联业务，具有接待和地联两种职能。有的接待部门按照团体和散客设部。

(3)计调部的变化。计调部的主要业务很多都已经转移到外联部门，因此多数旅行社不再设专门的计调部。现有的计调部门主要负责统一调控、统一谈价，以争取批量优惠，并以此约束外联和导游的行为。另外许多大、中型旅行社设立了票务部门，一来保证团队票务；二来对外营业，扩大服务范围。

2.我国中小旅行社的组织结构。与大型旅行社的组织结构相比，现在我国的中小旅行社一般都采取“一条龙”的部门设置方式，即从产品组织、外联组团、服务采购到实际接待，所有业务均在一个部门内部全过程操作。此种部门设置方式在实际运作过程中又存在两种不同的模式：

(1)按市场分设部门。采取这一设部方法的旅行社将外联、计调和接待三项主要业务按细分市场进行部门设置，在此基础上同时按职能设置人事和财务部门，具体形式如图 8－7 所示。这种方法使得本旅行社内部各部门间业务相对独立，互不交叉，从而有效避免了旅行社内部各部门间的直接竞争。

(2)混合设部。采取这种方法设置机构的旅行社没有考虑市场分工情况，而是混设旅游业务一部、二部和三部等，其组织机构形式如图 8－8 所示。这种设置使得部门之间没有业务界限，甚至存在直接的竞争关系，显然不利于旅行社内部资源的优化配置。

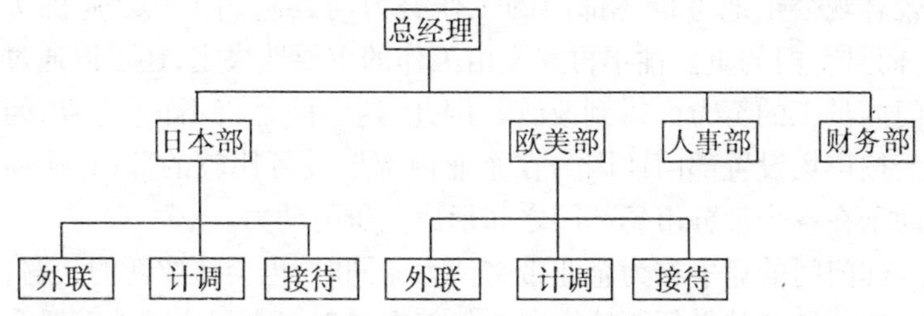

图 8－7 按市场划分的中国小型旅行社组织结构示意图

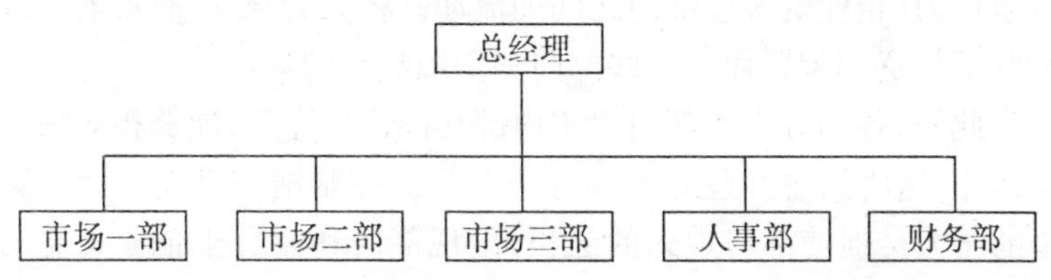

图 8－8 混合划分的中国小型旅行社组织结构示意图

上述“一条龙”部门设置中按市场设置部门的优点主要在于三项主要业务之间的协调因内部化而容易达到，利润责任下放，按细分市场实现专业化，部门间有相互竞争的动力等。其缺点在于增加了最高管理层对下属部门的控制难度，产生重复设置成本，失去批量优势，要求企业有更多的全面管理人才，部门间的竞争过度会破坏企业的整体性等。

具体地说，由于外联、计调、接待三项业务均在部门内进行，因此彼此之间的协调配合从传统模式下的部门间转为部门内，协调要容易得多，这是按市场设置部门的突出优点。当然，这种组织结构仍然存在着部门之间的协调需要，但这种协调工作要少得多。而且，这种设置使得各个细分市场部门能够成为相对独立的利润中心，这既可减轻总经理的利润责任，又有利于对他们进行较为公正的业绩考核与奖惩。部门间不平衡问题仍不可避免，但此时可以较客观公正地考核各部门的工作努力与其利润贡献之间的关系，而且部门的重要性不再完全由工作的重要性决定，还可以通过部门内员工的努力而得到改善。因此，这一问题将不再是突出问题。按市场设置部门还因为在企业内部形成可比较的部门，从而有助于在各个细分市场部门之间形成竞争的动力。

部门间的竞争在为企业带来活力的同时，也会造成新的问题，这时的总经理就必须要慎重斟酌如何在各部门之间合理地配置企业资源。因为一旦配置完毕，各部门因分别负有利润责任和承受竞争压力，企业资源各部门之间的流动性将大为减弱，有可能导致某些部门资源闲置而另一些部门却资源缺乏的局面。

此外，各细分市场部门由于内部功能比较完整，能够相对独立地运作，这将给总经理对下属各个部门的控制增加难度。同时竞争的压力会促使部门观念的滋长，出现部门利益高于企业利益的思想。这是按市场设置部门所面临的最主要的危险，处理不当，企业将四分五裂，企业整体名存实亡。

按市场设置部门的另一个比较大的问题是由客源市场的变化性引发的。企业原有的客源市场有可能减小、消失或扩大，新的客源市场也会形成。所以，坚持原有的部门设置，将容易导致部门资源的不合理配置，或闲置或短缺，也容易错过新出现的市场机会。在这种情况下就容易看到，按市场设置部门应采用有机适应图式，以保证企业组织结构适度的灵活性。不仅如此，在企业中还应有专门的机构或职员负责监视客源市场的变化情况,以保证企业能够适时地做出反应。

三、旅行社的组织管理

组织的部门化是将为实现组织目标而要求完成的各项工作任务进行划分,并分配给组织各成员承担的过程。同时,各成员分别承担的任务最后组合起来必须能够实现组织的目标。将组织细分化而形成的各项任务组合成一个整体的过程称为整合。旅行社组织管理的主要任务,就是借助职权关系和纵向、横向的沟通,把各部门联系在一起,亦即整合各部门的工作,确保组织目标的实现。

目前我国旅行社行业较为流行的组织管理模式,主要包括岗位责任制、目标责任制、承包责任制几种。

(一)岗位责任制

这是针对我国旅行社传统的经验管理与低效率"大锅饭"提出的一种组织管理模式。该模式的基本内容,可以概括为旅行社将上级主管部门下达的任务,分解落实到每个业务经营部门与岗位,部门与员工的工作在一定程度上与工资和奖金直接联系起来。

岗位责任制的最大优点是可以根据科学的方法确定各个部门和每个员工的工作数量与质量,岗位责任制实施的效果,也主要取决于任务量化的科学程度。尽管岗位责任制的实施在不同程度上增强了旅行社内部各个岗位的责任感,但我国旅行社推行岗位责任制的总体效果并不理想。这主要是因为旅游需求的脆弱性和旅游产品的不可储存性,使得业务量和工作规范难以确定,与此同时旅游服务的个性化又使得质量标准难以确定。

此外,岗位责任制自身也存在明显的弊端:

1. 管理只是管理者的管理,人为地增加了少数管理者与多数被管理者之间的隔阂,使管理者陷入孤立和矛盾漩涡。

2. 岗位责任制的中心是岗位责任,与分配制度的相对脱节使其难以真正调动职工的积极性。

(二)目标责任制

目标责任制与岗位责任制相比具有明显的进步,这主要表现在部门成为利润中心而不再是单纯的责任中心,利润指标被分解落实到各个部门,而且与分配之间的联系更为密切。企业部分经营管理权相应下放到部门,部门内部的失衡因此减少。

但是,目标责任制也造成许多新的问题:

1. 部门间关系紧张,特别是职能部门职工的积极性遭到打击;
2. 部门间条件的差异掩盖了部门间分配的不平等;
3. 对部门的放权与控制成为企业突出的矛盾。

(三)承包责任制

承包责任制是在目标责任制基础上发展起来的旅行社组织管理模式。在承包责任制条件下,旅行社将业务经营特许权和牌子全部或部分租赁给一个或多个人员。承包者拥有极大的经营管理权,包括独立的财务管理权;同一旅行社中的不同承包者之间存在相互竞争关系;承包期限一般较短。承包责任制的上述特点致使承包责任制产生了许多的问题,具体表现为承包者短期行为严重,大都存在严重的财务问题,而且助长了行业不正之风。承包责任制因此遭到许多业内人士的指责和非议。

从以上的分析中可以看出,旅行社的组织管理是一个极为复杂的问题,也是我国旅行社行业提高整体素质和竞争力的主要障碍之一,尚需在进一步的研究和实践中去探索适合旅行社业务特点的组织管理模式。

第二节 旅行社的人力资源开发与管理

组织设计为旅行社的运行提供了可供依托的框架。框架要能发挥作用,还需要人来操作。因此,在设计了合理的组织机构的基础上,还需要为这些机构的不同岗位选配合适的人员。旅行社对人力资源进行管理,就是要有效地选聘员工(管理人员和普通职工),合理地配置员工,公正地考评员工的贡献与能力,系统地对员工进行培训,最大限度地调动员工的创造性与积极性,进而创造旅行社在激烈市场竞争中的人力资源优势。

一、旅行社人力资源管理的任务和特点

广义地说,智力正常的人都是人力资源。对企业来讲,人力资源是指存在于企业内部及外部的与企业相关的人员、人力的总和。人力资源是企业的重要资源之一,特别对旅行社来说,多数旅行社是资金占用少、劳动密集型的企业,人力资源无疑是旅行社最为宝贵的生产要素。只有有效地开发人力资源,科学合理地管理人力资源,旅行社才能蓬勃发展,蒸蒸日上。

人力资源管理就是现代人事劳动管理,它是人力资源的取得、开发、保持和使用等方面所进行的计划、组织、激励和控制的活动,具体内容包括招聘、录用、选拔、任用、调配、考核、培训、奖惩、晋升、工资、福利、社会保险以及劳动关系的处理等等。

(一)旅行社人力资源管理的任务

人力资源管理是为实现企业的目标而选人、育人、用人和留人,因此,首先要满足企业的需要。同时,人力资源管理也是为每个人安排适当的工作,并通过各种措施来激励员工自觉地为实现企业目标而共同努力,因此还要考虑满足企业成员个人的特点、爱好和需要。人力资源管理的任务可以从企业需要和个人需要两个

角度去考察。

1. 从旅行社需要的角度去考察。

(1) 要通过人力资源管理使旅行社的各项经营活动正常运转。设计合理的组织系统要能够有效地运转,必须通过招聘、录用、选拔和任用,使每个工作岗位都有适当的人去占据,使实现旅行社企业目标所必须进行的每项活动都有合格的人去完成。这是旅行社人力资源管理的基本任务。

(2) 为旅行社的发展准备干部力量。旅行社是一个动态系统,处在不断发展变化的社会经济环境中。旅行社的目标、活动的内容需要经常根据环境的变化作适当的调整,由目标和活动决定的组织机构也会随之发生相应的变化。组织机构的适应调整过程往往也是发展壮大的过程。旅行社的机构和岗位不仅会发生质的变化,而且在数量上不断增加。所以,人力资源的管理,必须要考虑旅行社未来可能发生的变化,为未来的组织准备和提供高素质的工作人员,特别是高素质的管理干部。由于旅行社的员工需要在较长时间的实际工作中积累经验,因此,旅行社要在使用的同时培训未来的员工和管理干部,要注意员工培训计划的制定和实施。

(3)维持员工对旅行社企业的忠诚。人才流动对个人来说可能是重要的,它可以使人才通过自己不断的尝试,找到最适合自己的、给自己带来最大利益的工作。但是对整个旅行社来说,人才流动虽有可能给旅行社带来“输入新鲜血液”的好处,但其破坏性更甚。人员不稳定、职工离职率高,特别是优秀人才的外流,往往使旅行社多年的培训费用付之东流,而且可能破坏旅行社的人事发展计划,甚至会给旅行社企业的经营带来不利的影响。例如,旅行社外联人员的流失,可能会带走旅行社的一些客户,使旅行社客源量减少。因此,要通过奖惩、晋升、工资、福利、社会保险等来稳住人心,留住人才,维持员工对旅行社的忠诚。

2. 从旅行社员工需要的角度去考察。留住人才,不仅要留住其身,而且要留住其心。只有这样,才能达到维持他们对组织的忠诚的效果。然而员工是否能真心实意地、自觉积极地为旅行社努力工作,要受到很多因素的影响。就人力资源的管理来说,要达到这个目的,必须注意:

(1)通过合理的人员配备,使每个人的知识和能力得到公正的评价、承认和运用。工作的要求与自身的能力是否相符,是否感到"大材小用","怀才不遇",工作的目标是否富有挑战性,这些因素与人们在工作中的积极性、主动性、热情程度有着极大的关系。

(2)通过人员培训与配备,使每个人的知识和能力不断发展,素质不断提高。知识和技能的提高,不仅可以满足人们较高层次的心理需要,而且往往是通向职业生涯中职务晋升的阶梯。要通过人力资源管理,使旅行社每个成员都能看到这种机会和希望。

(二)旅行社人力资源管理的特点

旅行社人力资源管理同一般企业的人力资源管理相比既有共性,又有个性。根据旅行社本身的工作性质、工作内容和工作特点,其人力资源的开发具有以下特点:

1. 独立性。旅行社业务的一个突出特点是独立性强。这一特性在旅行社的接待业务中表现尤为突出。它决定了旅行社许多业务的开展通常是落实到员工个人,由员工个人独立地完成。他们要独立地完成各自的业务指标,有各自独特的工作方式,工作的效果在很大程度上取决于个人的独立工作能力。由此可能带来员工之间在工作绩效和收入水平方面的较大差异。同时,为了维护自己的利益,他们可能会拒绝与同事合作,可能对工作挑挑捡捡,可能以自己的工作成绩作为向企业讨价还价的筹码,甚至构成对某方面业务的不正常垄断。这就要求旅行社加强人力资源的管理,既要鼓励每个人的积极性和独创性,充分挖掘每个人的潜力,又要公平合理地调配人员和调整分配方案,倡导团队精神和协作精神,推行规范化、制度化管理,保证工作井然有序地开展。

2.分散性。旅行社的工作人员经常是独自分散地与客户接洽,广泛地、分散地在各条线路上陪同旅游者进行旅游。在联系业务或接待服务过程中,往往没有来自管理者和同事直接的、面对面的监督,工作时间弹性大,生活规律难以保证。为了确保工作质量和顾客满意率,旅行社必须向工作人员提出明确的工作要求、工作规范和工作程序,要通过填写工作记录和搜集顾客反应等方式,对员工的工作绩效做出客观、公正的评价,建立有效的激励机制,奖优罚劣,以维护企业声誉和顾客利益。

3.流动性。旅行社人员的流进与流出是相当频繁的,有人是为了追求更加称心如意的工作环境,有人是为了获得更多的收入,有人是为了得到提拔晋升,有人是由于年龄和性格的原因而调离旅行社,还有人是因为工作不称职而离开企业。上述情形中许多都是由旅行社的业务特点所决定的,是正常的。旅行社要留住和吸引优秀人才,应当在员工个人发展、企业凝聚力和职工待遇等方面做出不懈的努力,要建立人力资源信息库,及时招聘补充合格人才,强化业务培训,保障旅行社在人员流动的大环境中,有一支高素质的、相对稳定的员工队伍。

二、旅行社员工的选聘

员工的选聘是指为了企业发展的需要,通过向外招聘和对内选拔的方式吸收、挑选适合某一岗位的个体的全过程。这一过程可分为确定要求、吸引应聘和挑选录用三个阶段。

(一)确定旅行社的用人要求

确定旅行社的用人要求是员工选聘的第一个阶段。它主要是在旅行社人力资源规划的指导之下,根据岗位工作的需要,通过职务分析确定用人数量、类别和条件,拟定工作说明和工作规程,为下一阶段的工作做好准备。

1.职务分析。职务分析是对各个岗位的任务、责任、性质及工

作人员的条件进行分析研究并做出明确规定。一般说来,职务分析主要包括以下内容:

(1)该职务的工作内容;

(2)该职务的工作职责;

(3)与旅行社内部其他工作的关系;

(4)该职务的"应知"、"应会";

(5)对担任该职务的年龄、经验、资历、教育程度等方面的要求;

(6)工作技能的培养;

(7)见习制度;

(8)工作环境条件。

由于职务分析是人力资源管理的基础,旅行社必须扎扎实实地把此项工作做到位,并通过职务分析形成一定的工作成果。这些成果主要包括:

(1)对担任某项职务的要求和履行职务过程中可能遇到的特殊问题进行基本分析,形成人员选聘条件;

(2)对工作内容和职责进行详细分析,形成工作说明;

(3)对履行职务所必须具备的知识、技能等各种条件和要求,进行基本分析,形成工作规范;

(4)对该职务提出培训要求,形成培训方案。

2. 工作说明书。工作说明书是在职务分析的基础上,用以记载该职务的工作内容、职责、要求及其特性的文件。工作说明书一般要记载以下内容:

(1)工作识别事项,如工作名称、编号、所属部门等,以此将此项工作与其他工作区别开来;

(2)工作概要,包括工作范围、目的、内容等基本事项;

(3)具体工作,包括工作的具体目的、对象、方法等;

(4)其他特殊事项,如加班、恶劣的工作环境等事项的说明。

3.工作规范。工作规范明确规定特定工作的操作规程、标准和具体要求。在实践中,可以把工作说明书与工作规范合二为一,形成一个文件。

(二)吸引应聘

在市场经济条件下,用人单位与应聘者之间是双向选择的关系。作为旅行社欲挑选到中意的员工,必须设法吸引人们前来应聘。为此,在选聘人才的过程中,要努力设法把旅行社的目标与应聘者个人的目标,旅行社需要与应聘者个人的需要统一协调起来,兼顾双方的利益。

1.影响旅行社对应聘者吸引力的因素。从旅行社的角度来看,能否吸引人们前来应聘,取决于多种因素,主要有:

(1)旅行社的目标与发展前景;

(2)旅行社的形象与声誉;

(3)旅行社的工资福利待遇;

(4)旅行社所招聘的职位类别;

(5)旅行社可能提供的培训和提拔机会;

(6)旅行社的工作地点和工作条件等等。

2.应聘者的来源。应聘者的基本来源可分为旅行社内部和外部两大类。两类来源各有利弊,应当具体情况具体分析。

外部招聘的优点:

(1)有利于减轻偏见,放手使用;

(2)有利于缓和平息内部竞争者之间的紧张关系;

(3)有利于给旅行社带来新鲜的工作方法和经验。

外部招聘的局限性:

(1)外聘人员对旅行社的内部情况,需要一定时间的了解、熟悉后才能有效地开展工作;

(2)旅行社对外聘人员的情况不能深入了解,一旦选聘错误,将会给工作造成不利影响;

(3)对内部人员的积极性可能构成伤害。

内部选聘的优点:

(1)有利于鼓舞士气,提高员工的工作热情,调动员工的积极性;

(2)有利于吸引外部人才,使外来人才感到只要干得好,就有发展机会;

(3)有利于保证选聘工作的正确性;

(4)有利于被聘者迅速开展工作。

内部选聘的局限性:

(1)容易引起同事不满,在被聘者受到提拔的情况下尤其如此;

(2)可能造成"近亲繁殖",进而不利于创新,甚至可能把某些不良的作风延续下来。

3.影响选聘途径的因素。既然外部招聘和内部选聘各有利弊,旅行社就应当从实际出发,充分考虑各种因素,选择更加有利的选聘渠道。影响选聘途径的主要因素有:

(1)职务的性质或岗位。大部分基层职务或非关键岗位,可以从外部招聘,而较高层的管理人员则应从内部提拔。

(2)旅行社的经营状况。小型的、新建的、迅速发展中的旅行社应当多从外部招聘人员;大型的、较为成熟的旅行社,人才储备也较多,应当多从内部选聘。

(3)内部人员的素质。能否从内部选聘到合格的人员,关键要看候选人的素质。如果内部人员的素质不高,不符合有关要求,就只能从外部选聘。

(三)挑选录用员工

1.挑选录用员工的方式。挑选录用员工的方式主要有两大类:

(1)履历表挑选方式。该方式通常是根据需要,要求应聘者提交自己的履历表以及工作意向、个人特长、学历、学位、工作经验和个人照片，还可以要求应聘者提交所在单位的介绍信和推荐信。旅行社以此为依据决定是否录用。

(2)直接挑选方式。该方式一般是通过笔试、面试，以及心理测试、情景模拟等综合检查方式，直接对应聘者进行较为深入的考察了解，然后决定是否录用。

2. 挑选录用员工的步骤。

(1)按一定规范，对所搜集到的应聘者的各种资料进行整理分析，以备挑选。

(2)将应聘者的情况和条件逐一与工作说明书、工作规范以及旅行社的要求进行对比分析，经初步筛选后，把全部应聘者分为三类：可能入选者、勉强合格者和不合格者。

(3)对可能入选者和勉强合格者再次进行审核，进一步缩小挑选范围。

(4)对通过审查的应聘者进行笔试、面试以及心理测试、情景模拟的测试。

(5)依据考试监测的情况，综合考虑应聘者的其他条件，做出试用或录用的决定，并将录用决定正式书面通知被聘者。在经被聘者认可接受后，双方要依法签订录用合同。

(6)把此次选聘结果书面通知所有应聘者，不管对方是否被录用。

三、旅行社员工绩效的考评

绩效考评，又称人事评估、绩效考核、员工考核等等，是指主管和相关人员对员工的工作做出的系统评价，以此来揭示员工工作的有效性及其未来工作的潜能，从而使员工本身、企业乃至社会都受益。

（一）旅行社绩效考评的作用

1. 绩效考评是维持和提高工作效率的手段。通过对员工的绩效考评，并以此作为奖优罚劣的依据，可以鼓励绩效突出的员工，鞭策绩效不良的员工，进而维持和提高工作效率。

2. 绩效考评是贯彻按劳分配，建立合理的奖酬制度的基础。将客观、公正、全面的绩效考评结果与员工的工资、奖金及福利有机地结合起来，能使员工普遍感到公平合理，进而增强其工作的满意感。工作报酬必须与员工的能力和贡献结合起来，这也是企业分配的一条基本原则。

3. 绩效考评是合理使用员工，充分调动员工积极性，发现人才的重要依据。通过绩效考评，可以了解员工对现任职务的胜任程度，发现更适合他的工作岗位，这就为员工的调动、轮岗、晋升、降职、淘汰提供了客观、公正的依据。

4. 绩效考评是制定和调整员工培训计划的重要依据。通过绩效考评能够发现员工的长处和不足，以便对其长处加以保护和发扬，对其不足进行有针对性的培训，这对于提高培训工作的效果，提高员工队伍素质都具有积极作用。

5. 绩效考评是促进企业内部沟通的手段之一。制度化的绩效考评，可以使下级更加明确上级或组织对自己的工作和能力的要求，从而了解努力的方向；可以使上级更加关心下属的工作和问题，从而更关注他们的成长；可以使上下级经常对某些问题加以探讨，从而促进理解的一致性。这些由于考评而带来的沟通的增加，必然会有利于企业活动的协调进行。

（二）旅行社绩效考评的原则

绩效考评是每个员工在工作中都要面对的。每一位员工都希望自己的工作成绩能够得到上级的承认，得到应有的待遇，希望通过自己的努力取得事业上的进步，同时也希望了解自己的不足，希望上级能够对自己今后的努力方向给予指导。因此，为了满足员

工渴望得到公正评价的愿望,发挥绩效考评的积极作用。在绩效考评工作中应当遵循以下基本原则:

1. 明确公开的原则。在绩效考评工作中,考评的标准、程序和责任都应当有明确的规定,并且在考评过程中严格遵守这些规定。同时,考评的标准、程序和责任还应当向全体员工公开,这样才能使员工对考评工作产生信任感,才能理解、接受考评的结果,才能保证考评的权威性。

2. 客观考评的原则。考评应当依据明确规定的考评标准,针对客观考评资料进行评估,尽量避免掺入主观因素和感情色彩。也就是说,首先一定要把考评建立在"以客观事实说话"的基础之上;其次要把"客观事实"与既定的考评标准进行比较,而不是在员工之间进行比较。

3. 反馈的原则。考评的结果一定要反馈给被考评者本人,否则就起不到考评的教育作用。在反馈考评结果的同时,应当向被考评者就评语进行必要的解释说明,肯定成绩和进步,指出缺点和不足,为今后的努力方向提供参考性意见。

4. 差别的原则。差别的原则主要体现在两个方面:一是考核标准的不同等级之间,应当有鲜明的差别界限;二是针对不同的考评结果,在今后的工资、晋升、使用等方面要体现明显的差异,即考评结果要与员工的发展前途挂钩,要能够鼓励先进、鞭策落后、带动中间。

(三)绩效考评的方法

绩效考评方法直接影响着考评结果的正确与否。一项好的考评方法应该具备可信度和普遍性,能够为人所接受,并能够真实客观地鉴别出员工的行为差异。旅行社进行员工绩效考评,可以采取以下几种方法:

1. 量表评等法。量表评等法是应用最广泛的绩效评估法。评等量表通常包括几项有关的评估项目,如,评估中级管理人员的工作实绩时，一般制定的评估项目有：政策水平、责任心、决策能力、组织能力、协调能力、应变能力和社交能力等方面，对每项设立评分标准，最后把各项得分相加，即得出每个人的绩效评分。需要注意的是，每项评估项目都不应是对员工个性的评价，而应是员工工作的行为方式的评价。

2. 关键事件法。从这一次评估到下一次评估之间，主管应该搜集情报使评估尽可能公平正确。如果未能做到这一点，评估就可能只是依据模糊的记忆来判断。J·C·弗兰根曾发展出一种客观的方法来收集评估资料，称之为“关键事件法”。此法所收集的事件资料，都是明确易观察且对绩效好坏有直接关联的。“关键事件法”共有三个基本步骤：

(1)当有关键性事情发生时，填在特殊设计的考核表上；

(2)摘要评分；

(3)与员工进行评估面谈。

评估的记录并非一种标准，而是收集员工工作上重要事迹。收集的事实需要以对主管及管理阶层发挥作用为前提，也就是要能协助员工了解工作需要，这才能发挥员工潜能，以担当更重的职责。

如果采用这种方法，主管必须确实能就正、反两面的事实着眼；否则，评估会有偏差，员工也无法接受评估。

3. 行为评等法。行为评等法是关键事件法的深化和突破，它主要是通过行为事实方面的依据来评估员工。这些行为事实，就是平时记录下来的关键事件。但行为评等法作为一种员工评估的方法，比关键事件法更系统、更完善。

行为评等法首先要进行工作分析，收集描述是否胜任该工作岗位的行为事实，把这些行为事实细分为多个方面(如管理能力、人际关系等)，每个方面都设立具体的标准，并对每个方面的重要性进行量化，即分配权数。根据这些基于行为事实的等级标准和权重，可以形成一张含义明晰、衡量公正、易于使用的表格。主管可以利用这张行为评等表格进行员工评估。

但行为评等法也有一定的局限性。因为大多数表格只能涵括有限几种行为方式和标准，而员工在工作中发生的行为更加多样化，未必能归入表格中的评价体系，即使设计表格时已考虑到的某种行为方式，在实际发生时值得评价的方面也可能跟原始设计时大相径庭。此外，另一问题是某一员工在工作中采用的正面的行为方式很可能仍表现出负面绩效。

4. 混合标准评等法。混合标准评等法综合了关键事件法和行为评等法的长处，尽量避免了两者的弊端，作为一种实践发展的产物，它是有较大优越性的。混合标准评等法使用混合标准量表，此表在设计的系统性方面与行为评等法很相似，但它不同于行为评等法对每一行为表现的精确量化，它是就某项工作的几个特定方面分别作出三种行为，描述表示绩效的高、中、低三档，而没有明确的分值。

混合标准评等法的优点在于使评估者的注意力不会过度集中在分值上，而同时也会注重被评估者的行为模式。因为，对某一特定工作来说，并非整体分值越高的员工越胜任，而应是在某一特定方面有专长或有特定行为模式的员工最胜任。此外，它还克服了关键事件法的缺点，即收集和分析员工行为表现时的随机性和不确定性，而在评估表格设计时就体现了高度的系统性。

5. 指数评估法。指数法通过客观的标准（如生产率、出勤率、跳槽率等）来评估绩效。一般来说，指数评估法分为定性评估和定量评估两个方面。定性评估包括接待服务质量状况、旅游者满意度、有无重大责任事故等等，定量评估包括接团人数、外联人天数、销售总额、销售利润和旅游者投诉量等等。在指数评估法中，以定量评估为主，定性评估为辅，当员工的工作成果完全量化为指数时，评价孰优孰劣也就有了依据。

以上各种绩效评估的方法,各有优点,也各有不足,在实际运用中,可以按照以下几个原则,选择一种适合企业自身情况的评估方法。

(1)最能体现企业目标和评估目的;

(2)对员工的工作起到正面引导和激励作用;

(3)能比较客观地评价员工工作;

(4)评估方法相对比较节约成本;

(5)评估方法实用性强,易于执行。

(四)旅行社绩效考评的种类与内容

旅行社绩效考评的具体目的不同,考评的种类也各不相同。常见的对员工的考评可分为以下几种:

1. 职务考评。职务考评主要从两方面入手:一是考察员工对本职工作的熟练程度;二是考察员工的工作能力和适应性,以决定是否需要调动工作或调整职务。伴随着职务的调整,可能带来岗位职务工资的变化。

2. 奖金考评。奖金是对超额劳动的报酬,奖金考评实际上是对员工工作成绩的客观考评。

3. 提薪考评。提薪考评的结果会影响员工的收入,但它与奖金考评不同。奖金考评是"回顾性"的,是根据被考评者过去的工作成绩决定报酬的多少,提薪考评则是"展望性"的,是预计被考评者今后可能发挥多大的作用,以决定未来相应的工资水平。提薪考评既然是预计今后可能的贡献,当然要参考过去的工作成绩,同时还要对工作能力的提高程度做出评价。

4. 晋升考评。这是对晋升对象的特殊考评,由于晋升工作关系到旅行社管理者队伍的素质,关系到旅行社的发展前途,因此历来受到旅行社的高度重视。

晋升考评是对被考评者的全面、综合的考评,主要依据是平时积累的考评资料。晋升审查过程中的重点内容,也是依据平时的考评资料确定的。

四、旅行社员工的培训

员工培训是旅行社人力资源开发与管理中的重要环节,应当给予高度重视。

(一)培训的政策、战略和计划

旅行社应当高度重视员工培训工作,要通过制定明确的培训政策,建立鼓励员工积极参与培训的机制,让员工了解培训的意义,珍惜培训机会,最大限度地调动员工参与培训的自觉性和积极性。根据我国《旅行社管理条例》的规定,旅行社总经理和部门经理必须参加岗位培训和考试,并取得岗位资格证书后方可上岗;翻译导游人员也必须经过培训考试并获得导游证后方可上岗,这都是国家对旅行社人员培训的重要政策。作为企业,旅行社应当把企业的培训政策与国家的培训政策有机地结合起来,推动企业培训工作的开展。

培训战略是旅行社对较长时期内的培训工作所做的全局性、根本性、方向性的谋划与安排。制定培训战略,有利于旅行社在一段较长的时期内排除各种不确定因素可能对培训工作带来的影响,保证培训工作有条不紊地进行。

培训计划是对培训工作的具体安排。制定培训计划要以旅行社的经营目标和发展方向、人力资源规划和培训任务等为依据。培训计划主要包括培训项目、培训目标、培训对象、培训负责人、培训内容、培训进度、培训费用预算等内容。

(二)培训的内容

1.思想素质和职业道德培训。旅行社的员工经常是分散地、独立地、自主地开展工作,没有过硬的思想素质和较高的职业道德水准是难以胜任工作的。因此,员工的思想素质和职业道德培训,是旅行社培训工作的重要内容。通过这方面的培训,要使员工了解国家发展旅游业的意义、旅行社在旅游业中的作用，了解本企业的经营目标、经营理念，帮助员工树立主人翁意识和职业自豪感、荣誉感，培养员工敬业爱岗的精神，增强员工的团队意识与合作精神，自觉维护国家利益和企业形象。

2. 知识培训。旅行社是知识密集型企业，应当通过培训使员工掌握工作所必须的广泛的知识，如地理、文化、自然、科技、历史、民俗、政治、经济、社会等等。此外，还应当让员工了解本旅行社的基本经营情况，如发展战略、目标、经营方针、经营状况、规章制度等，以便于员工参与企业的民主管理，增强员工的主人翁意识。

3. 技能培训。通过技能培训，使员工掌握完成本职工作所必须具备的技能，如翻译导游、公共关系、谈判沟通、演讲技巧、应付突发事件的能力等。高超的技能除了通过培训掌握之外，更多地要靠平时用心积累。旅行社应当同时把技能培训当做员工技能创新的向导，当做员工之间进行工作经验交流的渠道。

（三）培训的方式

培训方法是多种多样的，主要有：

1. 岗前培训。岗前培训是提高旅行社员工素质的重要措施。国家旅游局提出在旅游行业中实行“先培训后上岗”的制度，新进旅行社的员工，都要进行岗前培训。岗前培训的课程有旅行社介绍、敬业精神、服务观念、服务意识、操作规范、业务知识、导游知识、外事纪律、旅行社规章制度等等。导游还应参加专门的导游培训班，学习有关专业知识，通过考试，获取上岗证书。

2. 岗位培训。岗位培训的对象一般是有一定业务知识和操作实践经验的职工，培训时不脱产，边工作边培训或短期脱产。岗位培训的内容基本上贯穿于整个旅行社工作的过程。开展岗位培训能提高现有员工的业务素质，不断提高现有水平。国家旅游局在《1990—1995 年旅游行业开展岗位培训工作意见》中强调：“今后三至五年内，对我国旅游业的全体员工普遍进行一次岗位培训，要求取得合格证书后才能上岗工作。”岗位培训首先可从导游开始着手进行，其他如财会、管理、公关等各个岗位培训也应有条不紊地进行。

3. 文化学历教育。旅行社有相当一部分员工是从社会上招聘的，有些人学历不高。学历反映了一个人接受教育的程度，在职称评定中，学历和文化程度也相当重要。积极动员各级员工报考电大、夜大、自学考试、函授等成人教育相关专业，取得大专或本科学历，是旅行社人事部门的重要职责。经过若干年的努力，将从总体上提高旅行社员工的文化素质。旅行社还可同有关院校协商，进行委托培养或联合办学，实行“社来社去”，使旅行社员工的整体学历水平有所提高。

4. 适应性专题培训。所谓适应性，也就是应用性、迫切性。例如，一个导游员在导游过程中要掌握的外语、地方语、地理知识、历史知识等等，都需进行专题培训。另一种情况是旅行社职工由于工作需要，从一个岗位转向另一个岗位，工作内容完全变了，因此对转岗人员进行培训，要求转岗的员工，在短时间内掌握新的工作知识和技能。具体方法可请专家上门讲课，也可走出去集中听课、观摩等。适应性培训的特点是灵活、实用，随时可安排调整。这种培训形式是旅行社主要的培训方式。

总之，我们处在一个“知识爆炸”的时代，知识更新的速度越来越快，只有不断地学习、学习、再学习，培训、培训、再培训，才能跟上时代前进的步伐。作为旅行社员工，只有通过培训、学习才能在激烈的人才竞争中占有自己的一席之地。作为企业，只有重视员工培训才能在激烈的市场竞争中求得生存与发展。

五、旅行社员工的报酬

报酬是激励员工卓有成效地工作、达到企业目标的主要手段，同时，报酬又是企业运作的主要成本之一。因此，旅行社员工的报酬管理,是旅行社人力资源开发与管理中最受人们关注的内容之一,应当引起旅行社各级管理者的高度重视。

(一)旅行社确定报酬的依据和原则

报酬的实质是企业对其员工(包括管理者)给企业所做的贡献,包括他们实现的绩效、付出的努力、时间、学识、技能、经验和创造所付给的相应的回报与答谢。它包括金钱报酬(工资、奖金和福利)和非金钱奖励(晋升、表扬等)两大部分。这实质上是一种公平的交换或交易,体现了社会主义市场经济的分配原则。

1. 确定报酬制度的依据。

(1)绩效考评的结果。绩效考评是旅行社评价工作成绩、奖优罚劣的基本依据。员工的报酬必须与绩效考评的结果挂钩,这是旅行社制定报酬制度的基础。

(2)职位的相对价值。旅行社应当系统地评定各个职位的相对价值,依照每一职位的工作对旅行社的相对重要性、工作性质、工作经验、特殊技能、履行职责的风险等,来评定各个职位的排列顺序,并以此作为获取报酬的依据。

(3)劳动力市场的供求状况。在市场经济条件下,劳动力市场的供求状况直接影响着人们对其报酬水平的期望。劳动力市场的供求状况是调节劳动力流向,进而调节报酬水平的重要杠杆。由于我国社会主义市场经济体制尚在改革和建立过程之中,劳动力市场的发育尚不够完善,劳动力市场的供求状况对企业报酬的影响,目前还不够直接或明显。随着社会主义市场经济体制的最终确立,劳动力市场的供求状况对报酬的影响将会越来越明显。

(4)居民生活水平。旅行社在制定报酬制度的时候,必须考虑居民的生活水平。虽然旅行社的收入水平相对较高,但客观上与居民生活水平存在着比较关系。旅行社把自己的报酬水平确定在什么标准上,与社会居民的收入水平、生活水平是什么样的比较关系,这是旅行社管理者在制定报酬制度时应考虑的因素。

(5)旅行社的财务状况。旅行社的财务状况直接影响旅行社的报酬水平,特别是影响那些非固定收入的水平,如奖金、福利等。

2. 制定报酬制度的原则。

(1)公平性原则。公平性是制定报酬制度的首要原则。员工对报酬分配的公平感是影响极大而又十分敏感的因素。强烈的不平感会使员工士气低落、工作消极,使工作突出者的积极性受到打击,造成人际关系紧张、人才外流,妨碍旅行社的稳定与发展。

(2)竞争性原则。这是指旅行社的报酬标准在社会上和人才市场中要有吸引力,能够吸引和招聘到旅行社所需要的人才。

(3)激励性原则。报酬制度要贯彻按劳分配、多劳多得的原则,破除平均主义。否则,便只能保护落后、奖懒罚勤,使报酬失去激励作用。报酬制度是由管理层制定的,但应该使大多数员工认可,这样会起到更好的激励作用。

(4)经济性原则。提高旅行社的报酬水平,固然可以提高其竞争性和激励性,但同时也会导致人力成本的上升。所以,旅行社在制定报酬制度时要充分考虑成本控制因素,在成本许可的范围内制定报酬制度。

(5)合法性原则。旅行社的报酬制度一定要符合国家的法律、法规和政策,特别要遵守《公司法》、《劳动法》和《妇女权益保护法》。

(6)平衡性原则。报酬制度的各个方面要平衡,不能只注重直接报酬,而忽视非直接报酬,也不能只注重金钱报酬而忽视非金钱奖励。

(二)旅行社报酬的构成

1. 工资。工资是企业支付给员工的较为稳定的金钱,是报酬系统的一个主要组成部分。目前比较广泛实行的是结构工资制和岗位技能工资制两种工资分配制度。

(1)结构工资制。结构工资制是由若干具有不同功能的工资组合而成的分配制度。它主要包括基础工资、职务工资、工龄工资、技术津贴等。

基础工资。它是按照国家政策和使职工基本生活水平能够得到保障的原则而设计的,基本上与职责无关,带有明显的平均主义性质。

职务工资(也叫岗位工资)。它是根据员工所担任的职务或所处的岗位不同来确定的,即职务越高、责任越重、风险越大、贡献越多,岗位工资也就越高。对于不同岗位来讲,这部分工资是有差别的,在一定程度上体现了按劳分配的原则。但对担任同一职务或处在同一级别的人来讲却是无差别的。如企业内部所有部门经理的岗位工资水平是一致的,尽管事实上不同部门经理的工作业绩和贡献并不一致。这就带有一定的平均主义的性质。

工龄工资。这是根据工龄长短而确定的工资部分。工龄越长,该部分工资就越高。这是对员工"历史性贡献"的报酬,仍然带有一定的平均主义性质。

技术津贴。这是依据员工技术水平的高低而确定的工资部分。它基本体现了脑力劳动与体力劳动、简单劳动与复杂劳动的差别,体现了按劳分配的原则。

结构工资制在一定程度上体现了按劳分配的原则,但也包含有一定的平均主义色彩。随着改革的深入,旅行社将越来越多地实行岗位技能工资制。

(2)岗位技能工资制。岗位技能工资制是以按劳分配为原则、以工资与经济效益挂钩、以岗位工作评估为基础、以岗位技能工资为主体的工资制度。岗位技能工资制由基本工资和辅助工资两部分构成:基本工资包括岗位工资和技能工资;辅助工资则由奖金、津贴和各种补贴构成。

岗位工资是根据员工所在岗位或所担任职务的责任轻重、工作难度、工作条件等因素确定的。技能工资则是依据不同岗位或职务对员工工作技能的要求和员工实际具备的工作技能水平来确定的。辅助工资是支付给员工的基础工资之外的其他工资性收入,是对基本工资的补充。

岗位工作评估是确定岗位工资的依据,包括对工作技能、工作责任、工作难度和工作条件的评估。其中工作技能主要是指在一定岗位上工作所应具备的文化知识、专业水平及解决实际问题的能力;工作责任是指岗位要求员工承担的责任及应发挥的作用;工作难度是指员工在正常情况下履行岗位职责所要付出的脑力与体力的多少;工作条件是指工作环境对员工身心的影响程度。

岗位工资要按企业具体情况分为若干等级,并以此建立岗位工资标准,该标准是随着企业经济效益的变化而变化的。岗位工资实行动态管理,随着岗位的变化,岗位工资也要进行相应的调整。

技能工资一般按行政管理职务、业务技术人员和职能人员三类设置。每个类别分别设立若干工资等级并规定相应的工资标准,实行技能工资正常晋升制。

辅助工资主要由奖金、津贴和各种补贴构成。辅助工资的发放要根据旅行社经济效益的高低和经营状况的好坏而增减。

岗位技能工资不同于结构工资,前者剔除了基础工资等带有平均主义性质的工资部分,使员工的工资收入直接与工作绩效、工作能力、工作条件以及企业的经济效益挂钩,所以更能体现按劳分配的原则。

2. 奖金。奖金是对员工超额劳动或表现卓越的报酬。与工资不同,奖金的形式是多种多样的。如按奖励内容可分为单项奖、综合奖;按奖励对象可分为个人奖、集体奖;按奖励时间可分为月度奖、季度奖、年终奖等等。不管是什么形式的奖金,都必须以员工所付出的超额劳动为基础,以绩效考评为依据,使之具有明显的针对性、差异性和激励性。一定要避免把奖金作为变相的工资收入来发放，一定要破除平均主义、“大锅饭”的思想，贯彻多劳多得的原则，合理拉开奖金分配档次，充分发挥奖金的激励作用。

3. 福利。福利是报酬的一种补充形式。它往往不是直接以金钱支付的，也称之为非直接报酬。福利的形式是多种多样的，常见的福利项目有各种保险（如劳动保险、医疗保险、待业保险等）、带薪假期、职工或子女教育补贴、节日赠品、各种后勤服务（如子女入托、免费工作餐、工作服、职工班车等等）。福利通常不以按劳付酬的原则为依据，而是以平均或需要为原则，在同一企业中员工所享受的福利差别不明显。福利的作用主要是满足员工的安全需要，让员工体验到企业作为一个“大家庭”的温暖，培养员工对企业的认同与忠诚。

4. 非金钱奖励。非金钱奖励是一种精神奖励，它可以满足员工自我实现的高层次需要，也是激励员工努力工作的重要因素之一。非金钱奖励可以分为职业性奖励和社会性奖励两个部分。职业性奖励包括给员工职业安全感、自我发展机会、晋升机会以及改善工作条件等；社会性奖励包括授予员工的荣誉称号、表扬与肯定、交给员工他们喜欢的任务和提供交朋友的机会等等。

（三）旅行社的报酬与激励

报酬制度作为人力资源管理中的一项重要内容，其根本作用在于充分调动员工的积极性、创造性，为企业的发展提供强有力的人力资源支持。也就是说，报酬对企业所需要的人力资源，要能够起到吸引来、留得住的激励作用。吸引、留住、激励这三者，归根到底就是激励的作用，即激发起员工的良好工作动机，鼓励员工创造优秀绩效的热情，使员工愿意在本企业努力工作。

报酬的激励作用可分为短期激励作用和长期激励作用。短期激励作用是指报酬要能够激发员工做好当前的工作，实现优良的绩效。长期激励作用是指报酬要能够体现出企业对员工价值和地位的认可，培养起员工对企业的认同感、归属感、忠诚心和责任心。

在市场竞争激烈的条件下，员工的忠诚心和责任心对企业的发展是非常重要的。

但是，建立有效的激励机制是一个非常复杂的问题，激励与报酬之间也不能简单地划等号，不能认为报酬越多激励作用就越大。报酬虽然是重要的，但并不是惟一的激励手段。按照激励理论，常用的激励手段有四种：工作激励、成果激励、批评激励和培训教育激励。工作激励是指分配恰当的工作来激发员工内在的工作热情；成果激励是指在正确评价员工工作成果的基础上，给予员工合理的报酬，保证员工行为的良性循环；批评激励是指通过批评来激发员工改正错误行为的信心和决心；培训教育激励则是指通过思想、文化教育和技术知识培训，提高员工的素质，增强其进取精神，激发其工作热情。因此，除了采用成果激励手段之外，企业还必须适时地、综合地运用其他几种激励手段，充分挖掘员工的积极性与创造性。

第三节　旅行社的企业文化建设

企业文化是20世纪80年代初由美国学者提出的一个新概念，是企业在长期生产经营实践中逐步形成的共同的文化观念，是由企业领导者倡导，为全体员工所认同的具有本企业特色的价值观念、团体意识、行为规范和思维模式的总和。

一、企业文化的结构与要素

企业文化是一个有着丰富内涵的系统体系，其中包括许多相互联系、相互制约的基本要素。美国学者彼得斯和沃特曼认为至少有7种要素：经营战略、组织结构、管理风格、工作程序、工作人员、技术能力和共同价值观，其中共同价值观是最核心的要素。这

7种要素称之为“麦金瑟7-S结构”,如图8-9所示。

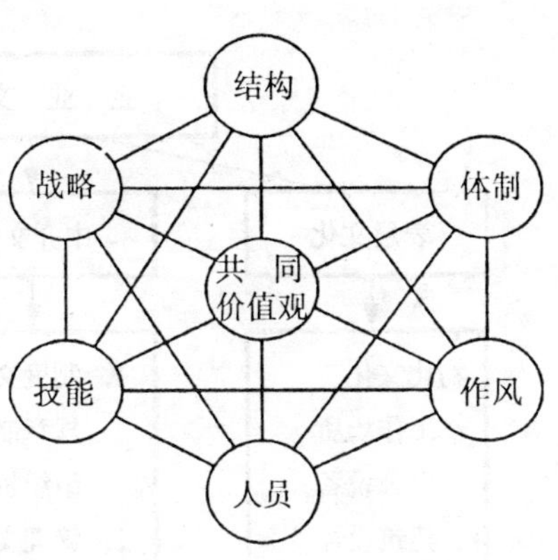

图8-9 麦金瑟7-S结构

从现代系统论的观点来看,企业文化的结构层次有三层:表层文化、中介文化和深层文化。

它的构成要素有:企业精神、企业理念、企业价值观、企业道德、企业素质、企业行为、企业制度、企业形象等,由此构成一个有着内在联系的复合网络图,如图8-10所示。

二、旅行社企业文化的构成要素

(一)企业目标

目标对人的行为具有导向、激励的功能,现代企业管理学强调通过目标的设置来激发动机,引导行为,使员工的个人目标与企业目标结合起来,以激励员工的积极性。旅行社可以制定在一定时期内能够达到的、明确具体的、对企业发展有重大意义的某种目标,以此来提高员工的信心,进而激发员工的积极性。

(二)企业价值观

价值观是人们对生活、工作和社会实践的一种评价标准,即区分事物的好与坏、对与错、美与丑、可行与不可行的观念。对于旅行社而言,价值观为旅行社的生存与发展提供了基本方向和行动指南。它是旅行社领导者和员工据以判断是非的标准。在全体员工中培养和树立正确的价值观,对于统一员工的思想和增强企业的凝聚力具有积极意义。当前,随着我国市场经济体制改革的深入,人们的价值观发生了很大变化,在此过程中,旅行社应注意保

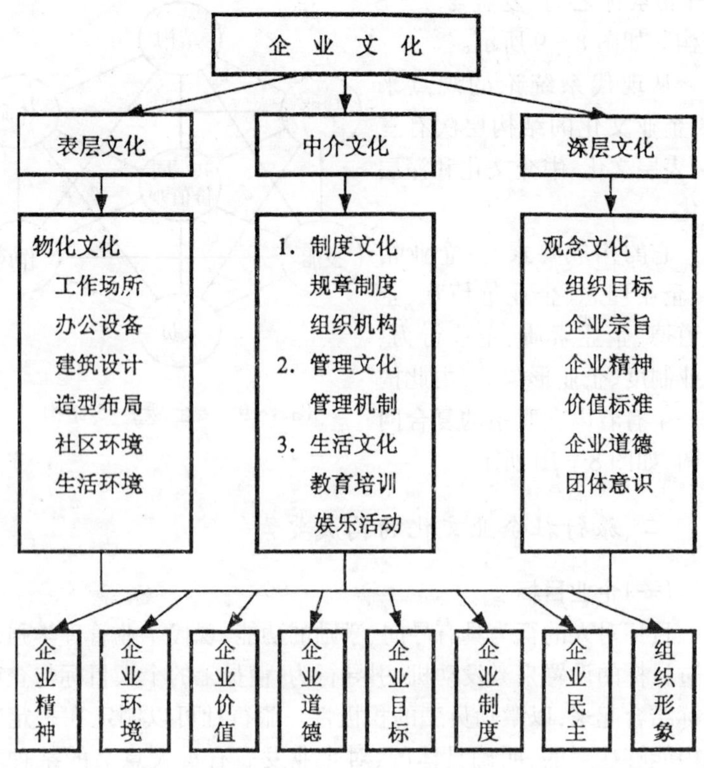

图 8－10　企业文化复合网络图

持价值观中优秀的部分，扬弃不合理的部分，树立新的价值观。例如，要倡导拼搏精神、开拓精神、市场竞争观念、经济效益与社会效益统一的观念等等。

(三)企业道德

企业道德，是指员工在工作过程中，调整内外关系的特定职业行为规范的总和。它以善良与邪恶、正义与非正义、公正与自私、诚实与虚伪等相互对立的道德范畴为标准来评价旅行社及其员工的各种行为，从而调整企业与员工、员工与员工以及企业与社会等方面的关系。旅行社作为服务性企业，要特别注意在员工中提倡职业道德，以维护企业的声誉和旅游者的权益。无论是旅行社还是员工，均不得为自身利益而采取违反职业道德的行为。

（四）企业精神

企业精神，是指旅行社在为谋求生存与发展、为实现自己的价值体系和社会责任而从事经营的过程中，所形成的一种人格化的群体心理状态的外化；是经过长期培育形成并为员工所认同的一系列群体意识的信念和座右铭；是旅行社的精神支柱和精神动力。它通常以高度概括的几个字或几句话，或以口号、标语等形式表达出来。这种口号有的是总结本企业的优良传统，有的是针对目前存在的缺点而倡导树立的新风尚，也有的是适应形势发展需要而提出的奋斗方向等等。

（五）企业民主

企业民主亦即企业的民主管理。它作为旅行社制度的一个方面，包括职工的民主意识、民主权利、民主义务等一系列参与企业经营管理的措施和活动。企业在强调总经理负责制的同时还必须发扬企业民主。我国《企业法》规定，职工有参加企业民主管理的权利，还规定职工代表大会是企业实行民主管理的基本形式。旅行社应当按照《企业法》的规定，通过发扬民主和民主管理，调动职工的积极性，提高旅行社的经营管理水平。

（六）企业制度

企业制度是旅行社企业文化的基本要素之一。广义地说，它不仅包括硬性的或有形的管理制度，如管理体制、组织机构、社规社纪等，还包括职工在实际工作岗位上所形成的思想准则、习惯方式、道德规范等软性的或无形的、固定化的行为模式。

（七）企业环境

广义的企业环境包括竞争对手、顾客、相关单位以及政府的影响等,可以分为政治环境、经济环境、文化环境、工作场所和人的心理环境。旅行社应当努力创造条件,改善职工工作环境和生活环境,激发职工对企业的忠诚和工作热情。

(八)企业形象

企业形象,是指旅行社及其行为在人们心目中留下的印象和获得的评价。旅行社的形象表现在四个方面:一是服务形象,如经营能力、服务质量、工作效率等方面的印象;二是环境形象,如企业的办公楼、营业厅和社区环境等,它反映了企业的管理水平、经济实力和精神风貌;三是从业人员形象,如接待人员的职业道德、价值观念、文化修养、精神风貌、言谈举止、装束仪表和服务态度等,是企业形象人格化的表现;四是社会形象,是指企业对公众负责和对社会贡献的表现。

三、旅行社企业文化的特点

旅行社与工业企业不同,它没有物质产品生产过程。旅行社也不同于商业企业,它不销售物质产品。旅行社的产品是非物质形态的服务产品,因此旅行社的企业文化是服务经营型文化。由于旅行社的经营活动以服务为中心,其服务能否适应旅游者的文化需求与其提供的服务质量有着密切的关系。因此,旅行社企业文化的特点,集中体现于下列几个方面。

(一)服务意识

旅行社的产品是旅游服务,旅游者评价其产品优劣的基本标准是满意程度。而影响客人满意程度的因素是多方面的,包括旅游者的期望值,旅游者的文化背景与旅游目的地文化背景的差异,接待设施情况和社会环境等,其中最主要的是旅行社员工的服务意识、服务态度和努力程度。“客人总是对的”之类流行于旅游行业的口号,反映出大家一个共同的价值观——向旅游者提供满意的服务是旅游业的生命力。因此,培养员工的服务意识是旅行社企业文化建设的一项中心任务。在这方面,由于我国服务业比较落后,加上受传统落后观念的影响,有些人轻视服务业,服务业的从业人员也因此产生自卑心理,在实际工作中表现为缺乏礼貌和热情。另一方面,有的从业人员为追逐小费和佣金,不惜丧失人格、国格,造成恶劣影响。这两种倾向都是旅行社在培养职工正确的服务意识时必须予以克服的。

(二)文化意识

旅游既是一种物质享受,也是一种文化享受。旅游者到异国他乡旅游,其动机常常包含着强烈的文化色彩。为满足旅游者的文化需求,旅行社职工应对本国文化有深入的了解。由于旅游者来自不同的国家和地区,对中国文化的理解和欣赏角度不同,为了向旅游者提供有针对性的服务,满足他们旅游的目的,旅行社职工还应了解不同国家、民族的文化背景和价值观。因此,旅行社职工应具有强烈的文化意识,努力提高文化素养,这是旅行社文化建设的一项重要内容。

(三)协作意识

旅行社的产品具有高度的综合性,涉及旅游者旅游过程中行、住、食、游、购、娱等诸方面,其中许多服务是旅行社自身所不能提供的,需要通过旅游服务的采购来满足其产品组合的需要,其中任何一个环节的服务质量,都会直接影响旅行社最终产品的质量和旅行社的形象。这就要求旅行社的各级管理人员和全体员工应具有强烈的协作意识,以确保各个环节的服务质量和整个服务过程的顺利完成。

(四)经营意识

经营意识是每个企业都需要培养和树立的基本意识,对旅行社这样的企业尤其重要。旅行社业务的特点决定了旅行社经常面临市场供求关系不断波动和激烈市场竞争的强大压力,经营难度很大。为了保证生存与发展,旅行社需要在全体员工中树立明确的市场导向观念、市场竞争观念和经济核算意识，即要求全体员工具有强烈的经营意识。

四、旅行社企业文化的功能

(一)自我内聚功能

企业文化通过培育企业成员的认同感和归属感，建立起与企业之间的相互依存关系，使个人的行为、思想、感情、信念、习惯与整个企业有机地统一起来，形成相对稳固的文化氛围，凝聚成一种无形的合力与整体趋向，以此激发出企业成员的主观能动性，朝着企业的共同目标而努力。正是企业文化这种自我凝聚、自我向心、自我激励的作用，才构成企业生存发展的基础和不断成功的动力。从这个意义上来说，任何取得非凡的成就的企业，其背后无不蕴藏着强大的企业文化作为坚强的后盾。但是，要指出的是，这种内聚力量不是盲目的、无原则的、完全牺牲个人一切的绝对服从，而是在充分尊重个人价值，承认个人利益，有利于发挥个人才干的基础上而凝聚的群体意识。

(二)自我改造功能

企业文化能从根本上改变员工的旧有价值观念，建立起新的价值观念，使之适应企业正常实践活动的需要。尤其对于刚刚进入企业的员工来说，为了减少他们个人带有的家庭、学校、社会所养成的心理习惯、思维方式、行为方式与整个企业的不和谐或者矛盾冲突，就必须接受企业文化的改造、教化和约束，使他们的行为趋向企业的一致和谐。一旦企业文化所提倡的价值观念和行为规范被成员接受和认同，就会在不知不觉中做出符合企业要求的行为选择，倘若违反了企业规范，就会感到内疚、不安或者自责，这时会自动修正自己的行为。在这个意义上说，企业文化具有某种程度的强制性和改造性。

(三)自我调控功能

企业文化作为团体共同价值观,并不对企业成员具有明文规定的具体硬性要求,而只是一种软性的理智约束,它通过企业的共同价值观不断地向个人价值观渗透和内化,使企业自动地生成一套自我调控机制,以"看不见的手"操纵着企业的管理行为和实务活动。这种以尊重个人思想、感情为基础的无形的非正式控制,会使企业目标自动地转化为个体成员的自觉行动,达到个人目标与企业目标在较高层次上的统一。企业文化具有的这种软性约束和自我协调的控制机制,往往比正式的硬性规定有着更强的控制力和持久力,因为主动的行为比被动的适应有着无法比拟的优越性。

(四)自我完善功能

企业在不断的发展过程中所形成的文化积淀,通过无数次的辐射、反馈和强化,会随着实践的发展而不断地更新和优化,推动企业文化从一个高度向另一个高度迈进。也就是说,企业文化不断的深化和完善一旦形成良性循环,就会持续地推动企业本身的上升发展;反过来,企业的进步和提高又会促进企业文化的丰富、完善和升华。国内外成功企业的事实表明,企业的兴旺发达总与企业文化的自我完善密不可分的。

(五)自我延续功能

企业文化的形成是一个复杂的过程,往往会受到社会的、人文的和自然环境等诸多因素的影响,因此,它的形成和塑造不是一朝一夕就能完成的,必须经过长期的耐心倡导和精心培育,以及不断地实践、总结、提炼、修改、充实、提高和升华。同时,正如任何文化都有历史继承性一样,企业文化一经固化形成之后,也会具有自己的历史延续性而持久不断地起着应有的作用,并且不会因为企业领导层的人事变动而立即消失。

五、塑造旅行社企业文化的主要途径

(一)选择价值标准

由于企业价值观是整个组织文化的核心和灵魂,因此选择正确的企业价值观是塑造企业文化的首要战略问题。

选择企业价值观有两个前提。

1. 要立足于本企业的具体特点,选择适合自身发展的企业文化模式,否则就不会得到广大员工和社会公众的认同与理解。

2. 要把握住企业价值观与企业文化各要素之间的相互协调,因为各要素只有经过科学的组合与匹配才能实现系统整体优化。

(二)强化员工认同

一旦选择和确立企业价值观和企业文化模式之后,就应把基本认可的方案通过一定的强化灌输方法使其深入人心,具体做法包括:

1. 充分利用一切宣传工具和手段,大张旗鼓地宣传企业文化的内容和要求,使之家喻户晓,人人皆知,以创造浓厚的环境氛围。

2. 树立典型榜样。典型榜样是企业精神和企业文化的人格化身与形象缩影,能够以其特有的感染力、影响力和号召力为企业成员提供可以仿效的具体榜样,而企业成员也正是从典型榜样的精神风貌、价值追求、工作态度和言行表现之中深刻理解到企业文化的实质和意义。

3. 培训教育。有目的的培训与教育,能够使企业成员系统接受和强化认同企业所倡导的企业精神和企业文化。

(三)提炼定格

1. 精心分析。在经过群众性的初步认同实践之后,应当将反馈回来的意见加以剖析和评价,详细分析和仔细比较实践结果与规划方案的差距,必要时可吸收有关专家和员工的合理化意见。

2. 全面归纳。在系统分析的基础上,进行综合的整理、归纳、总结和反思,采取去粗取精、去伪存真、由此及彼、由表及里的方法,删除那些落后的、不为员工所认可的内容与形式,保留那些进步的、卓有成效的、为广大员工所接受的形式与内容。

3.精练定格。把经过科学论证的和实践检验的企业精神、企业价值观、企业文化予以条理化、完善化、格式化,并加以必要的理论加工和文字处理,用精练的语言表述出来。

(四)巩固落实

1.必要的制度保障。在企业文化演变为全体员工的习惯行为之前,要使每一位成员都能自觉主动地按照企业文化和企业精神的标准去行事几乎是不可能的。即使在企业文化业已成熟的企业中,个别成员背离企业宗旨的行为也是经常发生的。因此,建立某种奖优罚劣的规章制度还是有一定的必要性。

2.领导的率先垂范。企业领导者在塑造企业文化的过程中起着决定性的作用,他本人的模范行为就是一种无声的号召和导向,对广大员工会产生强大的示范效应。所以任何一个企业如果没有企业领导者的以身作则,要想培育和巩固优秀的企业文化都是非常困难的。

(五)丰富发展

任何一种企业文化都是特定历史的产物,当企业的内外条件发生变化时,不失时机地调整、更新、丰富和发展企业文化的内容和形式总会经常地摆上议事日程。这既是一个不断淘汰旧文化特质和不断生成新文化特质的过程,也是一个认识与实践不断深化的过程,企业文化由此经过循环往复达到更高的层次。

案例5:

旅行社跳槽事件

组织的工作是靠人来完成的,企业管理很重要的一点就是“通过人把事情做成”,通过人的合力来实现企业目标,企业目标的实现是建立在充分尊重人、研究人、理解人的基础之上的。而人是最具有能动性的。近几年,旅行社跳槽事件频频发生:1995年7~8月间,中国青年旅行社总社欧美部的10余名业务骨干,未经批准及办理有关手续,便集体跳槽加入了中国旅行社总社,并将其在工作中使用、保管的青旅客户档案大部分带走。与此同时,中旅用这些人组建了中旅欧美二部,致使青旅的国外客户在一周的时间内纷纷以种种理由取消了原订8月至12月的旅游团队151个,占原订团队总数的2/3。此举使"青旅"减少计划收入2 000多万元,并损失经营利润300多万元。1996年继前者青旅和中旅纠纷后,又发生中远人员跳到民间、国旅人员跳到青旅的事件。

(选编自马爱萍《旅行社经营管理》,广东旅游出版社,2000年)

讨论题:

1.你如何看待旅行社人员的跳槽?

2.如果你是青旅人力资源部的主管,你如何留住并发挥旅行社员工的积极性?

案例6:

罗森柏斯旅行社
(Rosenbluth Travel)的企业文化

美国罗森柏斯旅行管理公司的企业文化由表层、里层、深层三部分组成。

1.大马哈鱼(salmon)——罗森企业文化的表层部分

企业文化的第一个层次是指可见于形、闻之于声、触之有觉的物质文化,如旅行社的社歌、社旗、员工的制服等等。罗森把大马哈鱼作为该公司的吉祥物,寓意深刻,因为大马哈鱼的特点是逆流而上,不跟随潮流,不跟在别人后面亦步亦趋。罗森以此吉祥物鼓励员工在创新中不要怕犯错误，而要善于从错误中学习，不犯同样的错误，鼓励员工不能仅停留在为顾客服务的层次，要事事为客人提前设想，主动去了解每位客人的需要。

2.顾客第二——罗森公司的制度文化

企业文化的里层是制度文化，即企业文化的领导体制、组织结构、规章制度等反应出来的指导思想。罗森的制度文化集中体现在罗森现任老板 HalRosenbluth 写的一本书中，书名为《顾客第二》(The Customer comes Second)。其基本思想是：仅仅强调为顾客服务是不够的，因为没有幸福的员工，就很难有快乐的顾客。只有当公司将员工置于首位，员工才会将顾客置于首位。

罗森的制度文化包括以下政策：

(1)严厉的爱(tough love)。罗森一旦发现所雇佣的员工不称职，就尽快解雇，认为不解雇就是对顾客以及其他员工的不负责任。罗森认为，我们不可能培训人们怎样心地善良，但我们可以选择心地善良的人。罗森把人品放在一个很重要的位置上。

(2)门户开放政策(opendoor policy)。当员工与上级主管再三商量主管听不进时，员工可直接到主管上一级那里，并且每一名员工都可以直接开门找总经理。

(3)注重团队精神，团队荣誉。“罗森分布在世界各地的员工们都富有集体主义精神，彼此配合默契，工作协调，像在一个大家庭里工作，环境充满乐趣……”罗森强调每一员工都重视团体荣誉，敬业爱业，绝不以一己不当行为而使集体受损。

“我们对员工今天的投资就是对企业未来的投资”罗森十分注重对员工的培训和对员工素质的提高。比如，每一位新员工都要到费城总部接受为期 3 天的培训，接受企业的哲学、价值观以及服务思想。3 天中有一项安排老板亲自为新员工倒下午茶，使员工感到自己是主人翁且首先从老板那里学到了敬业、服务的精神。罗森对员工的重视使得罗森在旅游业转业率平均高达 50% 的情况下，除第一年外转业率仅有6%。“正因为我们强调要使员工生活在一个满意的、促人积极上进的环境里，反过来，他们也同样时时为客户着想。”

3. 领先群体，不断超越自我——罗森文化的深层部分

企业文化的核心是深层文化。深层是指积淀于心灵的意识形态，即精神文化，它包括理想信念、价值取向、经营哲学、行为准则等，是企业之魂，支配着企业及其职工的行为趋向。

罗森的精神文化是：求新、求变、求精，创造需求，永远保持领先。

罗森创造需求的含义是一直走在市场前面。罗森认为，麦当劳进入中国之前，吃汉堡包的人寥寥无几，而麦当劳进入中国后有很多人在吃汉堡包。所以需求原来是没有的，是创造出来的。麦当劳成功的经验是：引入当地缺乏的制度、管理、品质控制，再掺入当地特色。罗森也本着这种精神，在罗森成立的100多年里，依靠员工的创造力，把变化看做机遇，先后开发出几十种产品和服务项目，使罗森一直是旅游界有创建的带头人。而每一种创新，都代表着旅游产业的新思路，都使客户从这些成果受益并改写着“旅游管理”这个名词的涵义。罗森管理的独到之处是，“优秀服务，公司素质，技术水平，客户至上，全球实力”。

(选编自马爱萍《旅行社经营管理》，广东旅游出版社，2000年)

讨论题：

1. 罗森柏斯旅行管理公司的企业文化有什么特色？

2. 比较罗森柏斯旅行管理公司的企业文化和我国旅行社企业文化的区别？

3. 从罗森的企业文化建设方法中，我们可以获得哪些启示？

思考题：

1. 影响旅行社组织设计的因素有哪些？它们是如何影响旅行社的组织设计的？

2. 试述国外小型旅行社的组织设计的发展演变。

3. 国外大型旅行社的组织设计有哪几种类型？

4. 我国旅行社的传统组织结构具有什么样的特点，目前正在发生什么样的变化？

5. 我国旅行社"一条龙"的组织机构设计有什么样的优缺点？

6. 目前我国旅行社行业较为流行的组织管理模式有哪几种，各自的优缺点是什么？

7. 旅行社人力资源管理的任务和特点是什么？

8. 旅行社如何选聘员工？

9. 什么是绩效考评，旅行社进行绩效考评可以采用哪些方法？

10. 旅行社可以采用哪些方法对员工进行培训？

11. 试述旅行社的报酬与激励的关系？

12. 企业文化的功能是什么，如何塑造旅行社的企业文化？

第九章　旅行社财务管理

旅行社财务管理，就是利用货币形式对旅行社资金运用和业务收支活动进行全过程的综合管理。旅行社的管理者根据企业经营目标和经营需要，按照资金运动的客观规律，通过对资金筹集、资金运用、资产管理和资金分配等管理，使旅行社获得尽可能大的利润，并使旅行社的财务状况处于最优状态。旅行社财务管理的内容主要包括资产管理、成本费用管理、收入与利润管理和财务分析等。

第一节　旅行社资产管理

资产管理是旅行社财务管理的一项重要内容。资产是旅行社所拥有全部资本的具体化。旅行社凭借其所拥有的资产，经营各种旅游产品，并获得预期的经济收益。旅行社的资产构成主要包括流动资产、固定资产、无形资产和其他资产，资产管理的重点是流动资产管理和固定资产管理。

一、流动资产管理

旅行社的流动资产是指旅行社可以在一个营业周期（通常为一年）内将其转变成为现金或者耗用的资产，主要由三个部分构成，即货币资产、债权资产和生息资产。流动资产是旅行社业务经营活动不可缺少的重要条件之一，其数额的大小及其构成情况，在一定程度上制约着企业的财务状况，反映着企业的支付能力与短期偿债能力。同旅游业的其他部门相比,旅行社的流动资产在其总资产中占有较大的比重。因此,控制流动资产的规模和内部构成比例,加速流动资金周转便成为旅行社财务管理的重要内容。

(一)货币资产管理

旅行社的货币资产主要包括现金和银行存款。它是旅行社所有资产中最具有流动性的一种资产。现金经常用于向旅游供应部门和企业采购各种旅游服务,支付旅行社各类劳务及其他各种费用,偿还到期的债务等。银行存款则主要用于旅行社的各种经济往来与结算、发放工资和补充旅行社的库存现金等。现金虽然具有较强的支付能力,但在未使用前不能给旅行社带来任何利润,反而还需要承担一定的筹资成本。旅行社将现金存入银行所获得的利息也是微乎其微的。所以,在保证旅行社业务经营活动顺利进行的前提下,旅行社必须设法缩短现金在周转过程中占用的时间,减少实际占用的现金总量。

旅行社在货币资产管理中主要采取下列措施:

1. 确定旅行社的现金库存限额。随着社会主义市场经济的逐步确立,许多商业银行已经不再为旅行社核定库存现金的限额。因此,旅行社必须根据本企业在日常经营活动中的需要,确定库存现金的数量。旅行社日常开支所需的现金数量要适宜,既不能出现经营中现金短缺的现象,也不能造成资金的闲置和浪费。

2. 严格控制现金使用范围。除以下各项款项可用现金支付以外,旅行社不能随意扩大现金使用范围。

(1)职工工资、各种工资性津贴和支付给个人的各种奖金;

(2)各种劳保、福利费用以及国家规定的对个人的其他现金支出;

(3)个人劳动报酬,包括稿费、讲课费及其他专门工作报酬;

(4)出差人员必须随身携带的差旅费;

(5)结算起点在1 000元以下的零星支出;

(6)确定需要现金支付的其他支出。

3.严格现金收支管理制度。旅行社应将现金收入于当日送存开户银行。现金支付可以从本单位的库存现金限额中支付,或从开户银行提取,不得从本企业的现金收入中直接支付,即不得坐支现金。

4.加强银行存款管理。按照国家有关规定,旅行社作为经营企业必须在所在地的银行开立账户(分为人民币存款和外汇存款)。为保证银行存款与旅行社日记账所记业务及金额的一致性,旅行社财务人员应定期与银行对账。银行则应定期编制对账单,列明旅行社在一个会计期内通过银行实际收付的资金。旅行社应将日记账与对账单进行认真的核对,如发现不符,要及时查明调整。旅行社对其银行存款要加强管理,不得出租、出借账户,不得套取银行信用,不得签发空头支票或远期支票。

5.严格控制现金支出。旅行社应充分利用商业信用所提供的方便,尽量延缓现金的流出。这一般通过推迟应付账款的支付来进行。应付账款是指旅行社在经营活动中向饭店、餐馆、旅游景点等旅游服务企业采购各种旅游服务产品时,因赊购而出现的短期负债。旅行社对应付账款的管理主要体现在以下两个方面:

(1)控制还款时间。旅行社在向其他旅游服务企业赊购旅游服务时,双方通常约定某一具体的还款时间。为了维持企业在旅游市场上的信誉,旅行社应该遵照约定按期偿还欠款。然而,有些时候,一些旅游服务企业为了加速应收账款的回收,规定如果欠款的旅行社比约定的还款期提前一段时间偿还欠款,可以享受一定比例的现金折扣。旅行社则应该将对方提供的现金折扣比率同当地银行的利息率进行比较。如果现金折扣比率高于利息率,旅行社应该设法提前偿还欠款,以获得更多的利益。如果现金折扣比率低于利息率,旅行社则应该放弃现金折扣,将资金存入银行,等到双方约定的还款期末时再偿还欠款。这样,旅行社既没有违反双方的约定,也避免了经济损失。

(2)控制欠款规模。尽管旅行社在经营活动中利用赊购的方式能够给企业带来诸如节省资金占用时间、减少本企业经营成本等好处,但是如果旅行社不能够将应付账款控制在适当的规模,则可能会产生流动比率过低、还款负担过重、其他旅游服务企业不愿再向旅行社提供新的商业信用等弊病。因此,旅行社在处理应付账款时,应该设法控制应付账款的规模。如果发现某一时期的应付账款比重过大,旅行社应立即偿还其中的一部分,以便将应付账款的比重降下来。

(二)债权资产管理

旅行社的债权资产主要指应收账款。应收账款是指旅行社在业务经营中发生的应收回而尚未收回的现金。应收账款是被别的企业所占用的资金,旅行社只有收回并取得货币资金后,才能补偿其经营中的各种耗费,确保企业资金的循环周转。应收账款在旅行社的流动资产中占有较大的比例。所以,旅行社经营人员应努力设法控制应收账款的限额和收回的时间,采取有效措施,及时组织回收,减少本企业资金被其他企业占用的时间。

加强债权资产的管理对于旅行社具有重要意义。债权资产的管理主要采取以下几种措施。

1.制定和执行正确的信用政策。旅行社的债权资产状况决定于旅行社制定的信用政策及其执行情况。当信用政策宽松时,债权资产和旅行社的业务量往往增加,一方面导致边际利润的增加和市场占有量的扩大;另一方面也容易造成应收账款回收的管理费用及坏账损失增加。当信用政策紧缩时,情况则相反。因此,旅行社必须根据自身所处的市场条件及客户的资信状况,制定适当的信用政策。

(1)信用调查。旅行社可以借助以前与客户交往的经验,通过对客户过去付款行为的分析,及推销员、收账员等的判断,了解客户的信用情况，也可以求助于信用评审机构、商业银行的信用部门和财务咨询公司获得客户的信用资料。

财务报表。这是信用资料的主要来源。从客户的财务报表里，企业能够详细了解客户的财务状况、资本结构、偿债能力以及其他信用信息。

客户以往的债务行为。包括客户在过去是否有延迟付款或赖账的行为。

客户的信用等级与信用报告。例如风险最低的企业，其信用等级为A级，而违约可能性极高的企业评为B级。

企业所有者的背景。包括过去是否有过破产、诉讼及欺诈记录。

(2)信用评估。旅行社根据信用调查得到的有关资料，对客户信用状况进行分析和评价。国际通用的方法是采用“5C评估法”对客户进行信用状况的重点分析。所谓5C就是5个因素的英文均以C开头，故称5C评估法。

资本(capital)，是指客户的财务实力和财务状况，如客户的负债比率、流动比率、速动比率等。财务状况的好坏与偿债能力是相应的。

品格(character)，是指客户的商业信誉，即其愿意履行其偿债义务的可能性。这一点十分重要，因为客户是否愿意尽自己最大的努力来归还货款，直接决定着账款收回的速度和数量。所以对企业而言，客户的品格这个因素相当重要，是评价其信用品质时首先要考虑的因素。

能力(capacity)，是指客户的偿债能力，即其具有的速动资产的数量、质量以及与流动负债的比例。速动资产是指企业流动资产减去存货和预付费用后的净额，主要包括现金及存款、短期投资、应收票据、应收账款等项目。速动资产可以较快变现，因此常用来衡量企业的偿债能力。

担保品(collateral),是指客户为了获得交易信用而提供给企业作为担保用的资产。客户在无力支付货款和拒付款项时,有作为担保的资产,这时的信用标准就可以适当放宽。

环境(conditions),是指行业、地区与社会经济发展情况对客户偿债能力的影响。如经济不景气会对客户付款产生什么影响,客户会采取什么样的对策等。

对以上5个因素的分析,贝克曼(Bectman)和巴特尔(Bartel)作如下表述:

品格+能量+资本=良好的信用风险

品格+能量+不充足资本=尚可信用风险

品格+不足能量+资本=尚可信用风险

不良品格+能量+资本=可怀疑的风险

品格+能量-资本=有限的成功

品格-能量+资本=低劣信用风险

品格-能量-资本=低劣信用风险

资本-能量-品格=显然恶劣风险

能量-品格-资本=诈骗之信用风险

(能量是能力、担保品和环境的综合表现。)

用调查及信用评估的方法,对客户进行筛选排列,清楚哪些客户可以交往,哪些客户应终止交往,有助于我们对不同的客户制定不同的策略。

(3)规定赊销的条件。旅行社在允许客户欠款的同时,应该规定赊销的条件,如为了鼓励客户尽快付款,可做出在一定期限内付款则能够享受现金折扣的规定;规定赊欠账款的最长期限;给不同信用的客户规定不同的赊欠最高限额等等。

2.应收账款的日常管理方法。

(1)分析账龄。旅行社可将所有赊销客户所欠的应收账款按时间长短顺序编制成“账龄分析表”,如表9-1所示。

表 9-1　某旅行社应收账款帐龄分析表

应收账款账龄	客户数量	金额(千元)	权重(%)
1.信用期内	60	100	20.0
2.超过信用期 1～20 天	38	90	25.5
3.超过信用期 21～40 天	20	80	22.0
4.超过信用期 41～60 天	15	60	15.0
5.超过信用期 61～80 天	10	40	10.0
6.超过信用期 81～100 天	8	20	5.0
7.超过信用期 100 天以上	2	10	2.5
应收账款总额		400	100.0

表 9-1 显示,有 80%的应收账款超过了信用期,其价值达 30 万元(2～7 行合计),这对企业是极为不利的。不过,其中尚有 25.5%的应收账款在 20 天以内,只有 2.5%的应收账款超过 100 天。对不同账龄的账款,应采取不同的收账策略,尽快收回。

(2)应收账款的催收。为了减少坏账的损失,旅行社应该制定出一套收取应收账款的程序。催款一般可分成三大时期:

提醒期。提醒期一般在 20 天以内,即还款时间已过双方签订的合同时间,但未超出 20 天,这时就要及时提醒欠款单位履行合同。

追踪期。追踪期一般为三个月。期间可采用发信(挂号信)、打电话、电报、造访等形式追踪催收。

强硬期。强硬期一般为半年。对账款拖欠超过三个月至半年的单位,旅行社应采取强硬的手段加以催讨,避免坏账的发生。首先可以派专人上门催讨,拿到汇票返回,也可以委托代理机构催收;其次可以委托律师,发出措词严厉的信函催收或电话催收;再就是委托法院解决。例如,旅行社应在一笔应收账款刚过偿付期时,立即给客户发函或电话催收欠款。如经过数次催收后客户仍继续拖欠,旅行社可以停止向其提供赊销信用,直至诉诸法律以求解决。当继续催收账款已经成为得不偿失的事情时,旅行社应该停止对其催收而将这笔账款经报批后作为坏账损失注销。

此外,旅行社还应加强内部的财务管理,清收账款、资金回笼指标要纳入部门承包考核。如针对国际团队结算款、国内华东中转团拖欠款比较严重的现象,制定承包指标时,就要加进应收账款的期限、金额,作为必要条款进行考核,并采取奖罚指标,以一定的比例加奖,超出额定范围则扣奖。这样不仅调动了承包者的积极性,也促使人们对回笼资金的重视。团队的结算款要强调尽量做到现收,对转账的团款,在计算奖金分配时,应剔除暂不计算的利润,促使承包经理减少转账,加强催收,增加现收。

(三)生息资产管理

为了减少因在企业内保持超出日常开支所需的货币资金而蒙受利润损失,旅行社应将其暂时闲置的货币资金投资于生息资产。生息资产亦称短期有价证券或者金融资产,主要包括期限在一年以下(含一年)的国库券、商业票据、银行承兑汇票和可转让定期单等。生息资产一般具有三个特点:①能够在短期内变成现金;②能够产生较(银行存款等)多的利息;③市场风险小。

由于生息资产具有以上优点,所以又常被看成“准现金”。但是,生息资产有时候也会出现因为货币市场上供求关系的变化造成价格的波动,在个别情况下某些票据发生违约的风险等情况,这些都是旅行社的管理者所应予以注意的。

(四)应收账款和应付账款的结算

由于旅行社同其他旅游服务供应部门或企业之间的应收账款和应付账款结算一般根据旅行社与它们事先达成的协议进行,内容比较简单，所以不在此赘述。在此主要介绍旅行社之间的应收账款和应付账款的结算业务。旅行社之间的结算业务的内容主要是综合服务费用和其他旅游费用的结算。

1. 综合服务费的结算。

(1)审核结算内容。旅行社财务人员在审核综合服务费结算内容时，应对照旅游计划和陪同该旅游团(者)的导游员所填写的结算通知单，对所需结算的各项费用进行认真审查。旅行社之间结算所涉及的综合服务费一般包括市内交通费、杂费、领队减免费、地方导游费、接待手续费和接待宣传费。其结算的方法是：

综合服务费＝实际接待旅游者人数×实际接待天数×人天综合服务费价格

当旅游团内成年旅游者的人数达到16人时，应免收1人的综合服务费；旅游者所携带的2～12周岁(不含12周岁)的儿童，应按照成年旅游者标准的50%收取综合服务费；12周岁(含12周岁)以上的儿童、少年旅游者按照成年旅游者标准收取综合服务费；2周岁以下的儿童在未发生费用的情况下，不收取综合服务费。如果发生费用，由携带儿童的旅游者现付。

(2)结算标准。旅游者在一地停留时间满24小时的，按1天的综合服务费结算；停留时间超过24小时，未满48小时的部分和停留时间未满24小时的，按照有关标准结算。目前，我国旅行社主要采用的结算方式有：中国国际旅行社的结算标准(简称国旅标准)；中国旅行社的结算标准(简称中旅标准)；中国青年旅行社的结算标准(简称青旅标准)。其具体结算标准是：

国旅标准。国旅系统采用的是按旅游者用餐地点划分综合服务费结算比例的标准进行结算，具体做法见表9－2。

表 9-2　中国国际旅行社的结算标准

地　点	综合服务费(扣除餐费)
用早餐(7时)地点	33%
用午餐(12时)地点	34%
用晚餐(18时)地点	33%

中旅标准。中旅系统采用的是按抵离时间分段划分综合服务费结算比例的标准进行结算,具体做法见表 9-3。

表 9-3　中国旅行社的结算标准

抵达当地时间	百分数(%)	离开当地时间	百分数(%)
0:01～9:00	100	0:01～9:00	20
9:01～11:00	85	9:01～11:00	30
11:01～13:30	70	11:01～13:30	60
13:31～17:00	45	13:31～17:00	80
17:01～19:30	35	17:01～24:00	100
19:31～24:00	15		

青旅标准。青旅系统采用的是按旅游者停留小时数划分综合服务费结算比例的标准进行结算,具体做法见表 9-4。

表 9-4　中国青年旅行社的结算标准

停留小时数	综合服务费(扣除餐费)
4小时以内	按10小时结算
4～10小时	按15小时结算
11～18小时	按18小时结算
18小时以上	按实际停留小时结算
去外地一日游当天返回驻地的外地接待旅行社	按16小时结算

2.其他旅游费用。其他旅游费用包括旅游者的房费、餐费、城市间交通费、门票费和专项附加费,其中后三项费用统称为其他费用。

(1)房费。房费分自订房和代订房两种。自订房房费由订房单位或旅游者本人直接向饭店结算。代订房房费由接待旅行社结算。其结算公式为:

房费=实用房间数×实际过夜数×房价

在实际经营中,旅行社一般为旅游团队安排双人房间。有时,旅游团队因人数或性别原因可能出现自然单间。例如,某旅游团队共有17名旅游者,共需9间客房而非8间客房;又如,某旅游团队共有20名旅游者,内有11名妇女,需要11间而非10客房。由此而产生的房费差额可根据事先达成的协议由组团旅行社或接待旅行社承担。

旅行社应按照饭店的规定在旅游团队(者)离开本地当天12时以前办理退房手续。凡因接待旅行社退房延误造成的损失由接待旅行社承担;如果旅游者要求延迟退房,则由旅游者直接向饭店现付差房费用。

(2)餐费。餐费的结算有两种形式。一种是将餐费(午、晚餐)纳入综合服务费一起结算,另一种是将餐费单列,根据用餐人数和次数结算。计算公式为:

餐费=用餐人数×用餐次数×用餐标准

(3)其他费用。其他费用是指城市间交通费、门票费和专项附加费。在结算这些费用时,应根据双方事先达成的协议及有关的旅游服务供应企业和单位的收费标准处理。

3.特殊情况的结算业务。旅行社在组团或接团过程中往往会遇到一些特殊的情况并相应地反映到会计核算中。旅行社根据不同的情况分别加以妥善处理。

(1)跨季节的结算。我国的旅行社多以每年的12月初至次年的3月底作为旅游淡季,其余的月份作为旅游旺季或平季。旅游者在一地停留的时间恰逢旅游淡季与旺季交替时,旅行社应按照旅游者在该地实际停留日期的季节价格标准分段结算。

例如,某旅游团一行12人于1999年3月30日16:05抵达T城游览并用晚餐,4月2日用完早餐后于8:33离开该城前往J市。该旅行社淡季团体包价旅游的综合服务费标准为每人每天85元,平季和旺季综合服务费为95元。那么,按国旅结算标准,T城的接待旅行社应收的综合服务费为:

$$12 \times 85(1+33\%)+12 \times 95 \times (1+33\%)=2\ 872.80(\text{元})$$

(2)等级变化的结算。

因分团活动导致等级变化。旅游团在成行后因某种特殊原因要求分团活动并因此导致旅游团等级发生变化时,应按分团后的等级收费或结算。结算的方式有两种,一种是由旅游者现付分团后新等级费用标准和原等级费用标准之间的差额;另一种是接待旅行社征得组团旅行社同意后按新等级标准向组团旅行社结算。

因部分旅游者中途退团造成等级变化。参加团体包价旅游团的旅游者在旅行途中因特殊原因退团,造成旅游团队因退团后人数不足10人而发生等级变化时,原则上仍按旅游团的人数和等级标准收费和结算。退团的旅游者离团后的费用由旅游者自理。

(3)晚间抵达或清晨离开的旅游团队结算。包价旅游团队在晚餐后抵达或早餐后离开某地时,接待旅行社按照人数和等级标准向组团旅行社结算接送费用。其计算公式为:

接送费用=人数×计价标准

例如,B市的一家旅行社接待一个马来西亚旅游团,全团共有成年旅游者14人,于1999年6月21日晚21:30抵达B市机场。该团在B市游览1天后,于6月23日清晨5:25用完早餐即乘飞机离开B市前往S市。该旅行社到飞机场的接送费为每人次5

元，该旅游团的综合服务费为每人每天105元。那么，这家旅行社应得的综合服务费和接送费收入是：

105×14+5×2×14=1 610(元)

4.付款方式。旅行社之间结算业务多采用汇付方式进行。汇付方式分为电汇、信汇和票汇三种类型。

(1)电汇。电汇是指组团旅行社要求其开户银行拍发加押电报或电传给接待旅行社所在地的开户银行，指示解付一定金额给接待旅行社的付款方式，是我国旅行社目前使用最多的一种汇款方式。

(2)信汇。信汇是指组团旅行社要求其开户银行将信汇委托书寄入接待旅行社的开户银行，授权解付一定金额给接待旅行社的汇款方式。我国旅行社已很少使用这种汇款方式。

(3)票汇。票汇是指组团旅行社要求其开户银行代其开立以接待旅行社所在地开户银行为解付行的银行即期汇票，支付一定金额给接待旅行社的汇款方式。

二、固定资产管理

固定资产是指使用年限在一年以上的房屋、建筑物、机器、机械、运输工具和其他与生产经营有关的设备、器具、工具等。不属于生产经营主要设备的物品，单位价值在2 000元以上，并且使用年限超过两年的，也应当作为固定资产。旅行社固定资产主要包括房屋、建筑物、通讯设备和运输工具等。

旅行社对固定资产的管理，主要应从以下几个方面入手：

(一)固定资产折旧

固定资产折旧，是指固定资产由于磨损(包括有形磨损和无形磨损)而转移到产品和服务成本中去的那部分价值。旅行社固定资产折旧可以采取平均年限法和工作量法。

1.平均年限法。平均年限法又称使用年限法或直线法，它是根据固定资产的原始价值,扣除预计净残值,然后按照固定资产的预计使用年限进行平均分摊,计算每年或每月的折旧额和折旧率。这是一种较为简易的折旧计提方法,通常用于房屋等建筑物和贵重办公设备的折旧计提。平均年限法的计算公式为:

$$年折旧率=\frac{1-预计净残值率}{固定资产的预计使用年限}\times 100\%$$

月折旧率= 年折旧率/12

月折旧额= 固定资产原始价值×月折旧率

固定资产净残值率,一般按照固定资产原值的3%~5%确定。对不同的固定资产按其类别规定折旧年限:营业用房20~40年,非营业用房35~45年,简易房5~10年,建筑物10~25年,大型客车(33座以上)30万公里或5~10年,中型客车(32座以下)30万公里或7~8年,小轿车20万公里或5~7年,行李车30万公里或7~8年,货车50万公里或12年,摩托车15万公里或5年。

2.工作量法。有些固定资产(如接待旅游者的旅游大客车)在不同的经营期间使用的程度不均衡,发生的磨损程度也相差较大,难以用平均年限法确定其每年的折旧额。对于这类资产,旅行社可以采用工作量法来计提折旧。工作量法是一种以固定资产的具体使用时间或使用量为自变量,且与年限无绝对直接依存关系的折旧方法。这种折旧方法适用于汽车等固定资产。工作量法的计算公式为:

$$单位工作量折旧额=\frac{原值(1-预计净残值率)}{预计工作总量}$$

本期应提折旧额=本期实际完成工作量×单位工作量折旧额

(二)固定资产的处理

1.修理费用的提取。旅行社发生的固定资产修理费用应计入当期成本费用。对数额较大、发生不均衡的修理费用,可以分期摊入成本费用,也可以根据修理计划,分期从成本中预提。

2. 固定资产盘亏、盘盈及报废的处理。对盘亏及毁损的固定资产,应按原价扣除累计折旧、过失人及保险公司赔款后的差额计入营业外支出。对盘盈的固定资产应按其原价减估计折旧后的差额计入营业外收入。对出售或清理报废固定资产变价净收入(变价收入和残料价值减清理费用后的净额)与固定资产净值(原价减累计折旧)的差额,计入营业外收入或营业外支出。

第二节 旅行社成本费用管理

成本费用管理是旅行社财务管理的一项重要内容。据有关资料统计,在许多旅行社的销售收入中,用于支付各种成本和费用的款项往往占旅行社全部销售收入的80%~90%。因此,旅行社的管理者必须高度重视成本费用的管理,通过对成本费用的分析、核算和控制,不断降低经营成本,提高经济效益。

一、成本费用分析

(一)成本费用构成

旅行社的成本费用主要由营业成本、营业费用、管理费用和财务费用所构成。

1. 营业成本。旅行社的营业成本是指在经营过程中发生的各项直接支出,包括房费、餐费、交通费、文娱费、行李托运费、票务费、门票费、专业活动费、签证费、陪同费、劳务费、宣传费、保险费、机场建设费等代收代付费用。

2. 营业费用。营业费用是指旅行社各营业部门在经营中发生的各项费用,包括运输费、装卸费、包装费、保管费、保险费、燃料费、水电费、展览费、广告宣传费、邮电费、差旅费、洗涤费、清洁卫生费、低值易耗品摊销、物料消耗、经营人员的工资(含奖金、津贴和补贴)、职工福利费、服装费及其他营业费用。

3.管理费用。管理费用是指旅行社组织和管理经营活动而发生的费用,以及由旅行社统一负担的费用,包括公司经费、工会经费、职工教育经费、劳动保险费、待业保险费、劳动保护费、董事会费、外事费、租赁费、咨询费、审计费、诉讼费、排污费、绿化费、土地使用费、土地损失补偿费、技术转让费、研究开发费、税金、燃料费、水电费、折旧费、修理费、无形资产摊销、低值易耗品摊销、开办费摊销、交际应酬费、坏账损失、上级管理费及其他管理费用。

4.财务费用。财务费用是指旅行社为筹集资金而发生的费用,包括旅行社在经营期间发生的利息净支出、汇兑净损失、金融机构手续费及筹资发生的其他费用。

(二)成本费用分析

对成本分析可以按核算的要求实行单团成本分析和部门批量成本分析。

1.单团成本分析。单团成本分析的前提是实行单团成本核算。为了达到控制成本、提高旅行社经济效益的目的,应采取以下几个步骤:

(1)在综合分析市场状况和旅行社自身经营状况的基础上编制成本计划,制定出一套分等级的计划成本并以此作为衡量旅行社经济效益的标准;

(2)将单团的实际成本与计划成本进行对比,找出差异。对于差异较大的旅游团要逐项进行分析,找出导致成本上升或下降的原因并加以改进;

(3)加强信息反馈,把在成本分析中发现的差异及其原因及时送到有关领导和部门,以便加强对成本的控制。

2.部门批量成本分析。接待业务量较大的旅行社应实行部门批量成本分析和核算,将不同部门接待的旅游团作为成本核算的对象,进行成本的归集和分配,核算出各个部门接待一定批量旅游

者的成本水平和经济效益。旅行社在进行部门批量成本分析和核算时应采取以下几个步骤:

(1)编制各部门接待一定批量旅游者的计划成本及计划成本降低额(率),核算出实际成本及实际降低额;

(2)按照部门接待旅游者数量变动、产品结构变动、成本变动三方面进行因素替代分析,找出各因素的影响程度;

(3)将信息反馈给有关部门,采取措施,扭转不利因素的影响。

二、成本费用核算

旅行社成本费用核算可以根据旅行社的经营规模和范围分别实行单团核算和部门批量核算。

1.单团核算。单团核算是指旅行社就接待的每一个旅游团(者)为核算对象进行经营盈亏的核算。单团核算有利于考核每个团队的经济效益,有利于各项费用的清算和考核,有利于降低成本。但单团核算的工作量较大,一般适用于业务量较小的旅行社。

2.部门批量核算。部门批量核算是指旅行社的业务部门以在规定期限内接待的旅游团(者)的批量为核算对象进行的核算。

部门批量核算虽不像单团核算那样详细,但它能从不同的侧面反映出旅行社经营的盈亏状况,为开拓市场、改善经营管理提供依据。这种核算方法适用于业务量较大的旅行社。

三、成本费用的控制

成本费用控制是指旅行社在经营过程中,按照事先制定的成本目标,对旅行社日常发生的各项经营活动按照一定的原则,采用专门的方法进行严格的管理和监督,把各项成本费用控制在一个容许范围之内的成本费用管理方法。旅行社通过对产品设计、产品开发、旅游服务采购、产品销售与促销和旅游接待等方面的成本和费用形成过程进行监督和分析,及时纠正所发生的偏差,把经营成本限制在目标决策的范围内,以保证目标成本的实现。

(一)制定成本费用标准

旅行社在经营过程中需要付出大量的成本费用,以获得预期的经营收入。如果成本费用过高,会使旅行社的经营利润大幅度下降,甚至造成亏损。因此,旅行社管理者必须根据本企业的实际情况和经营目标,并参照其他旅行社的成本费用水平,制定出本旅行社的成本费用标准。这是旅行社成本控制的首要步骤。旅行社制定成本费用标准的方法主要有分解法、定额法和预算法。

1. 分解法。分解法是指将目标成本和成本降低目标按成本项目进行分解,明确各成本项目应达到的目标和降低的幅度。在此基础上,把各成本项目的分解指标按部门进行归口分解。然后,各部门再把成本指标落实到各个岗位或个人,再由各个岗位或个人分别制定各项费用支出的目标和措施,对分解指标进行修订。各项修订后的指标要以实现目标成本为标准,进行综合平衡,经过综合平衡以后,即可形成各项成本费用开支的标准。

2. 定额法。定额法是指旅行社首先确定各种经营成本或费用的合理定额,并以此为依据制定成本费用标准。凡是能够直接确定定额的成本或费用,都应制定标准成本。不能直接确定定额的成本费用,也要比照本行业平均水平确定成本费用开支标准限额,用以控制盲目的费用开支。

3. 预算法。预算法是指把经营成本划分为同销售收入成比例增加的变动费用,不成比例增加的半固定成本费用或半变动成本费用,以及与销售收入增减无关的固定费用,按照业务量分别制定预算,作为成本控制标准。业务量不同,其成本费用预算也不一样。因此,可以针对不同的业务量制定弹性预算。

(二)日常控制

旅行社应当在日常经营管理中,按照预先制定的成本费用标准,严格控制各项消耗和支出,并根据已发生的误差,及时进行调整,以指导当前的经营活动。旅行社成本费用的日常控制主要包括建立成本控制信息系统、实行责任成本制和进行重点控制三项措施,并通过这些措施对旅行社的经营管理成本费用实行全过程的、全面的、全员的控制。

1. 建立成本控制信息系统。旅行社应该通过建立成本费用控制信息系统来对经营活动过程中产生的成本费用进行成本控制。成本控制信息系统主要包括三个部分:成本指标、标准、定额等输入系统;核算、控制、反馈系统;分析、预测系统。这三个系统构成一个整体,对成本信息发挥提供、传递与反馈作用,成为成本控制的有效手段。

2. 实行责任成本制。为了加强成本控制,旅行社应实行责任成本制度,把负有成本责任的部门作为成本责任中心,使其对可控成本负完全责任。通过责任成本制度,可以把经济责任落实到旅行社内部各个部门,推动各部门控制其所负责的成本。

3. 进行重点控制。旅行社管理者应在日常成本费用控制中对占成本比重较大的部门或岗位、成本降低目标较大的部门或岗位和目标成本实现较难的部门或岗位进行重点控制。按照确定的标准,对这些部门或岗位的成本费用进行检查和监督,以降低成本费用,提高经营利润。

(三)检查与考核

旅行社管理者应定期对各部门控制其成本费用情况及整个旅行社的成本费用控制情况进行检查和考核。在检查与考核过程中,旅行社管理者应着重做好以下几项工作:

1. 检查成本计划的完成情况,查找和分析产生成本差异的原因;

2. 评价各部门和个人在完成成本计划过程中的成绩和缺点,给予应有的奖励和惩罚;

3. 总结经验、找出缺点、提出办法,为进一步降低经营成本提供资料。总结和推广先进经验,为修订标准提供可靠的参数,把成本控制的科学方法标准化。

以上成本控制的三项内容,是紧密联系,循环往复的,每经一次循环,成本控制标准都应有所改善,成本控制手段都应更科学化。

第三节 旅行社营业收入与利润管理

作为以营利为目的的旅游企业,旅行社通过向旅游者提供各种旅游服务获得预期的营业收入和利润。利润来源于旅行社的营业收入,只有营业收入增加了,利润才可能增加。同时,利润又是旅行社在一定时期内的经营成果,利润的多寡反映了旅行社经营水平的高低。因此,旅行社管理者必须重视对营业收入和利润的管理。

一、营业收入管理

(一)旅行社营业收入的构成

旅行社的营业收入是指旅行社在一定时期内,由于向旅游者提供服务而获得的全部收入。旅行社的营业收入主要由以下几个部分构成:

1.综合服务费收入。指为旅游团(者)提供综合服务所收取的综合服务收入,包括导游费、餐饮费、市内交通费、全程陪同费、组团费和接团手续费。

2.房费收入。指旅行社为旅游者代订饭店的住房后,按照旅游者实际住房等级和过夜天数收取的住宿费用。

3.城市间交通费收入。指旅游者旅游期间在旅游客源地与旅游目的地之间,及在旅游目的地的各城市或地区之间,乘坐各种交通工具所付出的费用而形成的收入。

4.专项附加费收入。主要指旅行社向旅游者收取的汽车超公里费、风味餐费、游江(湖)费、特殊游览门票费、文娱费、专业活动费、保险费、不可预见费等项收入。

5.单项服务收入。主要指旅行社接待零散旅游者和委托代办事项所取得的服务收入,代理代售国际联运客票和国内客票的佣金收入以及代办签证收费等收入。

(二)营业收入的管理

在旅行社的营业收入中,代收代支的款项占了很大比重。这是旅行社在业务经营方面区别于其他旅游企业的一个重要特点。旅行社在核算其营业收入时应根据这一特点,加强对其管理,准确地对其进行确认和时间上的界定。

1.确认营业收入的原则。按照国家的有关规定,旅行社在确认营业收入时应实行权责发生制。根据权责发生制,旅行社在符合以下两种条件时,可确认其获得了营业收入:

(1)旅行社已经向旅游者提供了合同上所规定的服务;

(2)旅行社已经从旅游者或者组团旅行社处收到价款或取得了收取价款权利的证据。

2.界定营业收入实现时间的原则。由于旅行社经营的旅游产品不同,其营业收入实现的时间也各异。根据有关规定,对旅行社营业收入实现时间的界定原则为:

(1)入境旅游。旅行社组织境外旅游者到境内旅游,以旅游者离境或离开本地时作为确认其营业收入实现的时间。

(2)国内旅游。旅行社组织国内旅游者在国内旅游,接团旅行社应以旅游者离开本地时,组团旅行社应以旅游者旅行结束返回原出发地时作为确认其营业收入实现的时间。

(3)出境旅游。旅行社组织中国公民到境外旅游,以旅游者旅行结束返回原出发地时作为确认其营业收入实现的时间。

二、利润分析与管理

利润是旅行社在一定时期内经营活动的最终财务成果，是旅行社经营活动的效率和效益的最终体现。它不仅是反映旅行社经营状况的一个基本指标，也是考核、衡量旅行社经营成果与经济效益最重要的标准。

（一）利润的构成

旅行社的利润由营业利润、投资净收益和营业外收支净额所构成，是旅行社在一定时期内经营的最终成果。通过对旅行社利润指标的考核和比较，能够综合地反映出旅行社在这段时期内取得的经济效益。

1.旅行社营业利润。旅行社营业利润是指营业收入扣除营业成本、营业费用、营业税金、管理费用和财务费用后的净额。

2.旅行社投资净收益。旅行社投资净收益是指投资收益扣除投资损失后的数额。投资收益包括对外投资分得的利润、取得的股利、债券利息、投资到期收回或中途转让取得的款项高于投出资产账面净值的差额。投资损失是投资不当而产生的投资亏损额或指投资到期收回或中途转让取得的款项低于投出资产的账面净值的差额。

3.旅行社营业外收支净额。旅行社营业外收支净额是指营业外收入减营业外支出后的差额。营业外收入包括固定资产盘盈和变卖的净收益、确实无法支付而按规定程序批准后转做营业外收入的应付账款、礼品折价和其他收入等。营业外支出包括固定资产盘亏和毁损、报废的净损失、非常损失、赔偿费、违约金、罚息和公益性捐赠等。

（二）利润分析

获取利润是旅行社的主要经营目标，反映了旅行社的综合素质。旅行社要生存和发展，必须争取获得较高的利润，这样才能在竞争中立于不败之地。利润分析是指旅行社根据初期的利润计划对本期内所实现的利润进行初步的评价，主要包括利润总额分析和利润总额构成因素分析。

1. 利润总额分析。利润总额分析是指用比较分析法将本期的利润总额同上期的利润总额或本期的计划利润指标进行对比，分析其增减变动的情况。计算本期利润比上期的利润增长（减少）的情况，可以使用下面的公式：

本期利润比上期增长（减少）额＝本期利润总额－上期利润总额

$$利润增长（减少）率=\frac{利润增长（减少）额}{上一期利润总额}$$

计算本期计划利润完成情况可以使用下面的公式：

$$完成计划百分比=\frac{本期实际利润总额}{本期计划利润总额}$$

超额或未完成计划百分比＝完成计划百分比－100%

2. 利润总额构成因素分析。旅行社在分析其利润总额增长情况后，还应对利润的构成因素进行分析，以便发现导致本期利润变化的主要因素，并采取相应的措施。如果发现某项因素的增长比例或绝对额与上一期相差较大，则应对其发生的原因进行深入的分析。

3. 营业利润分析。营业利润分析是通过将旅行社利润计划指标与实际结果对比，运用因素分析法，找出影响营业利润实现的因素，采取措施，加强管理，为进一步增加营业利润指明方向。在营业收入一定的情况下，影响营业利润高低的因素是营业成本、营业费用、营业税金、管理费用和财务费用。尽可能降低成本费用，特别是严格控制费用的支出是增加营业利润的有效途径。

（三）利润管理

利润管理是旅行社财务管理的一项重要任务，其主要内容是确定目标利润和进行利润分配。

1. 确定目标利润。旅行社应该在每一个营业期之初确定将在这个营业期内获得多少利润,即确定其目标利润,以便采用各种合理而且可能的方法努力实现这个目标。此外,旅行社确定了目标利润后,还能够使其在营业期结束时用实际完成的利润同目标利润进行对比,以加强对利润的管理。计算目标利润的公式为:

目标利润=预计营业收入-目标营业成本-预计营业税金-预计费用

旅行社在确定了目标利润之后,可以运用各种方法来测算出为实现目标利润所应完成的销售量及所产生的各种成本和费用。成本—业务量—利润分析法(简称量、本、利法)是进行这种测算的一种有效的方法。量、本、利法将成本分解为固定成本和变动成本,并根据由此获得的信息,预测出旅行社的保本销售量和为完成目标利润而需增加的销售量。量、本、利分析法的计算公式为:

$$\text{保本销售量}=\frac{\text{固定成本费用总额}}{\text{单位销售价格}(1-\text{税率})-\text{单位变动成本}}$$

$$\text{实现目标利润的销售量}=\frac{\text{固定成本费用总额}+\text{目标利润}}{\text{单位销售价格}\times(1-\text{税率})-\text{单位变动成本}}$$

$$\text{实现目标利润的销售收入}=\frac{\text{固定成本费用总额}+\text{目标利润}}{(1-\text{税率})-\text{单位变动成本}/\text{单位销售价格}}$$

对于产品单一,售价和成本稳定的旅行社,使用量、本、利分析法能够做出比较准确的预测。但是,对于多数旅行社来说,其产品、成本和售价因受市场供求关系和同行之间的竞争激烈程度,以及其产品的规格、内容和档次等因素的影响,使用量、本、利分析法存在着一定的难度。旅行社可以参考上一期的平均成本和营业收入按照上述的公式进行估算。

2. 进行利润分配。进行利润分配是旅行社利润管理的另一项重要内容。由于旅行社的经营体制不同,利润分配的方式也存在一定的差异。目前,我国的旅行社主要分为股份制旅行社和非股份制旅行社两种类型。

(1)股份制旅行社。根据国家的有关规定,股份制旅行社在依法向国家交纳所得税后,应首先提取公益金。然后,旅行社应按下列顺序分配所剩余的利润:

支付优先股股利;

按公司章程或股东会决议提取任意盈余公积金;

支付普通股股利。

(2)非股份制旅行社。非股份制旅行社应在依法向国家交纳所得税后,按照下列顺序分配税后利润:

支付被没收财务损失和各项税收的滞纳金、罚款;

弥补旅行社以前年度亏损。根据国家有关规定,旅行社发生亏损,可用下一年度的利润弥补;延续5年未弥补的亏损,可用所得税后的利润弥补;

提取法定盈余公税金;

提取公益金;

向投资者分配利润。旅行社以前年度未分配的利润,可以并入本年度利润一并分配。

根据国家有关规定,旅行社提取的法定盈余公积金应为税后利润的10%。法定盈余公积金已达旅行社注册资金的50%后,可不再提取。旅行社提取的盈余公积金用于弥补亏损或按规定转增资本金。旅行社提取的公益金主要用于职工集体盈利设施支出。

第四节 旅行社外汇业务管理

随着我国对外开放不断扩大,近年来国内旅行社接待的境外入境旅游和组织的境内居民个人自费出境旅游的人数呈上升趋势,出入境旅游已成为我国重要的对外交往活动。因此,旅行社的外汇业务对国家外汇收支平衡的影响越来越大,加强外汇业务的管理,成为旅行社财务管理中的一项重要内容。

一、外汇和外汇业务

外汇是指一国持有的,以外国货币表示,用以进行国际间结算的支付手段和资产。它包括:

1. 外国货币,包括纸币、铸币;
2. 外币支付凭证,包括票据、银行存款凭证、邮政储蓄凭证等;
3. 外币有价证券,包括政府债券、公司债券、股票等;
4. 特别提款权、欧洲货币单位;
5. 其他外汇资产,如旅行支票、旅游信用证、信用卡等。

旅行社的外汇业务,主要是指国际旅行社在经营活动中发生的外汇的收、支、存、兑等各项业务。具体包括为出境旅游的游客兑换外汇,出入境旅游的外汇结算,代售国际机票业务中的外汇兑换等。

二、旅行社外汇业务的管理

我国旅行社外汇业务的管理必须严格按1996年1月29日国务院颁布的《中华人民共和国外汇管理条例》的规定来进行。随着旅行社外汇业务量的增长,我国旅游外汇收支活动在一定程度上出现了混乱情况。例如,有些旅行社假借组织境内居民自费出境旅游的名义,“只办证、假出游、真套汇”;有些无组织出境旅游资格的旅行社擅自组织居民出境旅游;有些旅行社组织境内居民前往尚未开放的旅游目的地旅游。这些违法、违规行为严重扰乱了旅游市场的正常经营秩序,造成国家外汇资源流失,损害了个人消费者的合法权益。有鉴于此,2000年1月3日,为规范旅行社旅游外汇收支行为,防止国家外汇资源流失,并配合国家旅游局整顿出入境旅游市场,国家外汇管理局发布了《关于旅行社旅游外汇收支管理有关问题的通知》,明确了对旅行社接待外联团组入境旅游和组织境内居民自费出境旅游的有关外汇管理问题。

(一)为出境旅游的游客兑换外汇的管理

旅行社在为出境旅游的游客办理兑换外汇业务时必须遵守以下规定:

1. 只有经由国家旅游局核准的特许经营中国公民自费出境旅游业务的旅行社才能办理出境旅游购汇业务,出境旅游目的地必须限定在国家批准开放的国家和地区之内。

2. 旅行社代出境游游客的购汇额(指购买现汇额及现钞额之和)不得超过国家对每位游客最高供汇额之和,即每位出境旅游者最多可兑换2 000美元(港澳地区1 000美元)外币。旅行社为每位游客兑换的外汇,应当用于支付游客境外各种开支,包括团费、食宿开支、零用等,也就是说旅行社为游客兑换的外汇抵扣以外汇支出的相关接待成本费用之后,余下的外汇额度方可以代游客购买外币现钞作为个人零用。出境旅游费用高于国家供汇标准的,不足部分经外汇局批准后,旅行社可用其入境旅游外汇专用账户中的外汇收入对外支付。

3. 旅行社应根据出境旅游团费实需的原则,将用于支付境外的团费部分,购买外汇直接汇出境外或者划入经外汇局批准的旅行社出境游外汇专用账户中,其余部分作为个人零用费代游客购买外币现钞。

4. 旅行社购汇资金必须以支票或以银行转账形式交兑换银行,并向银行提供申请兑换的公函、国家旅游主管部门核发的《中国公民自费出国旅游团队名单表》、旅游合同及已办完签证的护照和机票等证明材料,由银行进行真实性审核。

5. 旅行社只能在其所在地国家外汇管理局授权的银行办理出境旅游的兑换外汇手续。旅行社应严格按照兑换当日的外汇牌价收取人民币,手续费的收取也应按有关规定执行。

(二)出入境旅游的外汇结算管理

旅行社在进行接待外联团入境旅游和组织境内居民自费出境旅游的外汇结算时,必须遵守以下规定:

1. 旅行社接待外联团组入境旅游必须以外汇收取团费,不得收取人民币。旅行社组织境内居民自费出境旅游必须以外汇与境外旅行社结算团费。

2. 旅行社不得以收抵支结算团费,擅自将外汇截留存放在境外,应按规定卖给外汇指定银行,或经批准在外汇指定银行开立外汇账户

3. 中资国际旅行社可以申请开立入境旅游外汇专用账户和出境旅游外汇专用账户,在外汇局核准的范围内办理旅游外汇收支。账户的收入为接待入境旅游的团费,支出为退团款及经外汇局批准对外支付出境游的团费,年末账户余额应当结汇。有权组织境内居民自费出境旅游的中资旅行社,还可以申请开立出境旅游外汇专用账户,收入是为游客兑换待支付的境外团费,支出为支付境内居民出境游团费,该账户必须开立在旅行社为游客兑换外汇的银行。外资旅行社可以开立外汇结算账户,办理旅游项下外汇收支。

(三)代售国际机票业务中的外汇兑换管理

旅行社代售国际机票业务兑换外汇,应遵守国家外汇管理局的有关规定。

1. 凡获得中国民航总局签发的《航空运输销售代理业务经营批准证书》,且该批准证书中经营范围明确规定允许经营国际航线或者香港、澳门、台湾航线的航空客运销售代理业务的国际旅行社,其代售国际机票或香港、澳门、台湾机票一律收取人民币,代售机票所收取的人民币票款可以兑换成外汇汇给相关的境外航空公司。

2. 旅行社从事代售机票业务须按以下要求办理:

(1) 旅行社可以选择一家外汇指定银行办理人民币票款的售汇业务,并将其选择的银行报所在地外汇局备案。

(2) 旅行社代售国际机票所收取的人民币必须开立人民币账户专户存储,其收入为该旅行社代售国际机票的票款收入,支出为人民币票款兑换外汇后汇出境外的外汇金额。旅行社开立人民币专户的银行和办理购汇业务银行限定为同一银行。

(3)旅行社办理人民币票款的汇出可持以下单证到外汇指定银行办理:

购汇申请书;

同境外航空公司签订的代售国际机票的合同(该合同可以事前报外汇指定银行备案);

境外航空公司提供的票款结算清单;

出具与境外航空公司提供的结算清单相对应的机票存根联。

第五节 旅行社财务分析

财务分析是旅行社财务管理的重要方法。旅行社管理者以各种财务报表的核算资料为基础,对旅行社财务活动的过程和结果进行研究和评价,以分析其经营过程中的利弊得失、财务状况及发展趋势,为日后进行经营决策提供重要的财务信息。

一、财务分析资料

财务分析资料主要来源于企业的财务报表。旅行社的财务报表是反映旅行社财务状况和经营成果的总结性书面文件,主要包括资产负债表、损益表和现金流量表及有关附表。除了财务报表以外,旅行社进行财务分析所需要的资料,还包括日常核算资料(凭证、账簿等)、计划资料、其他旅行社发布的财务报告、调查研究资料等。在此,重点介绍与旅行社财务分析关系最为密切的资产负债表、损益表和现金流量表。

(一)资产负债表

资产负债表是反映旅行社在某一特定日期(月末、年末)财务状况的报表。它以“资产=负债+所有者权益”这一会计基本等式为依据,按照一定的分类标准和次序反映旅行社在某一个时间点上资产、负债和所有者权益的基本状况。

资产负债表包括三大类项目:资产、负债和所有者权益。报表的左方为资产类部分,反映旅行社的资产状况。资产分为流动资产、长期投资、固定资产、无形及递延资产和其他长期资产五种类型。报表的右方上半部分是负债类部分,分为流动负债、长期负债和递延税项三种类型;下半部分是所有者权益部分,负债和所有者权益部分反映了旅行社资金的来源情况(见表9-4)。

资产负债表揭示了旅行社资产结构、流动性、资金来源、负债水平、负债结构等方面的状况,反映了旅行社的变现能力、偿债能力和资产管理水平,为旅行社的投资者和管理者提供了重要的决策依据。

表9-4 **资产负债表**

会服年01表

编制单位:××国际旅行社 1999年12月31日 金额单位:元

资 产 流动资产:	行次	年初数	年末数	负债及所有者权益 流动负债:	行次	年初数	年末数
货币资产	1	7 806 478.10	8 051 961.49	短期借款	29	500 000.00	
短期投资	2			应付账款	30	20 628 510.53	20 693 236.60
应收账款	3	3 456 515.42	4 453 009.69	其他应付款	31	3 154 627.58	2 494 565.97

续表一

资　产 流动资产:	行次	年初数	年末数	负债及所有者权益 流动负债:	行次	年初数	年末数
减:坏账准备	4	34 565.00	44 530.00	应付工资	32	349 972.30	349 972.30
应收账款净额	5	3 421 950.42	4 408 479.69	应付福利费	33	161 677.87	
应收补贴款	6			未交税金	34	58 255.48	3 562.57
其他应收款	7	10 690 703.12	6 332 227.34	未付利润	35		
存货	8	88 904.39	93 739.69	其他未交款	36	1 558.27	2 048.10
待摊费用	9			预提费用	37		
待处理流动资产净损失	10			一年内到期的长期负债	38		
一年内到期的长期债券投资	11			其他流动负债	39		−28 000.00
其他流动资产	12			流动负债合计	40	24 354 602.03	24 015 385.54
流动资产合计	13	21 938 036.03	18 886 408.21	长期负债			
长期投资				长期借款	41		
长期投资	14	1 539 465.04	486 830.45	应付债券	42		
固定资产				长期应付款	43		

续表二

资　产 流动资产：	行次	年初数	年末数	负债及所有者权益 流动负债：	行次	年初数	年末数
固定资产原价	15	20479954.65	21281754.39	其他长期负债	44		
减：累计折旧	16	4 995 999.98	6 273 648.98	其中：住房周转金	45		
固定资产净值	17	15 483 954.67	15 008 105.41	专项应付款	46		
固定资产清理	18			长期负债合计	47		
在建工程	19			递延税项：			
待处理固定资产净损失	20		递延税项贷项	48			
固定资产合计	21	15 483 954.67	150 081 105.41	负债合计	49	24 354 602.03	24 015 385.54
无形资产及递延资产				所有者权益			
无形资产	22	2 447 064.00	6 961 284.00	实收资本	50	5 018 359.40	5 018 359.40
递延资产	23	40 000.00	384 329.60				
无形资产及递延资产合计	24	2 487 064.00	7 345 613.60	资本公积	51	9 668 500.00	9 668 500.00

续表三

资　产 流动资产:	行次	年初数	年末数	负债及所有者权益 流动负债:	行次	年初数	年末数
其他资产:				盈余公积	52	4 852 058.31	5 469 712.73
其他长期资产	25	2 445 000.00	2 445 000.00	其中:公益金	53	1 037 174.76	1 153 137.45
其中:存出保证金	26	2 445 000.00	2 445 000.00	未分配利润	54		
递延税项				所有者权益合计	55	19 538 917.71	20 156 572.13
递延税款借项	27						
资产总计	28	43 893 519.74	44 171 957.67	负债及所有者权益总计	56	43 893 519.74	44 171 957.67

制表人:　　　　××省财政厅统一印制

(二)损益表

损益表又称收益表,是反映旅行社在一定时期内(月份、年度内)的经营成果及其分配情况的报表。其基本等式为:

利润(亏损)= 收入 - 费用(成本)

损益表分为五个主要部分:营业收入、经营利润、营业利润、利润总额和净利润(见表 9-5)。通过损益表可以从总体上了解旅行社的收入、成本和利润(或亏损)的组成情况以及利润的分配情况。它是了解旅行社的获利能力的主要报表。

表 9－5　　　　损益表

会服年 02 表

编制单位:××国际旅行社　　　1999 年度　　　金额单位:元

项目	行次	上年数	本年数
一、汇编企业户数	1		
二、营业收入	2	41 269 592.05	41 842 243.11
减:营业成本	3	3 479 636.03	35 935 710.42
营业费用	4	3 056 000.89	2 802 310.74
营业税金及附加	5	370 624.55	338 682.48
三、经营利润	6	3 082 330.58	2 765 539.47
加:其他业务利润	7		
减:管理费用	8	3 646 463.16	4 269 608.24
财务费用	9	－40 044.71	－113 214.25
四、营业利润	10	－524 087.87	－13 190 854.52
加:投资收益	11	348 300.00	
补贴收入	12		
营业外收入	13	809 197.46	2 209 540.39
减:营业外支出	14	88 943.88	241 757.06
加:以前年度损益调整	15		
五、利润总额	16	344 465.71	5 716 928.81
减:所得税	17	179 673.70	190 386.51
六、净利润	18	364 792.01	386 542.30

制表人:　　　　××省财政厅统一印制

(三)现金流量表

现金流量表是反映旅行社在一定时期(月度、年度)内,现金和现金等价物流入和流出的信息的报表。自1998年起,按照我国财政部的新规定,企业不再编制财务状况变动表,改为编制现金流量表(见表9-6)。

通过现金流量表可以了解和评价旅行社获取现金和现金等价物的能力,并据此预测旅行社未来的现金流量。同财务状况变动表相比,现金流量表能够更好地反映旅行社的经营状况是否良好,资金是否紧缺,偿付能力大小,从而有助于投资者、债权人、旅行社管理者对旅行社的整体财务状况作出客观评价。

表9-6　　现金流量表

会服年03表

编制单位:××国际旅行社　　1999年度　　金额单位:元

项　　目	行次	金　额
一、经营活动产生的现金流量:		
销售商品、提供劳务收到的现金	1	40 845 748.84
收到的租金	2	
收到的增值税销项税额和退回的增值税款	3	
收到的除增值税以外的其他税费退还	4	
收到的其他与经营活动有关的现金	5	1 000 510.88
现金流入小计	6	41 846 259.72
购买商品、接受劳务支付的现金	7	35 870 984.35
经营租赁所支付的现金	8	
支付给职工以及为职工支付的现金	9	3 222 193.56
支付的增值税款	10	262 549.64

续表一

项　　目	行次	金　额
支付的除增值税、所得税以外的其他税费	11	362 664.41
支付的其他与经营活动有关的现金	12	1 862 164.99
现金流出小计	13	41 580 556.95
经营活动产生的现金流量净额	14	265 702.77
二、投资活动产生的现金流量:		
收回投资所收到的现金	15	
分得股利或利润所收到的现金	16	
取得债券利息收入所收到的现金	17	
处置固定资产、无形资产和其他长期资产而收到的现金净额	18	
收到的其他与投资活动有关的现金	19	
现金流入小计	20	
购建固定资产、无形资产和其他长期资产所支付的现金	21	
权益性投资所支付的现金	22	
债权性投资所支付的现金	23	
支付的其他与投资活动有关的现金	24	
现金流出小计	25	
投资活动产生的现金流量净额	26	
三、筹资活动产生的现金流量:		
吸收权益性投资所收到的现金	27	

续表二

项　　　目	行次	金　额
发行债券所收到的现金	28	
借款所收到的现金	29	
收到的其他与筹资活动有关的现金	30	
现金流入小计	31	
偿还债务所支付的现金	32	
发生筹资费用所支付的现金	33	
分配股利或利润所支付的现金	34	
偿付利息所支付的现金	35	20 219.38
融资租赁所支付的现金	36	
减少注册资本所支付的现金	37	
支付的其他与筹资活动有关的现金	38	
现金流出小计	39	20 219.38
筹资活动产生的现金流量净额	40	-20 219.38
四、汇率变动对现金的影响额	41	
五、现金及现金等价物净增加额	42	245 483.39
补　充　资　料		
1.不涉及现金收支的投资和筹资活动:		
以固定资产偿还债务	43	
以投资偿还债务	44	
以固定资产进行投资	45	
以存货偿还债务	46	
2.将净利润调节为经营活动的现金流量:		

续表三

项目	行次	金额
净利润	47	386 542.30
加:计提的坏账准备或转销的坏帐	48	37 231.26
固定资产折旧	49	
无形资产摊销	50	1 277 649.00
处置固定资产、无形资产和其他长期资产的损失(减:收益)	51	60 000.00
固定资产报废损失	52	
财务费用	53	−113 214.25
投资损失(减:收益)	54	
递延税款贷项(减:借项)	55	
存货的减少(减:增加)	56	−43 136.30
经营性应收项目的减少(减:增加)	57	−996 494.27
经营性应收项目的增加(减:减少)	58	−381 175.97
增值税增加净额(减:减少)	59	
经营活动产生的现金流量净额	60	265 702.77
3.现金及现金等价物净增加情况:		
现金的期末余额	61	8 051 961.49
减:现金的期初余额	62	7 806 478.10
加:现金等价物的期末余额	63	
减:现金等价物的期初余额	64	
现金及现金等价物的净增加额	65	245 483.39

制表人: ××省财政厅统一印制

二、财务分析方法

财务分析是在财务报表的基础上对旅行社在一定时期内的财务状况和经营成果进行的一种评价。旅行社常用的财务分析方法有增减分析和比率分析两种。

(一)增减分析

增减分析是将两个会计期间的财务报表数字加以对比,计算两个期间的增减变动差额并编制成比较财务报表,通过差额形成的分析对企业的经营状况和经营结果进行评价。

比较财务报表是比较旅行社连续两年财务报表的历史数据,分析其增减变化的幅度及其变化原因,判断旅行社财务状况发展的趋势。目前,我国多数的旅行社在采用增减分析法分析财务报表时,主要的分析对象是资产负债表和损益表。

1. 资产负债表增减分析。旅行社对资产负债表进行增减分析的目的是了解旅行社资产、负债和所有者权益等方面的发展趋势及所存在的问题。在分析前,旅行社财务人员先把连续两期或数期的资产负债表编制成一份工作底表或比较资产负债表,然后对不同时期的资产、负债和所有者权益等的差异进行比较和分析,从中发现存在的问题和变动趋势,从而把握旅行社的经营状况和经营成果,预测旅行社今后的发展趋势。

2. 损益表增减分析。损益表增减分折是指通过对旅行社在不同时期的经营情况进行比较分析,找出经营中存在的问题,分析产生问题的原因,并提出解决问题的措施的一种财务分析方法。

(二)比率分析

比率分析是指在同一财务报表的不同项目之间,或在不同报表的有关项目之间进行对比,以计算出来的比率反映各项目之间的相互关系,据以评价旅行社的财务状况和经营成果的一种方法。旅行社分析和评价本企业财务状况和经营成果的主要财务指标包括:流动比率、速动比率、应收账款周转率、资产负债率、资本金利润率、营业利润率和成本费用利润率。

1.流动比率。流动比率是反映旅行社短期偿债能力的一项指标,表明旅行社偿还流动负债的保障程度,其计算公式为:

$$流动比率=\frac{流动资产}{流动负债}\times 100\%$$

流动比率越高,说明企业短期偿债能力越强,债权人的权益也越有保障。在我国旅行社业中,一般认为流动比率应在1.5:1～2:1范围内为宜。

2.速动比率。速动比率是速动资产(流动资产－存货资产)和流动负债之间的比率,反映了旅行社在最短时间内偿还流动负债的能力,其计算公式为:

$$速动比率=\frac{速动资产}{流动负债}\times 100\%=\frac{流动资产-存货资产}{流动负债}\times 100\%$$

一般认为速动比率以1:1较为合适,但是在以现金交易为主或应收账款较少的旅行社中,该比率往往会大大低于1:1的一般标准,而对于那些以赊销为主或应收账款较多的旅行社,一般则又会保持较高的速动比率。

3.应收账款周转率。应收账款周转率是旅行社赊销收入净额与应收账款平均额的比率,反映了应收账款的周转速度。应收账款周转率的计算公式为:

$$应收账款周转率=\frac{赊销收入净额}{应收账款平均余额}\times 100\%$$

其中:赊销收入净额=营业收入－现金销售收入

$$应收账款平均余额=\frac{期初应收账款余额+期末应收账款余额}{2}$$

收账款的周转率越高,则旅行社在应收账款上冻结的资金越少,坏账的风险越小,管理效率越高。

4.资产负债率。资产负债率又称举债经营比率,是旅行社负债总额(短期负债+长期负债)与其资产总额之间的比例关系。资产负债率是反映旅行社偿债能力大小的一个标志,揭示出负债在全部资产中所占的比重及资产对负债的保障程度。其计算公式为:

$$资产负债率=\frac{负债总额}{资产总额}\times 100\%$$

资产负债率的比率越高,旅行社偿还债务的能力就越差,筹资风险就越大;比率越低,偿还债务的能力就越强,筹资风险就越小。一般而言,企业的资产负债率应以小于1:1为宜,一旦此项比率超过1:1,则说明企业资不抵债。

5.资本金利润率。资本金利润率是指旅行社利润总额与资本金总额的比率,用以衡量投资者投入旅行社资本金的获利能力。其计算公式为:

$$资本金利润率=\frac{利润总额}{资本金总额}\times 100\%$$

资本金利润率说明旅行社每投入1元的资本金可以获得多少利润。这个比率越高,说明旅行社的资本金获利水平越高。当资本金利润率高于同期银行贷款利率时,旅行社可适度运用举债经营的策略,适当增加负债比例,优化资金来源结构。如果资本金利润率低于同期银行贷款利率,则说明举债经营的风险大,应适度减少负债以提高资本金利润率,保护投资者的利益。

6.营业利润率。营业利润率是旅行社利润总额与营业收入净额之间的比率。它是衡量旅行社的盈利水平的重要指标,表明在一定时期内旅行社每100元的营业净收入能够产生多少利润。其计算公式为:

$$营业利润率=\frac{利润总额}{营业收入净额}\times 100\%$$

其中:营业净收入=营业收入-营业成本

通过对旅行社营业利润率的分析,可以了解旅行社在经营中赚取利润的能力。该比率越高,旅行社通过扩大销售额获得利润的能力越强。

7.成本费用利润率。成本费用利润率反映的是旅行社在营业过程中为取得利润而消耗的成本和费用情况。它是利润总额与成本费用总额之间的比率,其计算公式表示为:

$$成本费用利润率=\frac{利润总额}{成本费用总额}\times 100\%$$

成本费用是旅行社为了获取利润而付出的代价。成本费用利润率越高,说明旅行社付出的代价越小,获利能力越强。旅行社管理者运用这一比率能够比较客观地评价旅行社的获利能力,对成本费用的控制能力和经营管理水平的改善提供客观依据。

案例7:

出境游兑换外汇的权利为何被剥夺?

今年初,旅游者陈某报名参加某国际旅行社组织的"东南亚"旅游。在交旅游费和签订合同时,陈询问旅行社业务员:"听说出国到东南亚旅游可以兑换2 000美元的外汇,是否有此规定?"该业务员答复:"我不知有这方面的规定,也不管换外汇的事。"陈某虽将信将疑,但也没有就此事作进一步的询问调查。

在旅游过程中,陈某无意中发现自己的护照已由中国银行盖上了兑换外汇的印章。同团的16名旅游者也都发现了这种情况。回国后,陈某等与旅行社交涉,要求旅行社退还以他们名义兑换出的外汇。旅行社认为除陈某之外,其他16名旅游者在报名参团时未明确表示要兑换外汇,并以自动放弃此项权利为由,拒绝承兑16名旅游者的外汇。经过多次交涉,据理力争,旅行社最终同意旅游者兑换回外汇,但必须按高于国家牌价的"8.4"的汇率予以兑换。

旅游者认为，旅行社擅自抬高国家兑换外汇的牌价违反了国家规定。按照这个比价，每办理一份兑换业务，旅行社即可收取200元人民币以上的费用，显然是不合理和不公平的。旅游者坚持按国家牌价兑换外汇，如果交纳服务费用，以不得超过50元人民币为限。双方坚持各自的主张，纠纷无法协商解决。陈某等到旅游质监部门投诉，请求维护自己的合法权益。（本案例由国家旅游局质监所赵建生提供）

讨论题：

1. 旅行社的经营行为是否已经构成了对旅游者合法权益的侵害？

2. 旅游者的要求是否正当？

案例8：

从财务报表中发现问题

××国际旅行社比较损益表

金额单位：元

项　　目	行次	1998年度	1999年度	变动额
一、汇编企业户数	1			
二、营业收入	2	41 269 592.05	41 842 243.11	+572 651.06
减：营业成本	3	3 479 636.03	35 935 710.42	+1 175 075.39
营业费用	4	3 056 000.89	2 802 310.74	−283 690.15
营业税金及附加	5	370 624.55	338 682.48	−31 942.07
三、经营利润	6	3 082 330.58	2 765 539.47	−316 791.11
加：其他业务利润	7			
减：管理费用	8	3 646 463.16	4 269 608.24	+623 145.08

续表一

项　　目	行次	1998 年度	1999 年度	变动额
财务费用	9	－40 044.71	－113 214.25	－73 169.54
四、营业利润	10	－524 087.87	－13 190 854.52	－866 766.65
加:投资收益	11	348 300.00		
补贴收入	12			
营业外收入	13	809 197.46	2 209 540.39	＋1 400 342.93
减:营业外支出	14	88 943.88	241 757.06	＋152 813.18
加:以前年度损益调整	15			
五、利润总额	16	344 465.71	5 716 928.81	＋32 463.10
减:所得税	17	179 673.70	190 386.51	＋10 712.81
六、净利润	18	364 792.01	386 542.30	＋21 750.29

制表人:

讨论题:

1. 作为旅行社的总经理,你从本企业财务人员编制的比较损益表中可以发现哪些问题,分析产生问题的原因,并提出解决问题的方法。

2. 分析该旅行社的利润构成及其变化特点,你认为该旅行社的经营策略发生了什么变化?

思考题:

1. 旅行社财务管理包括哪些内容?
2. 旅行社的流动资产主要包括哪几大类型,它们各自有什么特点?
3. 旅行社应如何进行货币资产的管理?
4. 旅行社的主要债权资产是什么,如何进行管理?
5. 旅行社之间的结算业务有什么特殊情况,如何进行结算?
6. 旅行社常用的固定资产折旧方法是哪几种?

7. 旅行社的成本费用是如何构成的,如何进行分析、核算与控制?

8. 旅行社的营业收入是如何构成的,如何进行管理?

9. 旅行社的利润是如何构成的,如何进行分析与管理?

10. 旅行社如何加强外汇业务的管理?

11. 旅行社财务分析中常用的财务报表有哪几种,它们各自反映了旅行社经营状况的哪些方面?

12. 旅行社常用的财务分析方法有哪几种?

13. 根据××国际旅行社资产负债表(表 9-4),计算该旅行社 1999 年度的流动比率、速动比率和资产负债率,并根据计算结果分析其偿债能力。

14. 根据××国际旅行社损益表(表 9-5),计算该旅行社 1999 年度的营业利润率和成本费用利润率,并根据计算结果分析其获利能力。

参考文献

1. 斯蒂格利茨. 经济学. 中译本. 北京:中国人民大学出版社, 1997

2. 曼昆. 经济学原理. 中译本. 北京:三联书店,1999

3. 格鲁诺斯. 服务市场营销管理. 中译本. 上海:复旦大学出版社,1998

4. 维克多·密德尔敦. 旅游营销学. 中译本. 北京:中国旅游出版社,2001

5. 科特勒. 市场营销导论. 中译本. 北京:华夏出版社,2001

7. 霍洛韦. 论旅游业. 中译本. 中国大百科全书出版社,1997

8. 李海洋等. 服务营销. 北京:企业管理出版社,1996

9. 保罗·A·郝比格. 跨文化市场营销. 中译本. 北京:机械工业出版社,2000

10. 冯若梅等. 旅游业营销. 北京:企业管理营销,1999

11. 魏小安. 旅游发展与管理. 北京:旅游教育出版社,1996

12. 魏小安等. 中国旅游业新世纪发展大趋势. 北京:广东旅游出版社,1999

13. 钟海生等. 中国旅游市场需求与开发. 北京:广东旅游出版社,2001

14. 罗贝尔·朗加尔. 旅游经济. 中译本. 北京:商务印书馆, 1998

15. 罗贝尔·朗卡尔. 旅游和旅行社. 中译本. 北京:商务印书馆,1997

16. 崔进. 旅游文化纵览. 北京:中国旅游出版社,2000

17. 吴广孝. 旅游商品开发实务. 上海:复旦大学出版社,2000

18. 汪福祥. 文化撞击案例分析. 北京:石油工业出版社,1999

19. 罗贝尔·朗加尔. 国际旅游. 中译本. 北京:商务印书馆,1995

20. 孔茨等. 管理学. 北京:经济科学出版社,1993

21. 波特. 竞争战略. 中译本. 北京:华夏出版社,1997